Captura y ocupación francesa de Ciudad Real:

De la batalla de Ciudad Real a las «tonterías del pueblo» (1809-1812)

Ángel A. Pozuelo Reina

© 2024 Serendipia Editorial
© 2024 Ángel Antonio Pozuelo Reina

Edita: Serendipia Editorial
www.serendipiaeditorial.com
contacto@serendipiaeditorial.com

Ángel Antonio Pozuelo Reina

Fotografías: Archivo Histórico Municipal de Ciudad Real; Biblioteca Nacional de España – Biblioteca Virtual Miguel de Cervantes. https://www.cervantesvirtual.com; Portal de Archivos Españoles (PARES), Ministerio de Cultura; Memoria de Madrid, Biblioteca Digital; Museo Municipal de Madrid; Instituto de Historia y Cultura Militar. Archivo Cartográfico y de Estudios Geográficos del Centro Geográfico del Ejército. Ministerio de Defensa; Biblioteca Virtual de Patrimonio Bibliográfico; Gallica. BnF. Bibliothèque nationale de France; Bodleian Libraries. Bodleian Digital; NYPL's Public Domain Archive; Europeana. https://www.europeana.eu.es; Fundación Goya. Aragón; Institución Fernando el Católico; Biblioteca de Autores Manchegos (BAM); Archivo del Congreso de los Diputados; Centro de Estudios de Castilla-La Mancha (CECLM-UCLM), hemeroteca histórica; ©creative commons y archivos.

Diseño y maquetación: Sobrino comunicación gráfica
Producción: Las Ideas del Ático

ISBN: 978-84-19793-73-7
Depósito legal: CR 787-2024

Primera edición: octubre 2024
Impreso en España - *Printed in Spain*

En cubierta: imagen formada con el plano de Sánchez Moya –Ciudad Real, 1819; copia del original realizada en 1848– (Instituto de Historia y Cultura Militar. Archivo Cartográfico y de Estudios Geográficos del Centro Geográfico del Ejército. Ministerio de Defensa) y, sobrepuesta, *La verdad, la historia y el tiempo*, de Francisco de Goya (Museo Nacional de Estocolmo, Suecia).

Agradecemos expresamente la colaboración documental del Centro de Estudios de Castilla-La Mancha (CECLM), Universidad de Castilla-La Mancha. www.uclm.es/ceclm

*A Teresa, mi esposa,
y a mis hijos, Ángel Ramón y Carla*

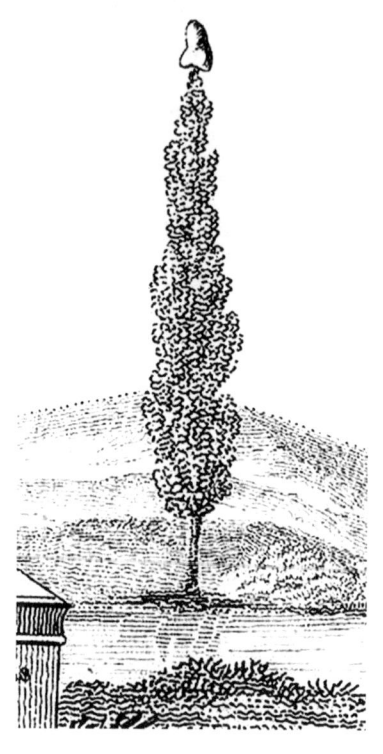

Árbol de la libertad.
(Fragmento de un grabado de la Constitución de Cádiz)

Mi más sincero agradecimiento a los responsables de la editorial Serendipia, a José Luis Sobrino, que confió en que podría hacer un buen trabajo para los interesados en la historia de Ciudad Real; a Ángel Serrano, a Yolanda Oliver y a la editorial en su conjunto, por tan magnífica colección de Ensayos y por la ayuda prestada durante la edición; al profesor José G. Cayuela, que dirigió mi tesis y habló de mi trabajo a José Luis Sobrino; al profesor Isidro Sánchez, que me animó, desde que yo era alumno, a continuar con la búsqueda de las claves del pasado; al archivero Valeriano Villajos y a los trabajadores del Archivo Municipal, cuyos fondos documentales han sido fundamentales en esta exploración; a los trabajadores de la Biblioteca Pública del Estado de Ciudad Real, que nos han ayudado a desarrollar este estudio; a Manuel Romero Fernández, compañero que fue de carrera, cuyo trabajo me ha orientado en este análisis; al personal del Instituto de Historia y Cultura Militar, que ha enriquecido notablemente esta investigación, entre ellos, al director de la institución, general Antonio Ruiz Benítez, al general Andrés Freire y al coronel Benito Tauler; también al coronel Juan del Hierro, subdelegado de Defensa de Ciudad Real, interesado profundamente en esta historia.

Y un agradecimiento especial a ti, lectora y lector. A través de este texto espero atraparte en el singular y sorprendente pasado de esta tierra. Gracias de corazón.

Ángel A. Pozuelo Reina

+

El Exmo Señor General en Jefe del quar
to Cuerpo de Exercito Francés en España

A los Señores Corregidores, Alcal
des Mayores, Regidores, y Justicia delos Pueblos. &a

Que mi Yntencion es proteger alos
habitantes dela mancha, inisma sincero deseo ber
renacer el orden en esta Probincia. En consequencia
Mando buelban asus hogares todas las personas, que
por temor ú otra causa las hayan abandonado; re
tituianse los habitantes asus Pueblos, y cuenten con mi
amparo. Si le rehusaren, quedandose hacen esparado
en Diferentes puntos Confiscare los Bienes delos pro
petarios Ausentes, arestare atoda persona que sin su
pasaporte se halle en el Campo, y castigare de
muerte ael hombre armado.
            Quartel General de Daymiel
15 de Abril de 1809= El General Comandante
en Gefe del 4º Cuerpo= Horacio Sebastiani= Concuer
da Consu Original=
                    El Comisario ordenador
                    de Exto de S. M. C,

Señores Justicia de Ciudad R.l

El Exmo. Señor General en jefe del quarto
Cuerpo del Ejército francés en España

A los Señores Corregidores, Alcaldes Mayores,
Regidores, y Justicia de los Pueblos. Sabed:

Que mi intencion es proteger a los habitantes de la
Mancha, i mis más sinceros deseo ber renacer el orden
en esta Probincia. En consequencia mando buelban
a sus hogares todas las personas, que, por temor u
otra causa, los habían abandonado, restitúyanse los
habitantes a sus Pueblos, y cuenten con mi hamparo. Si
le reusasen, quedandose haún esperados en diferentes
puntos Confiscaré los Bienes de los propietarios
ausentes, arrestaré a toda persona que sin un
pasaporte se halle en el Campo, y castigaré a el hombre
armado.

Quartel General de Daymiel,
a 5 de abril de 1809 = El General Comandante en Gefe
del 4º Cuerpo = Horacio Sebastiani = Concuerda con su
original =

El comisario ordenador
del ejército de S.M.C.
Cipriano M. de Echevarría

En ambas páginas. Declaración de intenciones del gerenal Horacio
Sebastiani para la ciudad. (Archivo Histórico Municipal de Ciudad Real,
Ms. 417-127)

Índice

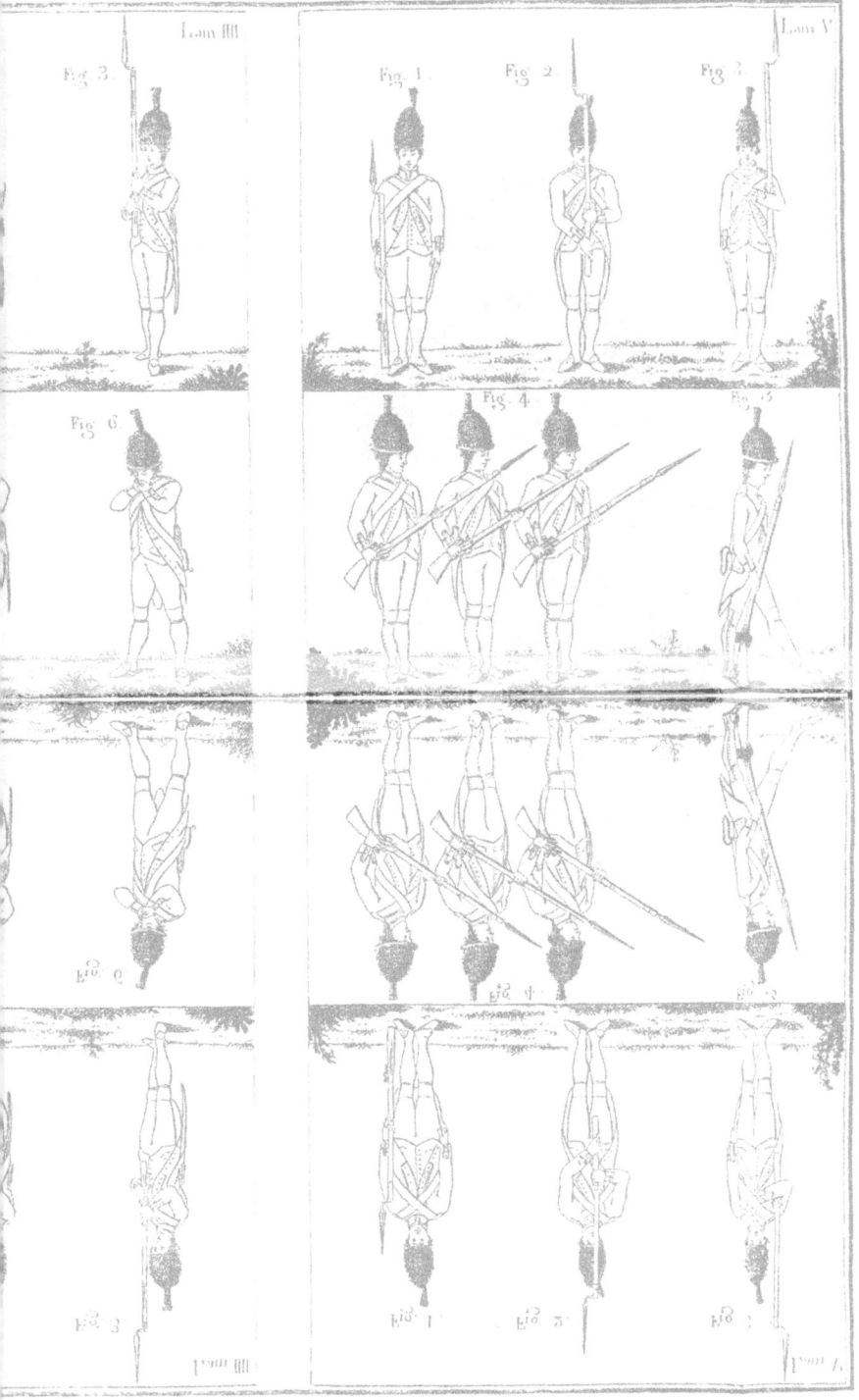

Labrador de la Mancha.

Juan Carrafa y José Ribelles Elip.
Colección de Trajes de España. BNE. Estampas

0 Preámbulo

... una narración solamente puede producir el efecto
deseado si se da una condición: empezar por el principio
(Wilkie Collins, *La reina del mal*)

Nos adentramos con prudencia en la Ciudad Real de aquel marzo de 1809, pero nuestra imaginación y nuestra mirada están fijas en los documentos y los estudios de «esa complicada época de nuestra historia que comienza en 1808...» (Isidro Sánchez). Porque, como escribió el profesor Ruiz Domènec «es preciso –obligatorio, incluso– saber qué ocurrió, en qué orden y con qué resultados...».

Veremos con detalle, y en base a la información obtenida, ese doble proceso: guerra contra los invasores y revolución política, llena de posiciones ideológicas encontradas...

En alguna ocasión hemos comentado la riqueza del siglo XIX en la historia del ser humano, y en la historia de nuestro país en particular. Hemos hablado de fases de progreso y sus contrarias, retroceso y avance, de impulso hacia adelante y de estancamiento y retorno al pasado. Un tiempo lleno de hechos revolucionarios y también de sumisiones serviles. Un siglo plagado de inventos maravillosos y prácticos descubrimientos disparatados. Un periodo de locas utopías y resignadas tradiciones. Un tiempo, en definitiva, muy intenso e interesante, próspero, que puso los cimientos del siglo XX.

La historia trata del pasado, sin duda, pero es mucho más que eso. La historia es conocimiento en el sentido más bello y profundo de la palabra. La historia nos permite comprender lo que vio antes de nosotros, pero también vislumbrar el futuro, pues en nuestro pasado están las semillas del porvenir. Al llegar el futuro ustedes podrán volver atrás, y sabrán con claridad por qué se produce el

Imagen parcial de la portada libro *Los guerrilleros 1808*,
de Rodríguez Solís

cambio o, lo que quizá es más importante, por qué no se produce.
La historia puede marcarnos el camino a seguir. Y eso queridos
amigos es pura sabiduría. Y, por supuesto es precisamente en estos tiempos cuando debemos estudiar nuestra historia... (Cecilia
Ekbäck, *La estudiante de historia*)

Como un reto, para conocer aquella ocupación, hemos intentado dibujar con palabras esa «historia que nos gustaría conocer».
En este sentido, desearíamos averiguar si la ocupación de Ciudad Real por los franceses supuso algún punto de inflexión en
la historia de la ciudad; siguiendo la idea de Hervás y Buendía
cuando habla del tiempo de paz vivido entre las guerras con los
calatravos y la ocupación francesa de nuestra tierra. Parece que
esta invasión sí fue un punto crucial, porque alteró la tradicional
quietud. Se trata de un relato de villanos invasores (los galos)
contra los honrados defensores (los españoles), pero ¿únicamente contra los absolutistas patriotas, o también contra los liberales
afrancesados?

Lo habitual es que las cosas no sean tan simples, es «un error acercarse a la historia en términos de "éxito" o "fracaso"... la realidad es bastante más compleja...» (Carmen Iglesias).

Además, en esta historia hay otro grupo que, al fin y a la postre, resultó ser el más perjudicado: el grupo de los españoles que creían en el progreso político y social, que atraídos por las ideas de desarrollo que venían de las corrientes europeas, a través de Francia, o incluso de la misma Francia, fueron denominados afrancesados. Esta denominación fue utilizada con agresividad por los serviles desde 1811, para definir lo que ellos entendían como traidores. Hasta ese momento los que tenían «condición de "buenos españoles" hablaron al principio siempre de traidores, infieles o de juramentados...» (Moreno Alonso).

Muchos sufrieron por ello la persecución de los absolutistas, y algunos tuvieron que marchar al exilio decretado por los gobiernos serviles tras la guerra. Es cierto que algunos de los acusados de afrancesados fueron realmente colaboracionistas con las tropas del ejército invasor, l'armée d'Espagne, con la intención de conservar sus riquezas y su preeminencia social, o, como nos relata Pío Baroja, la aristocracia «lacayuna... sentía amor por llevar el vaso de noche (orinal) del rey, fuera Borbón o fuera Bonaparte...».

En estas páginas tendremos a nuestro alcance apreciar con documentos de primera mano los sentimientos desatados del pueblo, tal vez sentir la emoción, el entusiasmo y el miedo que percibieron nuestros conciudadanos.

Al margen de los cómplices «lacayunos» (lacayos), hubo otro tipo de colaboradores obligados, por ejemplo, los que no huyeron, o no pudieron huir a los montes o a otros lugares, los que permanecieron en sus casas, contra viento y marea, cuidando sus posesiones o a sus mayores y enfermos, y que para conservar la vida fueron obligados a suministrar bienes y servicios a las tropas invasoras.

En este grupo de perjudicados se encuadrarían también los liberales, que sí imaginaban y deseaban un cambio y, por ello, serían perseguidos y acusados por los absolutistas y serviles. Un grupo social que aspiraba al progreso, a las mejoras políticas y sociales para el pueblo español; que creía firmemente que los cambios traerían beneficios a la sociedad, ya vinieran de Francia o de más lejos. Lo cierto es que la guerra los sorprendió desprevenidos, los arrolló, pues como decía Eugenio de Aviraneta, el protagonista de la novela de Baroja:

... muchos, y yo mismo, han asegurado que de la guerra de la independencia surgió el renacimiento de España. Sin tanta matanza hubiera surgido también... he pensado principalmente en mi país y en la libertad, y esto, sin duda, es un crimen para los que no tienen éxito... los afrancesados y la gente de mis ideas, huían de España. Se había despertado un entusiasmo por el rey... Tanto cariño por un miserable canalla, que mientras los españoles se mataban por su causa, felicitaba a Napoleón...

No nos engañemos, no se trata de una historia de villanos y héroes, sino de un pequeño análisis histórico de las relaciones humanas entre invasores (a veces con ideas aceptables) y los ocupados (obligados a soportar el «derecho» de conquista de los invasores).

Comentaba un reputado historiador de la Universidad de Sevilla, Moreno Alonso, que la participación del pueblo en este conflicto, visto como una revolución, le «convirtió en el actor decisivo a la hora de distinguir los "buenos" de los "malos"... el país quedó escindido entre patriotas y traidores...». Se desató un antojo justiciero, que podríamos calificar, tal vez, como una más de las «tonterías» para atrapar a los traidores «y defender nuestra santa Religión, nuestra Patria, nuestra independencia y nuestro amado Rey», tal como reza algún documento del Archivo Nacional, sin entender que el propio rey «deseado», era un felón, o sea, un traidor.

Con fuentes antiguas y libros recientes comenzó este estudio, que nos lleva a proponer un ensayo histórico con la validez de una incipiente investigación científica. Nuestra tierra tuvo escasa presencia en la historia oficial de la Guerra de la Independencia, por ello sugerimos una revisión que fije la trascendencia que supuso la batalla o «acción» de Ciudad Real (que así se denomina en los papeles de los militares de aquella época) y la ocupación francesa de la ciudad durante el periodo que va desde 1809 a 1812.

¿Fue la captura y ocupación francesa el punto de inflexión del Antiguo Régimen a un sistema burgués en Ciudad Real? Más bien no. ¿Fue, acaso, un pequeño rodeo para volver a lo primitivo, a lo ancestral? ¿Fue, quizá, una pequeña anécdota en el discurrir tradicional de la vida en La Mancha? ¿Fue solamente un azar pasajero que los mandos militares Sebastiani, D'Alkemade o Lenoury alterasen por momentos la rutinaria y típica tranquilidad del pueblo?

¿Qué traían aquellos soldados de l'armée en sus mochilas?, ¿tal vez buenas intenciones?, ¿algunas ideas para el cambio político y social? Y, en definitiva, ¿qué dejaron en nuestra tierra cuando se retiraron las tropas?, ¿tal vez involución?, ¿más atraso y más servilismo, más absolutismo? Las «tonterías del pueblo», un pueblo que dejó de ser soberano por la hábil manipulación de los poderosos y de la camarilla del rey Fernando VII.

¿Aprendimos algo de la invasión? Creemos que no, como casi siempre. Muchos paisanos nuestros se aferraron a lo viejo pensando que lo tradicional sería lo mejor. Aquella «pequeña revolución mental», que supuso la invasión, tristemente volvió al servilismo, renació el miedo a lo nuevo y el temor al cambio.

Nos hacemos otras preguntas en este ensayo: ¿cambió algo en Ciudad Real, tras un hecho tan destacable como la ocupación francesa?, y, si fue así, ¿qué cambió? O ¿tan arraigada estaba la mentalidad tradicional, rutinaria y típica que se volvió al Antiguo Régimen, sin solución de continuidad? ¿En Ciudad Real solamente hubo colaboracionistas y/o partidarios del progreso y el desarrollo social, político y económico durante la estancia de los franceses en la villa, entre 1809 y 1812?

Cabrían muchas más cuestiones en este asunto porque si éramos aliados de los franceses, ¿en qué momento concreto comenzamos a tirarnos los trastos a la cabeza? Habíamos luchado juntos contra los británicos hasta 1807. En Cádiz, junio de 1808, la batalla naval de la Poza de Santa Isabel fue la primera de la guerra y es considerada por algunos historiadores como la primera derrota de Napoleón en la Guerra de la Independencia. Guerra que fue declarada oficialmente, por la Junta Suprema de España e Indias, en Sevilla el día 6 de junio de 1808.

Poco a poco se fueron conociendo los sucesos de los primeros días de mayo en la ciudad francesa de Bayona que, junto al alzamiento del día dos en Madrid, despertaron las iras del pueblo gaditano. El almirante Rosily-Mesros, para evitar problemas, prohibió a sus hombres bajar al puerto y a la ciudad, en ciertos momentos del día.

Las autoridades gaditanas ordenaron la discreta vigilancia de los buques franceses. No obstante, hubo revueltas entre los habitantes de Cádiz que pretendían que se declarase la guerra a Francia. Desde Sevilla, la Junta Suprema alentó las hostilidades a los galos. Los oficiales de la marina francesa tuvieron que refugiarse en sus buques, pues ya no contaban con la amistad ni la protección necesarias. Las revueltas exasperaron aún más los ánimos y hubo algunos heridos.

Los nuevos nombramientos de autoridades desde la Junta Suprema no lograron aplacar la resolución del pueblo. A finales de mayo se decretó la separación de los barcos españoles de los franceses, que se hallaban anclados juntos en las costas de Cádiz, y prepararse para la lucha.

Organizados en dos bandos, la fuerza naval francesa estaba compuesta por cinco navíos de línea (de ochenta y setenta y cuatro cañones) y una fragata (cuarenta cañones); la fuerza hispana, con similar potencia de fuego, contaba con cinco navíos de línea (uno de ciento veinte cañones, dos de setenta y cuatro y dos de sesenta y cuantro respectivamente), y una fragata (cuarenta cañones). La fuerza española contaba, a su vez, con el apoyo costero.

Comenzaron los combates navales el día 9, Rosily se negó a capitular; el 11, este almirante propuso la entrega y la salida de su escuadra pacíficamente, a lo cual las autoridades militares españolas se negaron; el día 14, en la bahía de Cádiz el almirante francés se rindió y entregó los navíos franceses al almirante español Ruiz de Apodaca. La amistad y la alianza habían quedado completamente rotas.

Han pasado algo más de 200 años desde los acontecimientos que vamos a describir. Hay que imaginar Ciudad Real sin edificios altos; las viviendas, habitualmente de planta baja (a veces dos plantas), estaban encaladas para protegerlas de las agrestes temperaturas; en 1809 aún existía la muralla rodeando la población. En aquellos últimos días de marzo el frío acompañaba al tiempo de la cuaresma, pronto llegaría la Semana Santa. Igual de rápido se acercaban las tropas francesas a nuestra tierra.

Escuadra inglesa   Escuadra española   Escuadra francesa

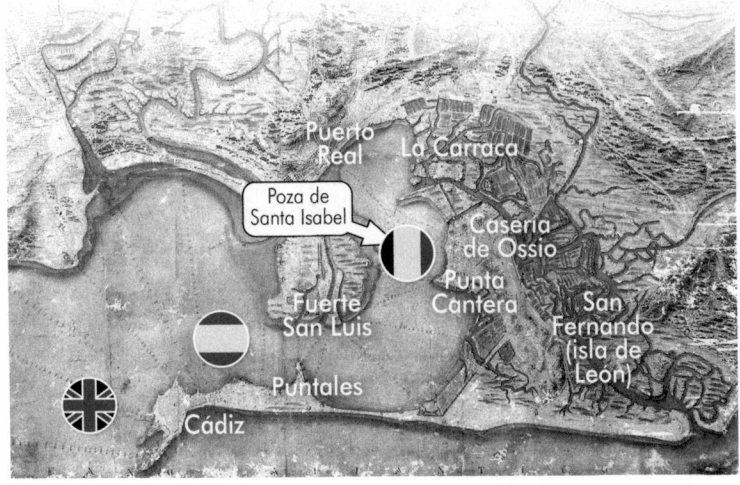

Batalla de la Poza de Santa Isabel (1808).
En: http://www.larazondelaproa.es/articulo/efemerides/batalla-poza-
santa-isabel-14-junio-1808/20220613154714007734.html.
Esquema de la batalla sobre el mapa de «Bahía de Cádiz,
Isla de León y alrededores, ca.1750»

Franqueada la puerta de Toledo, ante los ojos aparecía la casa del molino de harina, la «casa de la Tahona», los corrales del Hospicio y Casa de la Caridad. La vista se nos va a lo lejos por la calle de Toledo abajo, larga y empedrada, que lleva a la plaza de Don Luis Muñoz (hoy, plaza de la Constitución) y a la plazuela de la Merced, para continuar hasta el centro de la ciudad. A derecha e izquierda podríamos ver el cercado y las vallas de madera que acotaban huertos y corrales; y a pocos pasos, las primeras viviendas, enjalbegadas de blanco. Las calles principales estaban empedradas, en el mejor de los casos, pues la mayoría eran en tierra.

En la villa también hay algunas casas señoriales, con sillares de piedra, columnas arropando la puerta y algún escudo mostrando cierta nobleza, como en la calle Real, o en la calle de los Infantes.

Los edificios que más destacaban, visibles desde lejos, son los conventos y las iglesias: San Pedro, Santa María, Santiago, Los Remedios, Las Carmelitas, o la de Los Carmelitas, a extramuros de la ciudad, al final de la calle del Carmen... O la Casa de la Misericordia. Y es aquí donde comenzará nuestro recorrido de los hechos y fechorías de los franceses en Ciudad Real entre 1809 y 1812.

A largo de nuestra exposición daremos a conocer aquellos lejanos tiempos de principios del siglo XIX, con violentos y, en ocasiones, crueles hechos que, de una u otra manera, la guerra trajo a esta tierra. Estas páginas quieren ser como el estante de una biblioteca que reúne las ideas y los hechos de ambos bandos.

Intentaremos visualizar un pasado bastante desconocido y para ello, estudiaremos la ocupación de Ciudad Real por las tropas francesas desde varios puntos de vista, usando el relato de lo sucedido, contado por los propios protagonistas, y complementándolo con los estudios posteriores que ayudarán a tener una visión muy cercana a la realidad.

Sin culpar a serviles ni a progresistas haremos un discurso que no nos posicione; que los hechos que aquí se narren sean ilustrativos de lo que ocurrió y de cómo los vivieron nuestros antepasados.

Hemos anunciado que tendremos muy en consideración la visión del «otro», para que no nos ciegue el patriotismo mal entendido. En nuestro relato intentaremos alcanzar la perspectiva de Esquilo: «ningún rastro de odio, sino una inesperada comprensión... una visión insólita del enemigo...» (Vallejo).

Son numerosas las fuentes y estudios del siglo XIX que, sin mencionar la significación de la batalla de Ciudad Real, destacan con sus datos y su información la relevancia de la misma. Así, por ejemplo, el historiador y general del Ejército Gómez Arteche, en su obra sobre la Guerra de la Independencia, publicada en 1881, presentó algunos argumentos en contra de este detalle, pero que a su vez dio calidad a este hecho bélico de la tierra manchega.

Demandaremos a los documentos y a las fuentes el nombre de los héroes, todavía desconocidos, que trabajaron cada día de la ocupación por su vida y su hacienda, héroes que se enfrentaron a la insolencia de los invasores, que soportaron las exigencias y tributos de los asaltantes con sereno estoicismo. El héroe en estos hechos fue el pueblo de Ciudad Real, abandonado por las autoridades locales; incidiremos en las considerables repercusiones que acarrearon al pueblo la huida de sus autoridades.

También queremos señalar la importancia del control de la zona centro de la península, lo que hizo que la guerra fuera más larga.

En la península ibérica era, y es, esencial dominar la zona sur de la meseta castellana, La Mancha, zona de paso, de transición, para sostener las comunicaciones entre una parte y otra del territorio, tanto para el ejército invasor como para el defensor. Roto el ejército español del centro, a comienzos de 1809, y al poco tiempo, a finales de marzo, deshecho el ejército de La Mancha en la batalla de Ciudad Real, este amplísimo territorio sería asediado, de alguna manera controlado y sus poblaciones ocupadas para que el avance del invasor fuera efectivo. Solo las partidas guerrilleras, que campaban a sus anchas por las tierras manchegas, pudieron avergonzar en ocasiones al ejército más preparado de la época, l'armée d'Espagne, una versión de la Grande Armée.

Creemos que la confluencia de archivos, libros e investigación histórica imparcial y objetiva, nos acerca no solamente a la justicia social, sino a la verdad de una época, posiblemente cualquier época. Y la verdad de aquel tiempo que estudiemos será la que dé a los ciudadanos una visión más exacta, más cumplida, más completa y más precisa del pasado que se busca conocer.

En este estudio conoceremos algunos comportamientos vergonzosos de nuestros antepasados, entre las varias «tonterías del pueblo» que se cometieron. El presente trabajo formaría parte de la historia factual de los hechos acaecidos en la ciudad sobre la base de documentos oficiales, memorias y testimonios. Este conocer del pasado nos lo van a contar sus protagonistas, españoles, polacos o franceses, da igual. Veremos lo difícil que fue para los vecinos de Ciudad Real convivir con las imposiciones y exigencias de los invasores; conoceremos la dificultad de los guerrilleros de liberar la ciudad del dominio francés.

Así, las palabras que siguen en estas páginas serán el reflejo en la actualidad que aquella historia de las cosas pequeñas para ir escalando en el conocimiento hacia los niveles de la historia de España, la historia internacional y, si fuera preciso, llegar a la historia del ser humano. No nos duelen prendas al reconocer que la historia universal se compone y se nutre de muchas historias pequeñas, incluso de pequeñas historias locales.

Este libro, dentro de la colección *Ciudad Real ensayo*, promovido por la editorial Serendipia, es el resultado de una labor de investigación documental y bibliográfica que nos permite volver a encontrar nuestro pasado.

Ciudad Real, abril de 2024

Labradora de la Mancha.

Juan Carrafa y José Ribelles Elip.
Colección de Trajes de España. BNE. Estampas

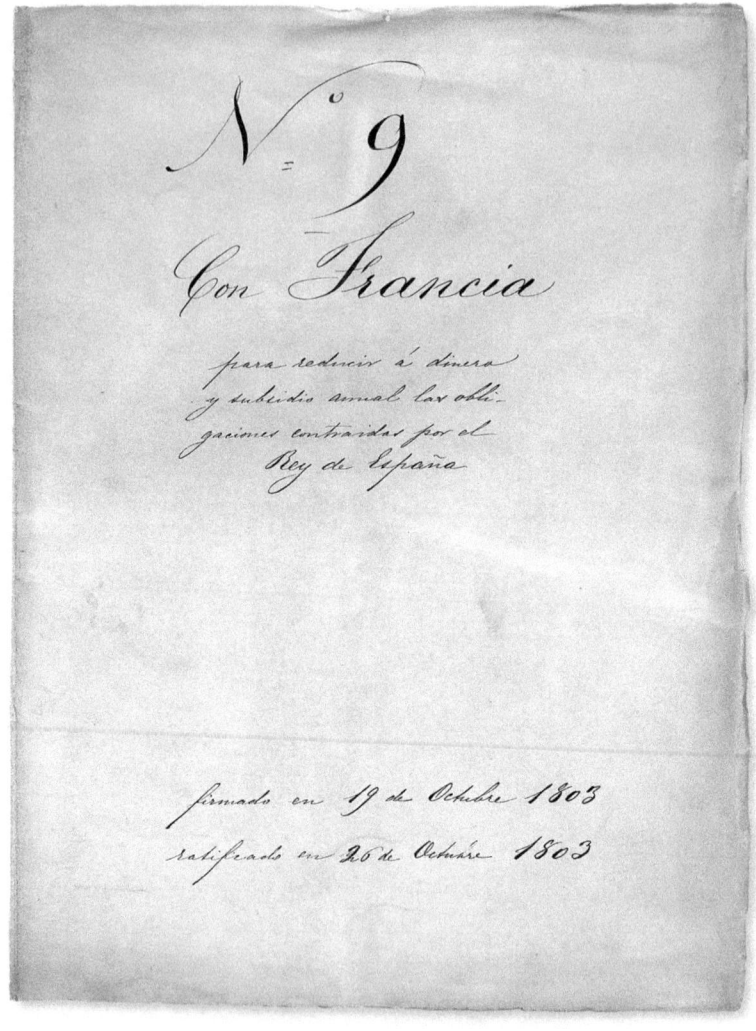

Nº 9

Con Francia

para reducir á dinero
y subsidio anual las obligaciones contraídas por el
Rey de España

firmado en 19 de Octubre 1803
ratificado en 26 de Octubre 1803

Convenio celebrado en París con la República francesa.
Con Francia, para reducir a dinero y subsidio anual las obligaciones
contraídas por el Rey de España. Firmado en 19 de octubre de 1803,
ratificado en 26 de octubre de 1803. Este documento fue ratificado por
el ministro de Asuntos Exteriores francés, Charles M. Talleyrand y por el
embajador español, Nicolás de Azara.
Portal de Archivos Españoles. PARES. Ministerio de Cultura
En: https://pares.mcu.es/ParesBusquedas20/catalogo/show/3444712

1

Se presagia el mal:
unos se dieron cuenta y otros no

Escenarios en un marco general

... entraban España adelante a buscar la raya de Portugal
(Farías, *Memorias de la Guerra de la Independencia*)

¿Éramos amigos de los franceses? Podríamos decir que sí. Y fuimos amigos porque, en cierta forma, en los últimos años del siglo XVIII y los primeros del siglo XIX nos obligaban los pactos firmados en el Tratado de Basilea, 22 de julio de 1795, que puso fin a la Guerra del Rosellón (o de la Convención) entre Francia y España. Por este acuerdo se restituían los territorios ocupados del País Vasco, Navarra y Cataluña, España reconocía la República francesa y cedía parte de la isla de Santo Domingo a Francia, entre otros acuerdos; y los Pactos de San Ildefonso: en el primero, firmado el 18 de agosto de 1796, España y el Directorio francés establecían una unión político militar contra Gran Bretaña; y el segundo, de 1800, un acuerdo secreto entre ambos países, confirmado en el Tratado de Aranjuez de marzo de 1801 en el que, entre otras cesiones y acuerdos, la Luisiana pasó a manos de Francia. Los españoles estábamos, casi siempre, recelosos de los gobiernos del país vecino, pues tuvieron en muchas ocasiones, como nos apunta Joaquín Gómez, «anelosas tendencias a dominarnos». A lo que hay que unir «el obscuro nublado con que cubría la Europa la ilimitada ambición de Napoleón Bonaparte».

De aliados a enemigos (Francia)
y de rivales a partidarios (Inglaterra), 1803-1808

Desde estos acuerdos y tratados Napoleón quería que España entrase en su guerra contra Inglaterra, país que dominaba los mares del planeta con su armada, la Royal Navy. Y la Armada y la marina mercante españolas eran la 2.ª o la 3.ª potencia naval del mundo, según se mire. Napoleón pretendía a España como aliada por su potencia naval pero los gobiernos españoles se resistían una y otra vez. Es cierto que ayudaban a los franceses con mucho dinero, nunca con tropas, un ejemplo fue el Tratado de Subsidios de 1803 -España no entraba en la guerra a cambio de una gran cantidad de dinero, a veces una cantidad insoportable-.

Finalmente, Napoleón alcanzó sus propósitos y ambas flotas, española y francesa, se unieron contra la Royal Navy cuando barcos españoles fueron atacados por navíos de la marina de guerra británica en 1804. Concretamente, un navío de exploración científica, La Extremeña, en las costas del océano Pacífico el 30 de septiembre de 1804; unos días después, el 5 de octubre, cerca de las costas españolas, fue atacado un convoy que venía de Sudamérica, de Montevideo, en la batalla del cabo de Santa María (Cayuela y Pozuelo). Fue hundida la fragata Mercedes y apresadas las naves Clara, Medea y Fama, se perdieron numerosas vidas, y fueron requisadas las riquezas e importante documentación, entre la que figuraban los documentos de la Demarcación de Límites entre España y Portugal, para el diseño de sus respectivas áreas de influencia allá en la América meridional[1]. Fue entonces cuando el Gobierno español se vio obligado a declarar la guerra a Gran Bretaña, el 12 de diciembre de 1804. La hábil diplomacia de Napoleón, proclamado emperador de los franceses por el senado desde el 18 de mayo de 1804, y estos dos lamentables sucesos navales estrecharon la alianza y obligaron a la Corona de España a entrar en «su guerra» contra Gran Bretaña.

La guerra marítima continuó con diversos episodios, entre los que podemos señalar la campaña en el Atlántico, entre abril y junio de 1805, con la que la flota combinada quería alejar de las costas europeas al almirante Nelson, que comandaba la Royal Navy. La batalla del cabo de Finisterre, el 22 de julio, con una derrota indecisa, impidió que Napoleón invadiera Inglaterra, como era su propósito. En este ambiente de belicismo náutico se dio una de las batallas más importantes de la historia de España, de la historia de Europa y, tal vez, de la historia contemporánea: Trafalgar, el 21 de octubre de 1805 (Cayuela y Pozuelo).

Esta acción bélica en las costas de Cádiz marcó otro hecho destacable de la historia de España: el lento declive de su dominio en América; lento, pero inexorable. La fuerza naval que debía proteger las costas de las posesiones hispanas estaba tan mermada que ya no se remontaría, dando paso a la hegemonía de la marina británica, ya militar ya mercantil, con lo que Inglaterra tuvo expedito el acceso a los puertos americanos.

Giro de la Grande Armée. De Boulogne a Austerlitz

Los planes de Napoleón hasta el verano de ese año eran otros muy diferentes, pues pretendía invadir Inglaterra. Sus tropas estaban acantonadas en la ciudad de Boulogne, prestas para la invasión pero, tras el fallo del apoyo marítimo de la flota combinada franco-española, al mando del almirante Villeneuve, que estaba fondeado en Cádiz, Napoleón ordenó a la Grande Armée, el día 25 de agosto de 1805, dar media vuelta, y prosiguió su campaña de conquistas en el continente europeo.

Las fechas se acumulaban en la agenda napoleónica. Del 25 de agosto de 1805, día en el que Napoleón decidió abandonar el proyecto de invasión de Inglaterra, hasta la pérdida de la amistad con España, en junio de 1808, se aceleraron los acontecimientos en los almanaques de ambos países. Un periodo convulso y pleno de actividad bélica contra el enemigo común: Inglaterra. Se jugaba en el tablero internacional el dominio del océano Atlántico. Era fundamental el control del comercio marítimo y los puertos a un lado y otro del océano.

En el periodo que transcurre entre agosto de 1805 y junio de 1808 se desarrolló una intensa actividad bélica en el mar para la Corona española, aliada con Francia. Para la marina hispana, tanto de guerra como comercial, la alianza con la Francia de Napoleón no resultó nada productiva. Las acciones militares navales mermaron considerablemente su potencia marítima.

Las circunstancias de España dejaron de depender de la situación internacional de los mercados o los movimientos bélicos en el mar y pasaron a depender de las decisiones de Napoleón. Hasta que se produjo el enfrentamiento entre ambos países en junio de 1808.

La guerra en el mar continuó. Napoleón quería ahogar a los ingleses y para ello se sirvió de la ayuda de los españoles. Pero, hacia 1807, con el Tratado de Fontainebleau, el emperador quería mucho más. Convenció a los gobernantes españoles para que le dejasen atravesar España e invadir Portugal (aliado de los ingleses). Quería repartir este país: una parte para el rey español, Carlos IV; otra parte para Godoy, el secretario de Estado español; y una última para un familiar suyo, el rey de Etruria. Esa relación de «amistad» con el ejército francés duró hasta el 14 de junio de 1808, fecha en la que el vicealmirante Rosilly rindió sus navíos a las autoridades españolas en Cádiz, en concreto al general Ruiz de Apodaca, tras la batalla naval, llamada de la Poza de Santa Isabel, desarrollada entre los días 8 y 14 de junio, ya comentada en el preámbulo de este ensayo. La situación había dado un giro radical en aquella primavera de 1808 de manera que, pocos meses después, los enemigos ingleses pasaron a ser aliados de los españoles y la alianza con la Francia napoleónica se trocó en manifiesta enemistad y enfrentamiento: estallaba la Guerra de la Independencia española.

El bloqueo continental a Gran Bretaña

Napoleón tenía bajo su autoridad el centro y el oeste del continente europeo, de forma que podría dedicarse a su principal rival, Gran Bretaña. Durante sus días en suelo germano, se promulgó el bloqueo continental a la Corona británica con el decreto de 21 de noviembre de 1806. Se pretendía incomunicar y bloquear a toda la marina inglesa, comercial o de guerra. El inconveniente era el reino de Portugal, eterno aliado de los ingleses. Como señala el profesor Ramisa Verdaguer,

> El Bloqueo continental era un complemento lógico del sistema imperial napoleónico, pero comportaba una continuación inacabable de las guerras y de las anexiones para asegurar su cumplimiento. La invasión de España en 1808 y la de Rusia en 1812 fueron los ejemplos más destacados, aunque no los únicos. El Bloqueo permitió asimismo a Napoleón la reserva de los mercados europeos a favor de Francia...

El 25 de junio de 1807, en Tilsit el pacto de Napoleón y el zar de Rusia, Alejandro I, facilitó la paz del día 7 de julio con Rusia;

y el día 9 del mismo mes, la paz con Prusia, con lo que ambos países se agrupaban a Francia en el bloqueo continental a Gran Bretaña. El 25 del mismo mes y año se proclamó en Milán otro decreto que ultimaba la estructura del aislamiento europeo de Inglaterra (Cayuela y Pozuelo).

Los artículos, manufacturas y útiles británicos fueron prohibidos en el comercio con Europa... fue «la guerra económica a gran escala como parte de la guerra en sí...», Napoleón intentó colapsar la economía inglesa y «así diluir la ventajas conseguidas por Londres en el mar tras el desastre de Trafalgar» (Cayuela y Pozuelo).

El profesor Ruiz Domènec escribió que pretendía la supremacía política, cultural y, sobre todo, económica del resto de los territorios europeos. De ahí la necesidad del bloqueo a Gran Bretaña planteando una política exterior, como «una misión civilizadora universal de los grandes imperios...».

Portugal, aliado de Gran Bretaña, no apoyaba el bloqueo decretado por Napoleón. De manera que el Tratado de Fontainebleau, de octubre de 1807, fue el pretexto para la ocupación de Portugal y de España. Ya en los meses iniciales del año 1808 Napoleón intentó componer una nueva flota «combinada» con los buques amarrados en el puerto de Cádiz. Quería consolidar una fuerza de ataque amplia para «despejar el área del Estrecho de Gibraltar», pero la tardanza en la preparación de ese objetivo abortó la intención napoleónica al llegar el 2 de mayo en Madrid con el levantamiento del pueblo. También anidaba en el emperador el deseo «de reforzar la defensa del Mediterráneo occidental, y desde el 4 de febrero se mandó al comandante de la Escuadra en Cartagena, Cayetano Valdés, dirigirse hacia el puerto de Tolón...» (Cayuela y Pozuelo).

Napoleón consiguió un escudo frente a Gran Bretaña en toda la costa europea, desde el mar del Norte, abrazando Dinamarca en su poder, hasta los mares Adriático y Tirreno en Italia, pasando por las costas atlántica y mediterránea de España y Francia. Solamente le quedó a Inglaterra la opción de la costa portuguesa para fondear sus buques. En consecuencia, todos los territorios que abarcaban la Europa continental estaban, de una u otra manera, bajo el poder de Napoleón o de su influencia (Cayuela y Pozuelo).

La alianza entre Inglaterra y España, 14 de enero 1809

En el marco teórico general del periodo que queremos exponer al inicio de este estudio, tal vez sea necesaria una breve alusión a la alianza de España con Inglaterra, pasando de amigos a aliados. Ayuda que tanto colaboró en la victoria sobre los ejércitos de Napoleón. Ya se ha comentado, unas páginas atrás, el cambio de actitud entre hispanos y británicos. España e Inglaterra eran enemigos desde el siglo XVI, pero los británicos acogieron con gran simpatía el levantamiento español del 2 de Mayo de 1808 contra los invasores franceses. El rey Jorge III de Inglaterra llegó a proclamar oficialmente el 4 de julio que la guerra entre su nación y España había finalizado.

El 12 de julio se desvió a La Coruña uno de los navíos británicos que iba rumbo a Sudamérica con soldados a bordo, comandados por sir Arthur Wellesley, futuro duque de Wellington; no se les permitió desembarcar por la rivalidad todavía existente entre ambas naciones, pues se desconocía la proclama del rey Jorge de Inglaterra. Desembarcarían finalmente en Portugal, tradicional aliado inglés, donde fueron bien recibidos. El día 15 de julio de 1808 Inglaterra hizo una oferta de paz a España.

Las noticias volaban. Después de la propuesta de paz inglesa, y antes de la firma del tratado en enero del año siguiente, entre la negociación y la continuación de la guerra, iban llegando ya contin-

Transcripción de la página siguiente: *El Lord Wellington dirige oportuna y felizmente la alianza de ambas naciones significada en el amistoso abrazo de los generales y en la unión de las banderas para que los españoles vivan libres e independientes como merece su inimitable patriotismo: dispone las fuerzas combinadas, que humillan a los revoltosos franceses; destruyen y confunden a su execrable gefe, su infame familia y viles hechuras; abismando al Nabuco Godoy, esclavos todos de la ambición, figurados en el águila vencida por el león, en las coronas, bandas, bastones y tridente rotos y por el suelo: señala al exército anglo-hispano-portugués, el glorioso sepulcro del Ite. (ilustre) general marqués del a Romana, como modelo del honor y valor en la justa causa: muestra encima de la almoada Rl. (real) los honores y premios preparados para los beneméritos, por los inmortales Mons. (monarcas) Fer°. (Fernando) VII y Jorge III que se ven en la medalla y por eso la fama le preconiza Mtro. (maestro) del heroísmo.*

Vicente Lopez invento y dibuxo   Tomas Enguidanos lo grabó en Val.ª

España é Inglaterra aliadas contra Francia y su Caudillo Napoleon Bonaparte

El Lord Wellington dirige oportuna, y felizmente la alianza de ambas Naciones significada en el amistoso abrazo de los Generales, y en la union de las Banderas, para que
los Españoles vivan libres, é independientes como merece su inimitable patriotismo: dispone las fuerzas combinadas, que humillan á los rebollosos Franceses; destruyen y confunden á su execrable Gefe, su infame familia, y viles hechuras; abismando al Nabuco
Godoy, Esclavos todas de la ambicion, figurados en el Aguila vencida por el Leon,
en las Coronas, bandas, bastones, y Tridente rotos y por el suelo: Señala al Exercito An-
glo=Hispano=portugues, el glorioso Sepulcro del Ill.r General Marques de la Romá-
na, como models del honor y valor en la justa Causa: muestra encima de la almoada R.l los honores y premios preparados para los beneméritos por los inmortales Mon.s
Fer.º VII y Jorge III que se ven en la Medalla, y por eso la Fama le preconiza Mtro del hervis.mo

*España e Inglaterra aliadas contra Francia y su caudillo Napoleón
Bonaparte*. Vicente López inventó y dibuxó, Tomás Enguidanos lo grabó
en Val.ª (Valencia). BNE, grabado

gentes británicos a la península ibérica, Wellesley a Lisboa, como queda dicho, y John Moore a La Coruña, el 11 de enero de 1809.

El tratado se firmó el 14 de enero de 1809 entre los plenipotenciarios de ambas coronas: José Ruiz de Apodaca, por España, y George Canning, por Gran Bretaña. Por este tratado, además del intercambio de los prisioneros de pasadas guerras, los ingleses reconocieron a Fernando VII como rey de España y se prometieron ayuda militar mutua contra los franceses. Canning escribió:

> Desde ahora nuestras deficientes relaciones con España han terminado. Se trata ya para nosotros de una nación de Europa que se opone a una potencia que es la enemiga de todas las restantes; y, en tales circunstancias, España se convierte en nuestra aliada.

No obstante, cabría reflexionar sobre los motivos ingleses para este acercamiento y lucha común contra los galos, porque da que pensar que el duque de Wellington (Sir Arthur Wellesley), al luchar en la península ibérica, intentaba evitar que l'armée d'Espagne llegase al reino de Portugal, que siempre había sido aliado de Inglaterra. De hecho, este general británico envió un memorándum al ministro de Asuntos Exteriores Robert Stewart (vizconde de Castlereagh), sobre la defensa de Portugal frente a la invasión francesa, por lo que aconsejaba, además, un cambio de actitud a su gobierno respecto a sus relaciones con España.

El vestíbulo hacia Portugal

¿Acaso, como consecuencia de la política de asedio a Inglaterra, los sucesos de Bayona abrieron las puertas de la península ibérica a los franceses? No, la entrada de los ejércitos de Napoleón fue anterior, aun sin saber verdaderamente cuál era la misión que traían. Ni siquiera el mariscal al mando de la invasión, Jean-Andoche Junot, conocía con detalle su cometido. Nadie cuestionaba las órdenes que venían desde arriba, ni oficiales ni soldados y menos aún los generales que ansiaban entorchados imperiales en sus bocamangas y hombreras, además de los privilegios materiales (tierras y títulos de nobleza) que conllevarían ante los ojos de Napoleón sus triunfos en tierras de España.

Los soldados marchaban alegremente, en tranquila marcha militar, exhibiendo su marcialidad a un pueblo entre temeroso, admirado y colaborativo. Al menos sabían que llegaban, en principio, en son de paz a un país donde «corría el vino». Imaginando los éxitos que les deparaba una serena y exitosa campaña.

En el mes de marzo de 1807 todavía éramos aliados de Napoleón; socios un poco a la fuerza. Así lo demuestran numerosos ejemplos de las diversas acciones marítimas de bloqueo conjuntas que se realizaban contra la flota británica en aquel tiempo, después de la batalla de Trafalgar.

Junot supo el primer día de la entrada, el 18 octubre de 1807, que el 10 de diciembre debía apoderarse de la flota atracada en Lisboa, y que debía llegar allí atravesando España «como amigo o como enemigo». La gran mayoría de los hombres en l'armée d'Espagne, jefes, oficiales y, sobre todo, soldados, ignoraban su destino final y los objetivos de Napoleón. La avanzadilla del Cuerpo de Observación de la Gironda atravesó el río Bidasoa, cumpliendo las órdenes, el día 18. Entre tanto, los españoles cumplían su parte de un contrato que, únicamente, constaba de palabra; aún no había papeles firmados. El ejército francés fue acogido en casi todas las villas y ciudades españolas de una manera favorable. Hubo ciudades que incluso festejaron su llegada. Sencillamente cambió, curiosamente, el concepto que se tenía del pueblo francés, que se había representado como enemigo de la tradición católica y del orden social. El sentimiento de la hospitalidad benévola había sustituido ese negativo pensamiento, aunque el Gobierno español se mostrara preocupado e inquieto «no era ya tiempo de remediar el mal...» (Agustín Príncipe).

Mientras se producía el avance (invasión), el pueblo admiraba la intrépida gallardía y el paso de vigorosos ejércitos de coloridos y brillantes uniformes, armas y enseñas. Con asombro, incluso con entusiasmo, miraban los lugareños a los soldados camino de Portugal, a conquistar la tierra portuguesa para la Corona de España, mientras que otros pensaban que venían para «despachar» a Godoy.

Podemos imaginar la escena de los españoles, observando atónitos tan soberbias y fantásticas columnas. Y en este ambiente, encontramos también la falsedad y la indolencia del estamento dirigente hispano

... difícilmente se puede dar un caso de ineptitud mayor que el de la aristocracia española y el de todas las clases pudientes en el reinado de Carlos IV y en la invasión francesa... Las clases directoras fueron de una esterilidad absoluta; no salió un hombre capaz de dirigir a los demás... (Baroja).

Las fuentes nos dicen que el rey Carlos IV estaba controlado y sujeto por la reina María Luisa, esta supeditada a Manuel Godoy, y este obediente a Napoleón. Se compraban y vendían los cargos y destinos, desde la autoridad del alguacil a la diócesis obispal, pasando por todos los empleos y oficios intermedios. Los miembros de la Armada y del Ejército pasaban la vida sin pena ni gloria «y sin pagas. La nobleza vivía para el lujo, las fiestas y los saraos. El pueblo se sumía en la ignorancia, en la miseria y en la holganza...» (Rodríguez Solís). Mientras tanto, en el resto de las ciudades españolas había tertulias en las casas de los poderosos; también rezaban el rosario, sin pedir contra los invasores, sino para poder continuar con su holgada vida; incluso había tertulias literarias. Estas nobles y heroicas actividades también «las había en las casas de la clase media, en las que a los juegos de prendas se mezclaban los versos y a los versos las discusiones sobre política nacional y extranjera» (Rodríguez Solís). A las clases populares se les ofrecía y recreaba con los bailes de candil[2].

Incluso el ejército invasor era auxiliado por los militares españoles, aunque mejor diríamos por los mandos, no por los soldados que, ante la desfachatez y arrogancia de las tropas invasoras, desconfiaban de sus buenas intenciones. Se podría decir que la tropa española intuía mejor los planes de Napoleón que su propio ejército.

En este tiempo los franceses andaban por España como por su propia tierra. Un oficial con su asistente marchaba tranquilamente por los caminos sin que nadie pensase hacerle mal. Si necesitaban guías se los daban, cuando llegaban a los pueblos albergábanse en casa de los curas, en las ciudades en las de las personas de mayor consideración, y nadie parecía sorprenderse de todo aquello, ni menos pensaba en alzar resistencia. Las poblaciones importantes atendían generosamente al ejército... (Rodríguez Solís).

L'armée d'Espagne campaba a sus anchas, recibiendo todo lo que precisaban, y si no lo recibían lo tomaban sin permiso o lo robaban sin mayores contemplaciones. Así se fueron ganando a pulso el odio y la animadversión del pueblo.

Por otro lado, el reflejo en Ciudad Real de la situación nacional lo explica Joaquín Gómez cuando escribe que a comienzo del año 1808 se sabían los enredos y maquinaciones de la corte y del gobierno, así como las entrañables relaciones del Príncipe de la Paz con la reina María Luisa. Los que observaban las diversas situaciones descubrían los hechos que se querían ocultar, y el pueblo se daba cuenta de todo apurando su paciencia y Aranjuez se reveló contra Godoy, «que por casualidad no pereció a sus manos...», solamente pudo ser frenado el ímpetu del pueblo por el «amor» que tenía hacia el príncipe Fernando. Pero ya se veían claramente las pretensiones de Napoleón «mandando tropas como amigas y aliadas que cruzaban a Portugal, y así entró Murat en Madrid con 30Ⓠ (30.000) hombres el 23 de marzo de 1808...»[3].

La paradoja gala

Los serviles absolutistas españoles lucharon, entre 1808 y 1813, contra el invasor francés (que era portador del malísimo liberalismo político que enturbiaba las costumbres tradicionales del gobierno hispano y quería someter a su excelsa tradición). Pero, en 1823, «los cien mil hijos de san Luis», nuevamente franceses, fueron llamados y requeridos por los absolutistas españoles para fulminar y acabar con los liberales españoles y rescatar a los gobiernos de la monarquía tradicional y católica española, que estaba siendo «insultada» por esos liberales, progresistas y burgueses que traían cosas del extranjero. ¡Otra vez las dos Españas!

Tal vez quepa aquí hacer referencia a una sentencia escrita unos años más tarde de la época que tratamos, cuando el príncipe Oblonsky (*Ana Karenina*, Tolstoi), leía un periódico liberal de la Rusia del tercer tercio del siglo XIX: «el mal no está en esta supuesta hidra revolucionaria, sino en el terco tradicionalismo que retarda el progreso...».

España engañada por Napoleón (entre 1808 y 1814)

DESPIERTA ESPAÑA / NACIONES QUE NACEIS / Cumbre del engaño / EL ENGAÑO DE FRANSIA. / La España dormida da la mano de la alianza da la mano de la alianza a Napoleón, este se vale de la ocasión y ofrese a Joseh su hermano / la Corona que el Águila quiere arrebatar de la Cabesa de España; Joseh, encarga el sigilo a su hermano / a fin de que no entienda España la trayción y subyugasión de las naciones engañadas que están en la Cumbre / del engaño, a quien se presenta la Ynglaterra animándolos a la defensa, y avisando a España que despierte y conosca / la traisión. / Lam.ª 1.ª.

Tratado de Fontainebleau
e invasión de la península ibérica

El 17 de octubre se ponía en marcha el ejército francés camino de los Pirineos, y el 18 ponían sus «imperiales pies» en España. ¡Antes de la firma del Tratado de Fontainebleau! Pero, lo más importante, es que el día 4 de octubre ya se expedían las órdenes oportunas por las autoridades españolas para facilitar el tránsito al ejército francés.

Y así continuaron las trampas de Napoleón, aunque habría que hablar también de la inconsciencia y la credulidad de los re-

ESTRACTO DEL TRATADO DE FONTAINEBLEAU.

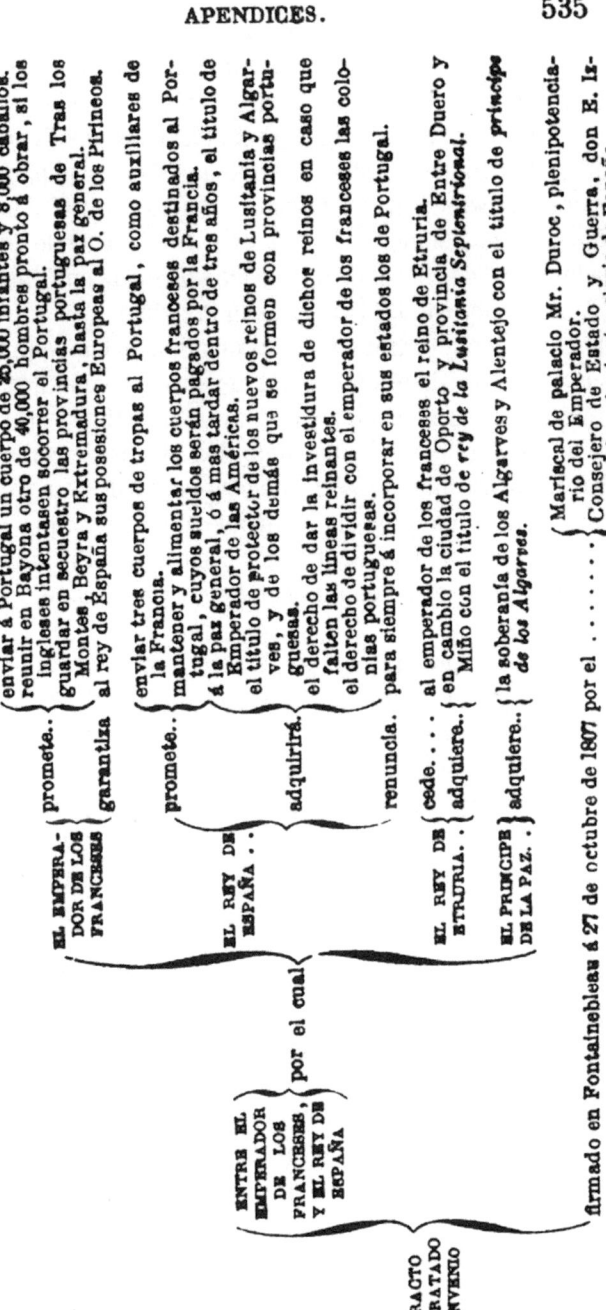

EXTRACTO DEL TRATADO Y CONVENIO { ENTRE EL EMPERADOR DE LOS FRANCESES Y EL REY DE ESPAÑA, } por el cual

EL EMPERA- DOR DE LOS FRANCESES

promete.. { enviar á Portugal un cuerpo de 25,000 infantes y 8,000 caballos. reunir en Bayona otro de 40,000 hombres pronto á obrar, si los ingleses intentasen socorrer el Portugal. guardar en secuestro las provincias portuguesas de Tras los Montes, Beyra y Extremadura, hasta la paz general. }

garantiza al rey de España sus posesiones Europeas al O. de los Pirineos.

EL REY DE ESPAÑA..

promete.. { enviar tres cuerpos de tropas al Portugal, como auxiliares de la Francia. mantener y alimentar los cuerpos franceses destinados al Portugal, cuyos sueldos serán pagados por la Francia. }

adquirirá.. { á la paz general, ó á mas tardar dentro de tres años, el título de Emperador de las Américas. el título de protector de los nuevos reinos de Lusitania y Algarves, y de los demás que se formen con provincias portuguesas. el derecho de dar la investidura de dichos reinos en caso que falten las líneas reinantes. }

renuncia.. el derecho de dividir con el emperador de los franceses las colonias portuguesas. para siempre á incorporar en sus estados los de Portugal.

EL REY DE ETRURIA..

cede.... al emperador de los franceses el reino de Etruria.

adquiere.. en cambio la ciudad de Oporto y provincia de Entre Duero y Miño con el título de *rey de la Lusitania Septentrional.*

EL PRINCIPE DE LA PAZ..

adquiere... { la soberanía de los Algarves y Alentejo con el título de *príncipe de los Algarves.* }

firmado en Fontainebleau á 27 de octubre de 1807 por el .... { Mariscal de palacio Mr. Duroc, plenipotenciario del Emperador. Consejero de Estado y Guerra, don E. Izquierdo, plenipotenciario de España. }

yes españoles, de ambos reyes: primero, de Carlos IV y, después, de Fernando VII; a los dos hizo trampas.

Tras el canje de credenciales de los ministros plenipotenciarios en esta reunión, el general Miguel Duroc, por parte de la Francia imperial, y Eugenio Izquierdo, en representación del rey Carlos IV, de España, se llegó al acuerdo ratificado antes que nadie, obviamente, por el emperador de los franceses. En sus primeras líneas dice: «Napoleón, emperador de los franceses, etc. Habiendo visto y examinado el tratado concluido, arreglado y firmado en Fontainebleau a 27 de octubre de 1807...» (Agustín Príncipe).

Mediante este nuevo tratado, la Corona de España y el Imperio de Francia acordaban, entre otros asuntos, la conquista del reino de Portugal, la división y el reparto de la tierra lusa. No obstante, como veremos más adelante, los planes de Napoleón eran otros muy distintos, pues el proyecto portugués era, verdaderamente, un plan para toda la península, de manera que la invasión buscaba la conquista del territorio: controlar las ciudades, ocupar zonas destacadas, dominar caminos y rutas vitales en las comunicaciones.

Ciudad Real y la provincia de La Mancha eran muy importantes para el dominio del espacio asegurando las comunicaciones, el control de las vías de comunicación entre el centro y el sur de la meseta, desde Madrid hasta Andalucía. La llanura manchega era un eje fundamental para la conexión norte y sur, en la línea Manzanares, Valdepeñas, Sierra Morena. De manera que, para asegurar este recorrido era preciso dominar, también, las poblaciones cercanas a este trayecto como garantía y protección al desplazamiento de las tropas hacia el sur. Esta era la teoría, otra cosa distinta fue la práctica, pues se preveía la próxima animadversión del pueblo. Ciudad Real era una de esas poblaciones que, ocupadas, servirían para proteger la ruta desde Madrid hacia Andalucía.

Escrutando el documento del Tratado de Fontainebleau podemos observar cómo se dividiría el territorio portugués y a quién correspondería cada parte. El territorio entre los ríos Duero y Miño se entregaría al príncipe de Etruria, Carlos Luis de Parma, familiar de los reyes españoles; el Alentejo y los Algarbes, a Manuel Godoy, ambos terrenos bajo la protección del rey de España; y la provincias de Beira, Tras-os-Montes y la Extremadura portuguesa, constituirían una especie de depósito cuya forma de administración se vería posteriormente.

Las partes contratantes se comprometen, se garantizan, adquieren, etcétera. Pero también hubo anexos secretos, mediante los cuales el rey Carlos IV creía evitar el peligro de incumplimiento por parte de Napoleón, cuando se precisaba en ellos, por ejemplo, el número de soldados imperiales que entrarían en el territorio español. Dicho compromiso secreto establecía en el artículo primero que:

> Un cuerpo de tropas imperiales francesas de 25.000 hombres de infantería y 3.000 de caballería entrarán en España y marcharán en derechura a Lisboa: se reunirá a este cuerpo otro de 8.000 hombres de infantería y 3.000 de caballería de tropas españolas con 30 piezas de artillería. (Agustín Príncipe)

Hay que considerar que Napoleón supo sacar provecho a la negociación y extraer, de la simple y voluble voluntad del gobierno borbónico español, todo el beneficio que fue posible. Así, en el artículo tercero de este convenio secreto se puede leer que las tropas amigas serían alimentadas y mantenidas por España, aunque sus salarios serían abonados por «Francia durante todo el tiempo de su tránsito por España» (Agustín Príncipe).

¿Fue acaso el Tratado de Fontainebleau una cortina de humo?, ¿una treta diplomática con absurdas excusas para la invasión de Portugal y España? Tras el análisis de los documentos y estudiados los argumentos y los hechos de lo que sucedió, se puede sospechar que, precisamente, fue eso, una cortina de humo y una treta del emperador.

Napoleón, en el argumentario para atacar Portugal, además de considerar que este país era aliado de Gran Bretaña, puso dos excusas principales: primera, no haber bloqueado los puertos a los barcos ingleses y dificultar la entrada a los buques franceses; y, segunda, no se había hecho frente al pago de la indemnización acordada en el Tratado de Badajoz, después de la guerra de las naranjas en 1801, entre España y Portugal. ¡Buenos e interesantes motivos para invadir la península ibérica!

Los soldados de Napoleón, aún no constituían l'armée d'Espagne[4], llegaron exhibiendo en una mano el fusil, la espada o la lanza, y en la otra el Tratado de Fontainebleau, todavía no firmado. Marcharon por el territorio de España sin resistencia alguna, como se ha visto anteriormente. Entre el 18 de octubre y mediados del mes de marzo del año siguiente entraron en España, al mando del general Junot, unos 160.000 (las fuentes difieren en el número exacto de efectivos). Este contingente estaba compuesto por seis cuerpos de Ejército: Primero, el Cuerpo de Ejército de la Observación de la Gironda, 28.000 hombres; el Cuerpo de Ejército de la Bretaña, 25.000; el Cuerpo de las Costas del Océano, 40.000; el Cuerpo de Pirineos Orientales, 20.000; el de Pirineos Occidentales, 40.000; y el de Observación de Garonna, 20.000. No obstante, los estudios sobre este asunto no se ponen de acuerdo en el número. Así sucede que entraron en la península, hasta junio de 1808, «un total de 116.979 soldados franceses...», agrupados en seis cuerpos de Ejército. El número de regimientos ascendía a setenta, de los cuales la mitad eran de caballería: húsares, dragones, coraceros, lanceros (los lanceros también se denominaron ulanos, aunque hay algunos autores que identifican este término con alemán. En realidad, como señala el propio *Dicc. de la RAE*, son soldados a caballo con lanza de los ejércitos austriaco, alemán y ruso), y cazadores. En cada regimiento, la unidad de vanguardia los *voltigeurs* (jardineros). Además, se incluían 4 batallones y un depósito de reserva junto a una compañía de granaderos (expertos en arrojar granadas que, además, eran de considerable estatura). Había una gran variedad de soldados extranjeros en el ejército francés, que el propio Napoleón llamó los «nuevos franceses». Este grupo constaba de rusos, polacos, italianos, daneses, irlandeses, flamencos, suizos, españoles y alemanes (Ordalic).

Las trampas del emperador de los franceses.
Los planes de Napoleón

... el proyecto global de Napoleón... un cambio dinástico sobre la base de un golpe militar... Murat en Madrid y su logística la previa ocupación militar de los lugares estratégicos del territorio español... (Don Kajetan, *Mis memorias de España*)

¿Había otra intención ocultada, incluso, a los altos mandos de la invasión? Es posible, pues fue cuando ya se hallaban en la península cuando el mariscal Junot conoció lo que debía hacer para poner en marcha los planes ideados por el emperador, a saber: someter a la Corona española, ya de por sí sumisa y dócil a Bonaparte; reemplazar la dinastía de los borbones, como ya había hecho con otras dinastías en diversos lugares de Europa; ocupar plazas y localidades españolas hasta la conquista de Portugal; y, tras dividir en tres partes el territorio portugués, como se indicaba en el tratado, cerrar las puertas al comercio inglés y al abastecimiento de la Royal Navy, o sea, completar el bloqueo continental a los británicos. Además de destronar al rey de Portugal, cuñado del rey español, y poner un rey títere.

En el ánimo del ejército francés se intuía que los planes del emperador eran una auténtica ocupación militar de España, para engrandecer su misión imperial.

> ... la maquinaria de guerra que debe hacer realidad del proyecto político del emperador de los franceses... Verdaderamente se trataba de la ocupación de un país, si no todos sus habitantes se lanzaron a la lucha, sí podemos afirmar que casi nadie favoreció a los ocupantes... (Don Kajetan, *Mis memorias de España*)

La mente del emperador imaginaba proyectos, posiblemente ideas para extender su imperio hacia el sur, y así llegar a la frontera con África, asentando sus imperiales pies en Cádiz. Tal vez recordaba la manera en que el Directorio, hacia finales del siglo XVIII, lo mandó a Egipto, lugar donde podría encontrarse consigo mismo. Como diría Ruiz Domènec, Napoleón «sublimó la guerra como una forma de hacer política».

Acogiéndose a una presunta lealtad y amistad, el mariscal Murat fue enviado para impulsar la ocupación y llegó a Madrid. Pero, subyace la idea de invadir España para liberarla del yugo del absolutismo y poner al país en marcha hacia un nuevo desarrollo basado en reformas liberales.

En la correspondencia analizada por Du Casse se contempla la atención con que el propio Napoleón seguía los acontecimientos del ejército de José en las tierras adyacentes a La Mancha:

«Tengo muchas ganas de saber que todo entre Badajos (sic) y el Tajo está destruido, y que el país está sometido». Al día siguiente el emperador le escribe y, posiblemente para presionarle para que arrecie con la campaña militar, le vaticina lo que sucedió al final de la guerra, apremiándole a la lucha e incitándole a la violencia guerrera, en contra de los criterios reformistas del monarca, pues José I difería en muchos aspectos con su hermano en lo que se refiere al gobierno de España:

> Sólo vencerás a España con vigor y energía. Esta muestra de bondad y clemencia queda en nada. Seréis aplaudidos mientras mis ejércitos triunfen; serás abandonado cuando ellos sean derrotados. Los miembros del Consejo de Castilla que soltaste se han unido a los rebeldes... (Du Casse)

Planes imperiales

En una carta recogida por el historiador Du Casse del emperador a su hermano se lee la teórica intención imperial de liberar a España: «Francia, comprometida en tan cruel guerra en España, debe esperar al menos la ventaja de regenerar ese país y devolverlo a ideas más liberales...». Curiosamente, estas palabras que envió desde París Napoleón al nuevo rey de España, llevan una fecha simbólica para nuestro asunto, 27 de marzo de 1809, día de la invasión de Ciudad Real.

El peso político (y ejecutivo) de Napoleón en el gobierno hispano fue categórico y contundente, de ello tenemos algunos ejemplos: en la propia *Gazeta de Madrid* se publicaban con asiduidad noticias del imperio. Además, hay que destacar la influencia que quería ejercer en la Iglesia, pues, al margen de las polémicas relaciones que Napoleón tuvo con la jerarquía católica francesa por el laicismo del Estado, había otros asuntos en los que el Gobierno imperial recortaba la influencia eclesiástica, por ejemplo, en las instituciones sanitarias. A pesar de ello había en España un estrecho vínculo entre el Estado y la Iglesia, cuando la *Gazeta* dio la noticia del

> Catecismo para el uso de todas las iglesias del imperio francés, aprobado, propuesto y recomendado a todos los obispos por el

Emo. (Eminentísimo) cardenal Caprasa, legado de la santa sede, adoptado exclusivamente, y mandado publicar por el emperador Napoleón, con un decreto del cardenal arzobispo de París, por el cual ordena aquel sabio prelado que este Catecismo sea el único que se enseñe en su diócesi. Se vende traducido en castellano en un tomo en $8^\underline{o}$ prolongado, adornado con una estampa, en la librería de Castillo; y en ella se vende también suelto el retrato del mismo emperador Napoleón en su traje natural, copia de un original que acaba de llegar de Francia, dibujado y grabado por profesores de acreditada habilidad, el cual por su tamaño puede servir para adornar la vida de este héroe que se está publicando traducida.

El emperador no podía comprender las razones por las que el pueblo hispano procuraba continuar en la pobreza, atado a una tierra que no quería desarrollar. Según los teóricos del progreso, la empresa renovadora de la Francia napoleónica era generosa y altruista, de distinta manera a como habían sido los anteriores imperios. Así, «el ideal de ciudadanía francés como aspiración universal colisionaba abiertamente con el ideal británico de civilización...» (Ruiz Domènec).

Elogios y críticas a los planes de Napoleón

Hemos expresado unas líneas atrás que los soldados galos fueron recibidos con cierto entusiasmo, como liberadores, incluso podría decirse con alegría. Sobre todo, en algunos estamentos. Así, el clero, en general, creía erróneamente en Napoleón como el defensor del catolicismo francés, que restauró este credo tras los ataques de los revolucionarios. Falsa creencia pues eran conocidos de los enfrentamientos entre el emperador y la Iglesia francesa, y de que el laicismo llegó al Ejército, pues se eliminaron, por ejemplo, a los capellanes castrenses. Napoleón «vio el valor de la religión únicamente en términos políticos» (Hulme).

Otro grupo social destacado que sentía admiración por *le petit caporal* (el pequeño cabo) fue el estrato militar, que consideraba al *Sire*[5] un genio de la guerra al que, si no alabar, al menos había que considerar por sus estrategias y tácticas militares.

Los liberales lo apreciaban como representante de los valores de la Revolución francesa, que propagaba por Europa las virtudes y los logros revolucionarios. Lo malo, y esto era también tenido en cuenta por los liberales españoles, era que lo hacía mediante la violencia y que, además, degeneraba hacia lo más opuesto al progreso y la liberalidad que se pretendía.

¿Acaso el pueblo era el único que sabía que no eran amigos ni aliados, sino dueños absolutos de los destinos de la península ibérica? A pesar de este recelo el emperador no temía ni sorpresas ni deslealtades, pues confiaba en las clases dirigentes del país.

De esta forma, en ocasiones dudando de la buena fe, a veces con descontento y protestas por los atropellos de los soldados del ejército galo, entre titubeos, sospechas y recelos se fue creando, con cierto pesar en el ánimo de los españoles, un sentimiento de odio contra los franceses.

Incluso en nuestra ciudad, en mayo de 1808, como veremos más adelante, ya hubo una fuerte reacción de animadversión hacia los representantes del liberalismo, o que el pueblo consideraba proclives a los franceses: los afrancesados. Se dieron con frecuencia, «en plena paz», saqueos y violencias, pues hubo numerosos momentos en que los soldados no recibían el deseado y rápido avituallamiento. Así, antes de que sonaran los disparos del 2 de mayo, ya había en España franceses que eran enemigos declarados y lo obtenían todo a punta de espada.

Al descontento de la tropa se sumó la actitud de los jefes y generales, pues veían en ellos un ademán de superioridad respecto a los ciudadanos españoles y una arrogancia que rayaba en la impertinencia con demasiada asiduidad. Ya el mariscal Joaquín Murat, desde el inicio de la invasión, había actuado como dueño y propietario del territorio español, al frente de un ejército de emperadores, todos igual de déspotas, independientemente de la graduación que tuviesen.

Comenta el profesor Ruiz Domènec que «uno de los grandes errores de Napoleón... fue seguir creyendo que la potencia imperial que había desarrollado mantenía aún los ideales de 1789, los de un ejército de liberación». A esto nos referimos cuando decimos que los soldados galos traían, teóricamente, en sus petates y mochilas buenas intenciones.

Crítica al emperador, silenciada

Los planes de Napoleón también tuvieron crítica. Es verdad que no era una crítica abierta ni pública, pero sí había un cierto movimiento de oposición soterrado a algunos de los dictados del gobierno imperial.

Este sentimiento estaba también en el ánimo de muchos de los militares franceses, tanto soldados como oficiales, incluso en los altos mandos de l'armée d'Espagne. De manera que advirtiendo los reveses en los planes de Napoleón, como fueron la batalla de Bailén o la resistencia de Zaragoza, el mariscal Soult pensó que la guerra en la península fue una enorme pérdida de tiempo. Y se preguntaba qué buscaba Francia en los territorios de los borbones españoles. Soult no pretendía discutir las maniobras y la habilidad del emperador, pero su gran pregunta era: ¿Qué ganamos subiéndonos al trono de España?, el mariscal era un militar curtido que sabía que la obediencia debida a las órdenes estaba por encima de sus consideraciones personales, le habían dado el mando del 2.º cuerpo de l'armée d'Espagne... y debía cumplir con su deber.

¡Que vienen los galos!
El motín de Aranjuez, 17 de marzo de 1808

Este grito de pánico se extendió por todas las tierras de la Corona española, desde Euskadi hasta Andalucía, incluso por las colonias de la América española. Aunque más bien se diría: ¡Que vienen los gabachos!

El 30 de noviembre, por mandato directo del emperador, ya estaba el ejército francés en Lisboa. Fue en la noche del 17 al 18 de marzo cuando se produjo el levantamiento del pueblo protestando contra Napoleón, pues se iban conociendo y difundiendo las verdaderas intenciones de los franceses: someter al pueblo español fácilmente con engaños. Como bien escribió Baroja: «Esto va mal; los franceses nos están engañando...».

Destacan los profesores Bahamonde y Martínez la idea del pueblo como novedoso protagonista en este levantamiento. Entre rezos y oraciones de aquella fiesta de san José se suplicaba a este, y a los demás santos, en contra de los invasores franceses. La gente salía a la calle portando antorchas y hachas encendidas, gritando a favor de Fernando VII y contra el Príncipe de la Paz, Manuel Godoy y Álvarez de Faria. Hay quien identifica entre los manifestantes, singularmente, a los manchegos que se alzaron en oposición a Godoy cerca de su domicilio aquel 17 de marzo. Tal fue así que años después contaba la *Gazeta de la Junta de la Mancha* acerca de estos hechos que «el heroísmo manchego había sido la muestra de lo que podía prometerse la patria de los habitantes de nuestra provincia» (Calvo Maturana).

Pero la realidad de estos manchegos fue otra, pues fue el mismísimo conde de Montijo, que haciéndose llamar «el tío Pedro», disfrazado de campesino manchego, dirigió a los amotinados en Aranjuez bajo los gritos de: «¡Vida al Príncipe de Asturias! ¡Abajo el Guardia! ¡Viva Fernando el deseado! ¡Muera el choricero! ...» (Rodríguez Solís)[6]. O este otro grito de guerra, que nos ha llegado de la novela de Pérez Galdós: «el kirieleysón cantando, ¡viva el príncipe Fernando!».

Joaquín Gómez nos relata en sus memorias el ambiente enrarecido en la corte (*Historia de la ciudad de Ciudad Real*), cuando escribe que ya en los comienzos de 1808 hasta el pueblo llegaban noticias de las «intrigas diplomáticas y estrechas relaciones en el favorito de la reina María Luisa, Don Manuel Godoy». Y continúa relatando nuestro memorialista que

> Los observadores descubrían y el pueblo aprendía y notaba demasiado: así fue que el 19 de marzo de dicho año 1808, se apuró (se agotó) el sufrimiento, y en Aranjuez se levantó imponente contra el enunciado favorito, que por casualidad no pereció a sus manos. Solo pudo contener el ímpetu popular el amor que se profesaba al príncipe Fernando, en quien abdicó la corona su padre Carlos 4º, esposo de María Luisa. Cada vez se advertían más claras las intenciones de Napoleón... ya disponiendo insidiosas entrevistas con las personas reales, que hizo salir de la corte, engañando a Fernando 7º reinante, que entró en Madrid el 24 de marzo, y salió para Bayona el 10 de abril. Empero, los habitantes de Madrid, sin nada arredrarles (amedrentarles), se arrojaron a la pelea más sangrienta el siempre memorable Dos de mayo de 1808...

El tío Pedro. La Guerra de la Independencia, Tomo 1, (1844).
Miguel Agustín Príncipe. BNE

¡A Bayona todos, he dicho!

Murat organizó el viaje de la familia real a Bayona. Carlos IV había abdicado y renunciado al trono en favor de su hijo Fernando VII el 19 de marzo. Pero la orden del emperador era que toda la familia real viajara a Francia. ¿Qué pretendía Napoleón? Pues, ya se ha apuntado, y es fácil de adivinar, hacerse con el poder y derrocar a los borbones de la Corona de España y entregársela a algún familiar suyo, en un claro signo de nepotismo, tal y como había hecho con sus hermanos, Jerónimo, Luis y otros familiares y allegados, desde el inicio de sus mandatos.

Pero, Fernando VII, tal vez bien aconsejado por sus asesores, antes de viajar a Bayona nombró una Junta de Gobierno, ¡por si acaso! El rey Fernando, buscando el apoyo de Napoleón, llegó a Bayona el 20 de abril; el día 30 del mismo mes, lo hizo el exrey Carlos IV; y el 2 de mayo (cuando se produjeron los levantamientos contra los franceses en Madrid) salió hacia Bayona el resto de la familia real.

Según muestra Du Casse citando las memorias sobre España de Juan Antonio Llorente (seudónimo de Juan Nellerto) se prueba fehacientemente que los consejeros del rey Fernando VII lo sedujeron y lo llevaron a Bayona, movidos por sus propios intereses y provechos particulares, ya que lo habían sabido enfurecer e irritar contra las disposiciones del Príncipe de la Paz y del gobierno de su padre, al que, impaciente, deseaba derrocar. Además de que el Príncipe de Asturias era un elemento fácil de manipular debido, entre otros motivos, a su ansia de poder.

Como ya hemos dicho, el emperador disfrutaba de estas desavenencias y discordias de la familia real española. Al parecer no quería extender la guerra al territorio hispano para sustituir al primer ministro Godoy. De hecho, hubiera contribuido gustosamente a que Carlos IV volviera a España otra vez como rey, si él hubiera deseado regresar sin Godoy en su gobierno, con lo que se aprecia la animadversión del emperador contra este político. Napoleón aprovechó estas divisiones en la familia real, pero no las creó.

Napoleón estaba muy incómodo por el cercano y apremiante desastre de los asuntos de su aliada Corona de España. De forma que en la reunión que tuvieron José y Napoleón en Venecia, en 1807, se habló de los temores que despertaban los movimientos de España. Los proyectos y aspiraciones del emperador aún no tenían solidez. Y fueron los consejeros españoles, Pedro Cevallos y el duque del Infantado, entre otros, los que, de buena fe, animaron en Bayona para que José Bonaparte fuera el monarca en España. «El gabinete español puesto ya bajo la férula de Bonaparte no podía hacer otra cosa que obedecer con resignación sus mandatos...» (Agustín Príncipe).

Bayona: el lío, el rey y la Constitución

Sabemos que en abril Carlos IV abdicó de la corona en favor de su hijo Fernando. Las diversas fuentes informan que durante los

Última entrevista entre Fernando VII y sus padres en presencia del emperador. Miguel Agustín Príncipe. Memoria digital Biblioteca de Madrid

primeros días de mayo, ya en la ciudad Bayona, se produjo un trasiego de cartas entre Carlos y Fernando, en las que se van comunicando, tanto uno como otro, sus buenas intenciones de regir los destinos de España. A su vez, Fernando VII abdicó en Bayona y entregó, otra vez, la corona a su padre. El día 5 se produjo la reunión de todos los que allí estaban, Fernando renunció a la corona y se la devolvió a su padre. Carlos IV, nuevamente rey de España e Indias, se la entregó a Napoleón. Su majestad imperial, agradecido, seguramente dijo: *merci beaucoup*.

El día 21 se produjo una reunión entre el emperador y el consejero Juan Escoiquiz en nombre del, otra vez, Príncipe de Asturias, en esa fecha aún no estaban nada claros los destinos de España, lo que sí tuvo claro Napoleón ante estas maniobras, o mejor dicho, ante la tragicómica situación de los borbones, es que en España era su ejército el que detentaba la autoridad, pues ya llevaban seis meses en la península. Las abdicaciones de Bayona fueron una representación esperpéntica, un espectáculo que, posiblemente, agradó mucho al emperador.

Napoleón I, ¿rey de España?

Napoleón que sí sabía qué hacer con la Corona española y todas sus posesiones, se la ofreció en primer lugar a su hermano Luis, rey de Holanda, que la rechazó. Luego, se la brindó a su hermano mayor José, rey de Nápoles que, tras dudar, aceptó el encargo el 4 de junio de 1808. Aquí no para la cosa. Napoleón le cedería los derechos de la Corona española, pero esta cesión se produciría semanas más tarde, el día 7 de julio. Napoleón I fue rey de España y de las Indias durante dos meses.

El día 25 de mayo «el rey Napoleón I, de España», envió un comunicado al pueblo diciendo que no sería rey de España. El 4 de junio decretó que el rey de España fuera José.

En el ánimo de José I estaba la ilusión de ser realmente el rey de los españoles y no un comisionado representante del emperador en la península (Bahamonde y Martínez). Según el profesor Ruiz-Domènec, cuando el rey José manifestaba su intención de erigir un nuevo reino en España, lo que en verdad ambicionaba era reproducir una copia de Francia, con organismos económicos y políticos parecidos, aunque distintos. Tal vez Napoleón no codiciaba España para sí mismo, pero quería que se gobernase a la manera francesa y para ello puso en el trono a su hermano José Bonaparte.

Incluso podría haber pensado este nuevo rey que los españoles se desprenderían de sus armas, que se postrarían a sus pies, si conocieran su real corazón; serían aún más amigos de los franceses, si comprendieran que, aunque era francés, su deseo le comprometía a gobernar España como una nación libre e independiente. Eso sí, basándose únicamente en las promesas recogidas en la Constitución o Carta otorgada en Bayona. Así reflexionaba José I Bonaparte en una misiva a su hermano, abriéndole su corazón, pero, al mismo tiempo, manifestándole qué pensaba y le escribía que le aliviaba el ánimo la esperanza de ver feliz a los españoles, aunque ahora las desgracias embargaban al país.

Los documentos nos van mostrando cómo parte de la nobleza de España elogiaba la bondades de Napoleón. Se lanzó una proclama de los grandes de España, de los consejeros, y de otros españoles reunidos en Bayona el 8 de junio de 1808, para comunicar al pueblo las bondades y parabienes que el emperador de los franceses deseaba al pueblo español. En este documento lo primero que hacen los congregados por Napoleón es lamentarse de la situación de España por el gobierno de los borbones; a continuación, elogiando la libertad y los derechos individuales, quieren un nuevo gobierno; seguidamente es cuando vienen los elogios y piropos a Napoleón:

... Es cierto que hemos llegado a una situación lastimosa; pero ¿a quién la debemos?, ¿quién nos ha reducido a ella sino el gobierno caprichoso, indolente e injusto en que hemos vivido por veinte años? ¿Qué resta, pues, sino prestarnos sumisos, y aun contribuir cada uno por su parte a que se organice otro gobierno nuevo sobre las bases sólidas que sean la salvaguardia de la libertad, de los derechos y propiedades de cada uno? Esto es lo que desea; y en esto se ocupa para nuestro bien el invicto Napoleón, que quiere merecer bien de nuestra patria, y pasará a la posteridad con el nombre de restaurador de ella: no opongamos estorbos a esta regeneración, ni a los inmensos bienes que en la actualidad pueden resultarnos de estar íntimamente unidos con este poderoso aliado. La paz general puede mirarse como segura en este momento en que el nuevo rey de Inglaterra, cuyos principios pacíficos son bien conocidos, se ha rodeado de otros ministros, que es de esperar no sean como sus predecesores los enemigos eternos del reposo del mundo. ¡Cuanto sentiríamos que malograseis con vuestra indiscreta conducta estas felices disposiciones para la consolidación de la pública felicidad de España, que tantos desvelos cuesta a nuestro generoso protector! (Napoleón)... Quiera el cielo que esta sincera exhortación, que nos dicta el más apasionado patriotismo, obre en vosotros el efecto de contener y reprimir a los díscolos que intenten conmoveros y que desde ahora reinen entre vosotros la paz y la confianza.

Bayona 8 de junio de 1808.

El conde de Orgaz; Manuel de Lardizábal; Vicente Alcalá Galiano; Sebastián de Torres; Antonio Romanillos; F. el duque de Híjar; el duque del Infantado; F. el marqués de Santa Cruz; V. el conde de Fernán-Núñez, duque de Montellano y del Arco; F. el duque de Osuna; Josef Colón. M. el conde de Santa Coloma y de Fuenclara; D.

Raymundo Etenhard y Salinas; Zenón Alonso; Francisco Amorós; Pedro de Torres; Ignacio de Texada; Pedro de Porras; Andrés de Herrasli; Christobal de Góngora; Luis Idiáquez; El duque del Parque; Domingo Cerviño; Pedro Cevallos; Miguel Josef de Azanza[7].

Asamblea constituyente de Bayona
y la "Carta otorgada", del 15 de junio al 7 de julio

En el mes de junio, estando el poder de la Corona de los borbones españoles en manos de Napoleón, pero siendo en teoría José I rey de España y de las Indias, se procedió a debatir, en suelo francés, el texto de la constitución propuesto e impuesto por el emperador. La asamblea comenzó sus reuniones el día 15 de junio, con la mitad de los miembros previstos, pues no acudieron todos los convocados, finalizando esta reunión de los notables españoles el día 7 de julio. Los debates en las reuniones se redujeron a reconocer al nuevo rey de España, José Bonaparte y a aceptar los 146 artículos de que constaba esta orden del emperador, «Tanto es así que, hasta el último momento, Napoleón estuvo muy tentado de firmarla con su propio nombre» (Fuentes).

El representante de Ciudad Real en aquellas jornadas fue Salvador Jiménez Coronado, sustituyendo a Joaquín Muñoz Teruel. Veremos más adelante este asunto de la elección del representante por Ciudad Real en la Asamblea de Bayona.

Esta «Carta Magna» de Bayona fue el referente de las reformas que se intentaron aplicar en el país, mediante rápidas modificaciones en la administración a la manera francesa. Una «Carta otorgada» que establecía una monarquía, en realidad, «dura y autoritaria, limitada escasamente por vagos principios liberales...» (Fuentes).

El texto de esta constitución se compone de un preámbulo y 13 títulos, con un total de 146 artículos. Y viene a ser fruto de la época consular francesa y del momento imperial de Napoleón. La organización del nuevo Estado, según esta norma, constaba de Cuerpo legislativo, Senado, Consejo de Estado y se marcaba la estructura de una nueva justicia. Señalan Bahamonde y Martínez que, además, se mantenía la confesionalidad religiosa católica y los privilegios de los estamentos del Antiguo Régimen, de tradición muy española; aunque como se ha señalado tenía tintes liberales.

José I vino a reinar a España con el amparo y sostén del emperador, el consentimiento de los borbones y una nueva constitución política, una constitución liberal. El problema fue que la Carta otorgada era una imposición del emperador.

> ... el carácter de Carta otorgada de la Constitución de Bayona... España perdía su soberanía y se convertía en una pieza más del ajedrez del emperador en Europa... sin perjuicio de otros planteamientos positivos en lo que afectaba a libertades civiles, la abolición de la Inquisición y a ciertas reformas sociales... (Iglesias)

Cuando llegó el nuevo rey, el pueblo español ya estaba en guerra contra él, pues la Junta de Gobierno, que representaba a Fernando VII, había decretado la guerra contra el invasor francés el día 6 de junio de 1808. De manera que, «... la constitución firmada en Bayona por un crecido número de personas respetabilísimas por su carácter, saber y virtudes, lejos de sofocar, avivó más bien el fuego de la insurrección...» (Reinoso).

En el documento constitucional prevalecían el pragmatismo y la prudencia, no tanto el espíritu reformista de la nueva dinastía que se quería asentar en España. Se anuló el feudalismo, se eliminaron muchos conventos y comunidades religiosas, se suprimió la Inquisición, se intentó liquidar de un plumazo el Antiguo Régimen, eliminando los privilegios de la aristocracia y el clero, junto a otras tímidas reformas para asentar la nueva dinastía. Las reformas continuarían a partir de los «Decretos de Chamartín» (4 de diciembre de 1808), tras la venida a Madrid de Napoleón. Con estos decretos se eliminaron los órganos del gobierno borbón, los Consejos de Castilla, de Guerra, de Hacienda, de las Órdenes Militares y el Consejo de Indias y Marina, siendo sustituidos por ministerios a la manera de la Francia imperial. Fiscalmente se eliminaron las barreras arancelarias.

El optimista plan de José I: los liberales y la ilusión

Una «monarquía de los intelectuales», era lo que pretendían los liberales españoles. Una dinastía que retornara al tiempo anterior a Carlos IV, responsable de cerrar precipitadamente un periodo de reformas. En verdad, un grupo social afrancesado culturalmente, valedores de una política elitista que, sobre premisas racionalistas, continuaran la política de reformas de los ilustrados del siglo anterior (Romero Peña).

José I quería mostrarse como «un rey filósofo de sólidos principios burgueses, y aun republicanos...», apoyándose en la Constitución de Bayona como firme sustento político de su gobierno.

El nuevo soberano llegó al país con la obligación de dirigir una guerra, además de asumir para su nuevo Estado las directrices que le enviaba el emperador desde París. Así mismo, su ocupación no descuidó, al igual que durante su gobierno en Nápoles, mejorar los servicios a la población con proyectos interesantes para afianzar la felicidad de sus súbditos. El impulso reformista que imperaba en la Francia napoleónica determinó y alentó las acciones de gobierno en José Bonaparte, formado en el siglo de las luces, pero, entendía que su nuevo cargo de rey de España y «su supervivencia dependía del emperador...» (Ramisa).

Entre los planes de Napoleón y las intenciones de José Bonaparte aparece la buena fe de los liberales y los reformistas españoles. En el grupo de misivas que se intercambiaron José I y Napoleón, que ofrece el estudio de Du Casse, el nuevo rey de España iba desgranando sus ideas para el nuevo gobierno en cambios sociales, políticos y reformas en el país. Así, en una carta de fecha 7 de marzo dice el rey al emperador: «... tienes que persuadir a la más débil (España) de que la más fuerte (Francia) no quiere hacerla su esclava. Esta opinión es el único enemigo que tenemos que combatir...».

¿Qué podemos deducir de estas ideas del nuevo rey? Pues, que en la mente de José Bonaparte, no estaba el avasallar ni dominar España por la violencia ni tampoco formar parte del territorio del imperio francés, sino que su condición fuera similar a la igualdad. Eso sí, que España saliera del rancio y caduco Antiguo Régimen. En la referencia que hace al enemigo el rey incluyó, sobre todo, a los absolutistas, pues lo que pretendía José I era ofrecer al país sus buenas intenciones y empeño en las reformas basadas en ideas de progreso, aunque este crecimiento fuera moderado con mejoras claramente perceptibles en las distintas capas sociales, artes e industrias.

Monograma de José I Bonaparte

Incluso con las buenas intenciones que manifestó no pudieron salir peor las cosas. José I se encontró una situación económica muy complicada, un estado de guerra al que tenía que dotar adecuadamente de material y vituallas y enfrentar una enorme deuda pública del régimen anterior, para lo cual decretó un amplio grupo de medidas desamortizadoras. Principalmente enajenando los bienes de las órdenes religiosas. Por ejemplo, el Real Decreto de 18 de julio de 1809, en el que se suprimieron la órdenes regulares, las mendicantes, las clericales y las órdenes militares.

No obstante lo dicho, las relaciones entre José I y su hermano no fueron ni acordes ni afines, respecto a España. De manera que las relaciones se endurecieron, a pesar de las melosas misivas que se intercambiaban; algún tiempo después, cuando Napoleón decretó, por ejemplo, «la anexión a Francia de los territorios comprendidos entre el Ebro y los Pirineos» (Ortiz de Ortuño), «tanta sangre ha decidido al emperador a reunir Cataluña al imperio francés...», en contra de la división administrativa del territorio, en prefecturas y subprefecturas, que ya se había puesto en práctica con un modelo similar al de Francia.

El rey estaba convencido de que Napoleón no aprobaba su manera de proceder en España. José quería trabajar por el interés del país que ahora gobernaba y no estar subordinado al imperio. Una forma de actuar que era opuesta a la que Napoleón hubiera deseado que adoptara. No quería ser utilizado para los propósitos de Napoleón para la península[8].

... José I quería legitimar su reinado con un discurso de regeneración del país basado en un pacto con las elites políticas locales; no le satisfacía que los españoles le consideraran un simple lugarteniente de Napoleón. Pretendía encabezar un gobierno nacional español, que impulsara reformas modernizadoras de fomento del progreso y del bienestar público, imitando el ejemplo francés... (Ramisa Verdaguer)

El pueblo, en nombre de Fernando VII

El rey Fernando VII, de carácter muy cambiante, reclamado por el pueblo que le llamó «deseado» pues vio en él al «salvador de la patria» y, después, engañado, volvió a una nueva «tontería del pueblo», provocó esos equívocos sentimientos y adhesiones; «felicitaba a Napoleón por sus victorias contra los españoles...» considerándole el ser «más bellaco y perverso que podía concebirse», como bien dijo Américo Castro, en su obra *La realidad histórica de España*. Triste imagen del que fuera rey de España.

Acerca de la difícil personalidad, complejo carácter y acciones insensatas y disparatadas del Príncipe de Asturias escribe Agustín Príncipe: «rara vez reina, hablaba poco y regocijábase con dar muerte a los parajitos que caían en sus manos...».

Al mismo tiempo se cantaba la inocencia de Fernando, se tenía un amor por él verdaderamente ridículo, y se creía en una protección especial de Dios por la dinastía de «los Narices». A pesar de ser yo guerrillero patriota, esta alianza entre Dios y el rey de España, de que nos hablan los fanáticos, me repugnaba... (Baroja)

La acción política, incluso en el Antiguo Régimen, requería fuerza de carácter y decisiones firmes, pero no a tontas y a locas, y en este caso eran, además de lo indicado, crueles. Los adjetivos calificativos que Baroja pone a los dos monarcas implicados en este lamentable suceso de la historia de España, el Borbón y el Bonaparte, son reveladores del carácter de ambos reyes:

Políticamente, los dos son una calamidad. Fernando es un miserable, un cobarde, un canalla digno de esa raza de idiotas que lleva

58

El príncipe Fernando dando muerte a los pajaritos. La Guerra de la Independencia, Tomo 1, (1844). Miguel Agustín Príncipe. BNE

por apellido Borbón. José nos está resultando un farsantuelo que quiere echárselas de rey de verdad y se llama así mismo Majestad Católica de España y príncipe francés. Tiene la vanidad de todos los zapateros encumbrados...

Su personalidad y su carácter siempre estaban en entredicho, pues no eran más favorables los calificativos que le dedicaba su suegra que afirmaba que «tenía una figura espantosa, era feo de cara, grueso de cuerpo, con muslos y rodillas redondas...».

Fernando VII reinó de manera arbitraria, autoritaria y absoluta en un momento muy crítico de la historia de España. Siendo el protagonista de una de las etapas más trascendentales de la historia de nuestro país, sus actuaciones obstaculizaron y atascaron las reformas necesarias para la buena marcha de la política, la sociedad y la economía.

Su conducta y sus acciones de gobierno impidieron el progreso y el desarrollo del país, incluso lo hicieron retroceder; reinstauró la Inquisición y la censura en la prensa, terminando con la recién estrenada libertad de prensa; restableció los viejos y rancios Consejos del Reino; persiguió con denodada saña a los liberales, etcétera.

Entre todo este desvarío hubo algo positivo: aportó dinero para la fundación del Museo del Prado. Se trataba de un proyecto de su esposa, la reina Isabel de Braganza. Ella quiso crear un museo de pintura y escultura, retomando la idea de monarcas españoles anteriores.

Mayo de 1808 en Ciudad Real

En la ciudad, ¿a qué dieron pie los tejemanejes políticos, las intrigas cortesanas, la invasión de los franceses y el clima revolucionario? Pues fue en estas fechas cuando la sublevación y el levantamiento mostraron el enfrentamiento social en España, no solamente contra los enemigos, sino entre los propios lugareños. Esos días fueron el «caldo de cultivo de una guerra civil; el tradicionalismo frente al pensamiento revolucionario... de un lado los patriotas o fernandinos y de otro los josefinos, juramentados o más comunmente llamados afrancesados...» (Odalric).

Una parte de la población de Ciudad Real apoyó al rey Fernando, en quien veían la tradicional legitimidad de la monarquía hispana. Otra cosa sería que decepcionara, como lo hizo, con su acción política, toda ella contraria a las expectativas y la ilusión con que había sido defendida su figura por el pueblo frente al ejército invasor.

En los meses iniciales de 1808 el pueblo de Ciudad Real seguía con atención, además de los temas políticos, el avance de las armas francesas por la península: el motín de Aranjuez, el levantamiento en Madrid y el repentino viaje de la monarquía española a Francia. Los manchegos sabían que el gobierno de Godoy era adicto o aliado del emperador galo y también eran muy reticentes contra la dirección y mando de este personaje.

Entrada de los franceses en España. La Guerra de la Independencia,
Tomo 1, (1844). Miguel Agustín Príncipe. BNE

Hubo en la ciudad cierto grado de confusión, un pequeño lío al nombrar el representante en Bayona «para tratar en ella de la felicidad de España conforme a los deseos e intenciones de Su Majestad el emperador de los franceses» (Espadas). Se nombró a fray Joaquín Muñoz y Teruel, responsable de los negocios de la Recibiduría de la Orden de San Juan[9], y por ello el cargo se entendió incompatible con la tarea de representar a Ciudad Real en la Asamblea de Bayona. En su lugar se envió a otro religioso, eso sí, exclaustrado, Salvador Jiménez Coronado[10]. Esta delegación enviada a Bayona fue entendida por el pueblo de Ciudad Real como colaboracionismo con las tropas invasoras de la península y, tal vez, provocaría de alguna forma la virulencia del levantamiento que se produjo en la ciudad a finales de mayo de 1808.

En la ciudad había un «intenso debate político» (un enconado enfrentamiento), entre los partidarios de un corregidor, Valentín Melendo y Gómez, acusado de «débil, afrancesado e impopular», y una gran parte del pueblo, seguidores de Diego Muñoz y Pereiro (del Valle).

A los pocos días la Junta Suprema Central declaró la guerra a Napoleón en nombre del rey Fernando VII. Una parte de la localidad era partidaria de este monarca, la otra siguió las directrices de la Junta, aunque no era partidaria del rey. El desorden, la confusión y el enredo estaban servidos.

La guerra, antes de llegar a Ciudad Real, fue empeorando la situación, incrementando el enojo y distanciando las posiciones. Mientras tanto, el territorio de La Mancha permanecía bajo el gobierno josefino. No obstante, una aparente tranquilidad escondía una intensa hostilidad de unos vecinos hacia otros. También durante los momentos de ocupación, que fueron varios, como expondremos más adelante, en una alternancia entre retirada o defensa y toma de la ciudad, afloraba esa enemistad entre los ciudadrealeños.

En el alma de los vecinos se había instalado el rencor hacia el que pensaba diferente.

NOTAS Capítulo 1

1 Recuérdese, además, que en esta batalla, se apresó a la tripulación y el pasaje del resto de las naves, como hemos indicado. Entre ellos al brigadier de la Armada, Diego de Alvear y Ponce de León, que fue comisario de la Demarcación de Límites, de regreso a la península con toda su familia. Su mujer y seis de sus siete hijos sucumbieron en dicho ataque, quedando únicamente él y uno de sus hijos.

2 Bailes de candil: antiguas fiestas campesinas que se alumbraban con candiles. En este caso llevadas a la ciudad para jolgorio de sus habitantes.

3 ℚ Símbolo de «mil».

4 L'armée d'Espagne: el Ejército de España es el nombre genérico del ejército que Napoleón había enviado a España, teóricamente para invadir Portugal, en 1807, y que en realidad acometió y asedió nuestro país poniendo en el trono ibérico a su hermano José Bonaparte. Este ejército fue creado en 1806 con la finalidad de ocupar el país y jugar con los reyes borbones en

la propia tierra. Aunque en diversos lugares de la península alcanzó otras denominaciones como l'armée d'Aragon, l'armée de Andalucia, l'armée de Catalogne, o l'armée du Midi.

5 Durante la campaña de Italia, entre 1796 y 1797 *le petit caporal* fue el apelativo dado a Napoleón. Tiene dos acepciones: el pequeño cabo, o el pequeño cuerpo. Hay personas que sustentan la idea de que era bajito. Cuando se le hizo la autopsia, tras su muerte en la isla de Santa Elena, se estimó su estatura en 5 pies, 2 pulgadas y 4 líneas, o sea, 1'68 metros. Parece que no era tan bajito, por lo tanto, sería más correcto «el pequeño cabo». *Sire*: tratamiento que se daba a ciertos reyes antiguos en Francia.

6 Manuel Godoy era guardia de Corps; choricero le llamaban por ser extremeño.

7 Aunque algunas de las frases aquí transcritas puedan inducir a la sorpresa y a la hilaridad, es una cita literal del documento que se referencia con el título de «Proclama de los grandes de España».

8 Al igual que ocurrió con los otros hermanos de Napoleón, Luis y Jerónimo, designados por este para gobernar los territorios de Holanda y Westfalia, que quisieron conectar con el pueblo al que regían.

9 El Recibidor; en la Orden de San Juan, ministro diputado para recaudar los fondos que pertenecen a ella. (Dicc. RAE)

10 Salvador Jiménez Coronado nació en Ciudad Real en enero de 1747, fue un intelectual ilustrado, científico, profesor de astronomía, creador del Real Cuerpo de Ingenieros del Estado, inventor de los anteojos cromáticos, político y afrancesado (aunque mejor se diría liberal por sus viajes y su amplio conocimiento de la sociedad europea del momento), fue elegido diputado a las Cortes de Cádiz el 17 de mayo de 1813. Primer director del Real Observatorio de Madrid y traductor de notables obras científicas. Personaje que puede ser considerado uno de los «relojeros de la monarquía», en el sentido de organizadores de la estructura de la Administración, aunque así fueron denominados los Secretarios de Estado durante la Época Moderna.

Entrada del general Dupont en España. La Guerra de la Independencia,
Tomo 1, (1844). Miguel Agustín Príncipe. BNE

2 | Guerra de Independencia
Un breve acercamiento

Guerrear es suprimir durante un periodo la civilización,
el orden, la justicia; abolir el mundo moral creado con tanto
trabajo, retroceder a épocas de barbarie y de salvajismo...
(Baroja, P. *Memorias de un hombre de acción: 2. El escuadrón*
brigante)

Es conveniente hacer una pequeña reflexión antes de nada. Pues, partiendo de lo odiosa, nefasta y perjudicial que es una guerra, en este caso el ocupante francés ¿acaso deseaba ofrecer lo mejor de sus conquistas revolucionarias, políticas y sociales al hombre, al ciudadano y unos años después (1791), también a las mujeres y las ciudadanas; o lo que ocurrió fue la manifestación del ansia expansionista de Napoleón? Posiblemente, sea esto último.

Francia envió una parte del ejército, formada por lo pésimo de su sociedad. Los soldados del emperador estaban lejos de los ideales revolucionarios, de extender el progreso por los pueblos de Europa. Napoleón fue, quizá, uno de los encargados de acabar con el solidario principio de llevar lo bueno que consiguió la Revolución francesa al resto del continente.

Para los profesores Cayuela y Gallego, el emperador de los franceses «abrigó desde muy pronto una clara voluntad de intervencionismo dentro de los asuntos políticos hispanos» con el fin de «integrar a España y Portugal en su sistema continental...». La intromisión de Napoleón en los asuntos de España pretendía una autoridad activa y eficaz, a la vez que se recreaba en la incapacidad de los borbones y sentaba en el trono a su hermano José. Siendo, además, el ejército imperial en la península «la autoridad "de transición"...», de una dinastía a otra, que desencadenó la rebelión del pueblo y la subsiguiente guerra contra el invasor.

El ensayo: la guerra de los Pirineos
(o guerra de los 4 nombres)

Todavía no hemos contado batallas, hemos hablado de la guerra, pero no hemos dado detalles de la misma. Como todo gran suceso, esta guerra de España tiene unos precedentes, un enfrentamiento anticipado, un ensayo. En 1793 y 1795, la Francia republicana y la España de Carlos IV confrontaron durante el tiempo que se conoce en la historia de Francia como la Convención Nacional. Tras la ejecución del rey Luis XVI, en 1793, Godoy firmó con Gran Bretaña el Tratado de Aranjuez dando pie a la primera coalición contra Francia.

La guerra de España tuvo su ensayo previo en la guerra del Rosellón -guerra Grande, se la llamó en Cataluña; en Francia *guerre de la Vendée*; y también es conocida como guerra de los Pirineos-. Abarcó toda la cordillera pirenaica, desde la costa catalana a la costa vasca y Navarra. El resultado de la firma del Tratado de Aranjuez fue que las monarquías hispana y lusa, apoyadas por Gran Bretaña, se aliaron contra la Francia republicana provocando de manera indudable el enfrentamiento bélico. Este conflicto terminó con la firma de la Paz de Basilea, el día 22 de julio de 1795, y con la victoria de los franceses sobre los aliados de esa primera coalición: Gran Bretaña, Portugal y España.

España se vuelve contra Inglaterra

A partir de esta derrota, y tras la firma del Tratado de San Ildefonso, en agosto de 1796, la Corona de España acuerda con Francia una política militar conjunta. Los borbones cayeron en las manos de Francia. Mas, como hemos visto anteriormente, tampoco este tratado trajo estabilidad y tranquilidad a la política hispana. Desde 1796 hasta el Tratado de Fontainebleau, en 1807, Francia, sobre todo con Napoleón, quería meter de lleno a España en su lucha contra Inglaterra. También hemos visto cómo consiguió, después de la ley de Subsidios de 1803, que los borbones españoles aportaran medios bélicos a su plan de bloqueo continental a los británicos. Recordemos que las causas que, aparentemente, argumentaron la entrada del gobierno hispano en la guerra contra los ingleses fueron el ataque a la fragata científica La Extremeña y la batalla del cabo de Santa María con el hundimiento de la fragata Mercedes, el 5 de octubre de 1804. Alianza y tiempo de guerra en que se inscribe la tristemente célebre batalla de Trafalgar. Una asociación entre perjudicial y obligada. Y que, definitivamente, fue engañosa y muy negativa en las negociaciones del Tratado de Fontainebleau, analizado en el capítulo anterior. Ya había una gran desconfianza entre ambas Cortes, pues no solo se tenían que especificar muy bien cada uno de los movimientos de las tropas invasoras por España, sino que, además, hubo que redactar unas estipulaciones secretas.

¿Acaso se veía venir el conflicto en España?

Hay análisis que indican que sí se podían vislumbrar las intenciones de Napoleón para España, igual que ocurrió para el resto de Europa. El emperador fue creando estados satélites: ahora integrados en el imperio francés, bien como países aliados bien como reinos autónomos, pero amarrados a la autoridad imperial de Napoleón I. En este sentido, si recordamos el célebre cuadro de Jacques-Louise David *Consagración del emperador*[1], vemos que están presentes en este acto comisionados o autoridades de toda el área de influencia de Francia, o de «amigos» del imperio: desde el rey de Suecia, Carlos XIV, al embajador otomano Halet Effendi; Raphäel de Monachis, monje cristiano egipcio, en representación de Egipto; el papa Pío VII; incluso la representación española encabezada por el embajador, Federico Gravina, que después moriría como consecuencia de las heridas que sufrió en la batalla de Trafalgar.

Cruzar los Pirineos, y entrar marcialmente, a saco

Aunque hemos visto anteriormente este asunto, ahondaremos un poco más. La llegada del ejército francés a España, lo primero que produjo fue asombro, por el número, por lo llamativo de la gallardía militar y, en parte, por la incógnita de tal ejército extranjero en suelo hispano. En Euskadi, en principio, el recibimiento fue entusiasta. Escribió Farias, citando al francés Monsieur Thiebault, que las gentes de muchos lugares «andaban veinte leguas y más por ver las tropas de Napoleón y se agolpaban a su paso». Y va describiendo el desfile francés por las tierras españolas de la siguiente manera:

Hay que imaginarse la escena. Los regimientos, cajas al frente, pasando por las calles estrechas y tortuosas, aquellas gentes, que jamás soñaron cosa parecida, contemplando, mudas y atónitas, el desfile marcial, los uniformes vistosos de los soldados, los trajes brillantes de jefes y oficiales, que contrastaban con la ropa parda de nuestro pueblo, con las casas sin enjalbegar, y el paisaje grave del fondo, y, cuando los regimientos se pierden a lo lejos llevándose la visión de fuerza y vida, las gentes que vuelven a entrar en sus casucas o que emprenden las leguas de caminata, pensando en todo aquello que sus ojos han contemplado y no tiene un sentido claro para su inteligencia... (Farias)

A priori y de forma silenciosa hubo una admiración que con rapidez se transformaría en aversión, desprecio y odio. Eufemísticamente escribe Farias que según marchaba la tropa por tierras de Castilla, la admiración de la gente iba desapareciendo, pues la acometida francesa en la península no andaba con contemplaciones; a pesar de la fascinación primera, esta se iba transformando. A los cuatro meses de la invasión, sin causa ni motivo que respaldase sus acciones, los extranjeros iban apoderándose de ciudades, lugares y fortalezas, y si el pueblo no les acogía con las puertas abiertas, la violencia era su seña de identidad y las echaban abajo, arrollando todo a su paso. El camino a Lisboa ya era otro muy distinto al firmado en el Tratado de Fontainebleau, era la brutal invasión. Y, aunque en muchos sitios eran recibidos como partidarios y amigos, crecía el descontento entre las clases populares; pese a que muchos admiraban a Napoleón, nadie podía imaginar la suerte horrible reservada a España.

Recordemos que nadie se preguntaba el verdadero motivo por el que atravesaban los montes Pirineos tantos guerreros gabachos. Ni los mandos ni los soldados se cuestionaban sobre este movimiento de invasión en un reino aliado. Los oficiales deseaban hacer méritos; la tropa sabía que llegaba a un país con importantes reservas de vino y jolgorio. El ejército francés no conocía los planes del emperador, ni su misión ni su destino final.

Hasta finales del 1807, ya bien dentro de España, no supo el mariscal Jean-Andoche Junot, duque de Abrantes, que debía avanzar hacia Lisboa e incautar los navíos de la escuadra portuguesa.

Los franceses únicamente sabían que entraban en son de conquista, mientras que los españoles pensaban que iban a la conquista de Portugal, a deponer al Príncipe de la Paz, a colocar en el trono al Príncipe de Asturias. ¡Qué equivocados los españoles!

La guerra.
Los que vinieron a la conquista de España

> Lo que las comunidades humanas tienen en común es aquello que inevitablemente las enfrenta: la tendencia a creerse mejores. (Vallejo, I., *El infinito en un junco*)

The Peninsular War, así denominada en el mundo anglosajón – *Guerre d'Espagne*, para los franceses o Guerra de la Independencia para nosotros, comenzó oficialmente el 6 de junio de 1808 con el bando de movilización general contra Francia, y terminó casi seis años después, el 16 de abril de 1814.

Seis años sin pausa ni tregua, mientras que otras guerras de Napoleón por el suelo europeo sabemos que fueron más fugaces y rápidas. Esta guerra fue la primera de las guerras de liberación en Europa, pues tuvo características distintas: «un pueblo en armas», todos los habitantes, de cualquier condición social, y todas las tierras del país estuvieron implicados en el combate. Todos en una guerra «gloriosa y fatal», como dijo Jover Zamora. Fue una especie de «sentimiento de comunidad nacional con una cohesión social» (Iglesias).

Las campañas bélicas centroeuropeas de la Grande Armée, con sus renombrados jefes militares, eran el reflejo tradicional de los combates con las innovaciones estratégicas diseñadas por los generales de Napoleón. Pero en España la lucha era de otra forma, más original, de manera que el sitio, el asedio y la partida o la banda de guerrilleros, fueron una táctica que se entiende como novedosa y última expresión militar de la guerra popular. Posiblemente Napoleón, confiando en los generales que envió a la conquista de España, incluso cargados en sus filas de soldados bisoños y la escoria menos preparada del ejército, no pensaba en ese tipo de resistencia de los españoles, que dio al traste con sus planes de invasión.

Uno de los primeros contingentes de l'armée contaba, aproximadamente, con 150.000 hombres, enviados a la península al mando de los generales Laurent de Gouvion-Saint-Cyr, Jean Lannes, François Joseph Lefebvre, Édouard Mortier, Michel Ney, Jean-de-Dieu Soult y Claude Victor Perrin. Napoleón quería una guerra relámpago, una rápida acción que coaccionara al ejército adversario a pactar y cambiar un hecho bélico en un logro político inmediato[2].

También resulta interesante que la fuentes británicas, tras concienzudas investigaciones, informaran del número de efectivos y composición de las tropas que invadieron la península ibérica, y de que fue un plan pergeñado por el emperador que tenía un trascendental defecto: el menosprecio a la reacción de los españoles. Pues, como escribió Charles Oman en 1901, había una diferencia enorme entre las tropas que entraron en España en 1807 y 1808 y las que llegaron después, bajo el mando de Napoleón, para intentar superar el desastroso arranque la guerra. La funesta evolución de las operaciones iniciales obligó a Napoleón a enviar más tropas a la península, y para ello trajo a sus mejores efectivos situados en Centroeuropa, acantonados entre los ríos Rin y Elba. De esta forma vinieron a España unos 200.000 veteranos, dejando muy debilitada la línea en tierras germanas.

Según Oman, al comienzo entraron poco más de cien mil soldados, de los cuales un tercio aproximadamente, unos 34.000, eran militares del ejército profesional o regular, mientras que el resto de la tropa estaba compuesta por nuevos reclutas y tropas auxiliares extranjeras, en un número que rondaba los 74.500.

Algunas investigaciones inciden en esta idea de tropas mal preparadas para la invasión ya que entre los que eran prisioneros de guerra, los desertores de otros territorios agregados al ejército francés y los reclutas no curtidos en las batallas, o sea soldados bisoños apenas preparados, junto a un número de oficiales improvisados, l'armée d'Espagne se puede considerar un ejército de pacotilla. Y, lógicamente, la operación salió mal.

Napoleón agrandó considerablemente su ejército a base de reclutar ciudadanos sin adiestramiento. Al generalizarse en España la guerra sin cuartel, el cansancio y el hastío hizo que aumentase de manera muy apreciable el desencanto, lo que posibilitó las tropelías, abusos, violencia, desorden, hurtos y robos que se dieron durante la guerra. Los soldados «deseaban que se les diese pan, que se les entregasen sus pagas atrasadas, todos anhelaban irse de España y gozar de la paz tantas veces prometida y nunca alcanzada...» (Farias). La tropa francesa estaba harta de tanto guerrear, estaba hasta más arriba del morrión[3].

Señala Farias cuando escribe sobre las cualidades que «adornaban» a los soldados, que «en un ejército tan complejo dar con la fisonomía moral del soldado sería tarea imposible», y citando a Monsieur Rocca anota: «los soldados de infantería eran discutidores, insolentes y parlanchines, díscolos y grandes dormilones; el húsar, tenía fama de ladrón; el de caballería ligera eran gran fumador, amigo también del vino...». Con estas premisas ¿qué se puede esperar de un grupo de gente obligado a conquistar tierras para su emperador sin que este cubra sus necesidades básicas? Pues, lo dicho: robos, asaltos, saqueos, desafueros, pillajes, violaciones, violencias y demás.

En cambio, la guardia del emperador era un grupo muy selecto y singular dentro del ejército francés. Poseía una jerarquía paralela a la del resto del ejército, de tal manera que tenía un Estado Mayor específico e importantes privilegios, se agenciaban los mejores lugares en los campamentos y acuartelamientos, recibían especiales enseres y prendas. Los mandos, oficiales y cargos miliares de la guardia imperial siempre eran un grado más que el resto de la tropa de línea.

Hemos aludido en estos párrafos anteriores a la escasa preparación de los soldados y, en algunos casos, a su baja catadura moral, para hacernos una idea de lo atroz que tuvo que ser la ocupación de Ciudad Real y, en consecuencia, la convivencia con los invasores.

No vamos a comentar de forma pormenorizada y detallada el número de participantes en la guerra, tanto de un bando como de

Distrito central con indicación de los puntos ocupados. Fuente: *Province de la Manche et Ciudad-Real;* Depósito geográfico e histórico del Ejército. Ministerio de Defensa

otro, debido, entre otras razones, a la disparidad que aportan las distintas fuentes. Si bien es verdad que hemos señalado algunas cantidades, estas son meramente ilustrativas y vienen a comparar aproximadamente los efectivos militares. En el caso español la cantidad varía considerablemente si se incluyen los aliados, ya ingleses o ya portugueses.

Los datos numéricos que damos intentamos basarlos en informes oficiales, como por ejemplo el documento francés del ejército centro, del que incluimos arriba un esquema parcial, titulado «*Carte de l'arrondissement du Centre avec Indication des Points occupés par les troupes Imperiales, aliées, ou Espagnoles*"

Entrada del intruso en Madrid. La Guerra de la Independencia, Tomo 1, (1844). Miguel Agustín Príncipe. BNE

Provincia	Lugares ocupados	Cuerpo	Fuerzas
Mancha	Manzanares Daimiel Villarrubia Infantes Puerto Lápice Consuegra La Membrilla La Solana La Consolación Valdepeñas Santa Cruz El Visillo La Venta de Cárdenas Santa Helena Almagro Ciudad Real	Reg. de Nassau Reg. de Francfort Una parte (Reg.) de Baden 2 Esc. de dragones	1.129 569 248

Estado de situación y emplazamiento de las tropas estacionadas en el distrito del ejército del Centro en agosto de 1811. Fuente: Depósito geográfico e histórico del Ejército. Ministerio de Defensa

(Mapa del distrito central con indicaciones de los puntos ocupados por las tropas imperiales, aliadas o españolas), en él se indica el «Estado de situación y emplazamiento de las tropas estacionadas en el distrito del ejército del centro en agosto 1811»; y detalla los efectivos y el nombre de cada regimiento o cuerpo de ejército, señalando el número de soldados, oficiales, soldados de caballería y su ubicación en las distintas poblaciones de La Mancha y la zona centro de la meseta.

Categorías bien definidas marcaban las clases en el ejército francés, unas con privilegios, otras sin los más elementales materiales y enseres para ejercer su función. En el ejército francés las desventajas por pertenecer a un cuerpo u otro estaban muy marcadas: «la guardia vieja que estaba en lo más alto a la diestra como quien dice, del emperador...» (Farias) frente a los soldados extranjeros –italianos, portugueses,...– que se encontraban en el último escalón o más bajo quizás, eran los desechables, los prescindibles, la carne de cañón, expuestos permanentemente a los peligros de los altercados y combates. Esta clase de tropa luchaba por el emperador, pero no se acercaban a la gloria, sufriendo las desgracias de la guerra sin ningún pago por su sacrificio. En las memorias son reflejados como «semi-bárbaros».

Levantamiento simultáneo de las provincias
de España contra Napoleón

El grabado de la página siguiente expone de manera inequívoca la reacción del pueblo español ante el invasor francés. El 25 de agosto, en nombre del emperador, el príncipe de Wagram y Neuchatel, Louis Alexandre Berthier, envió una carta (reproducida en la propia ilustración del grabado) en la que, entre otros detalles, hay que destacar el énfasis a la memorable y valiente insurrección de Cataluña y la enconada lucha por su tierra; que el propio emperador ansiaba la anexión del territorio catalán y parte de Aragón al imperio francés; la necesidad, imperiosa, de conquistar, si fuera preciso población a población, para lo cual precisaba un gran despliegue militar.

Sobre las cabezas de los sublevados hay un número, y en la leyenda al pie de la imagen se lee la representación de cada una de

Levantamiento simultáneo de las Provincias de España
contra Napoleón año 1808. BNE

las provincias que se levantaron contra la invasión:) 1 Castilla la nueva. 2 Cataluña. 3. Murcia. 4 Navarra. 5 Aragón. 6 Valencia. 7 Extremadura. 8 Mallorca. 9 Asturias. 10 Andalucía. 11 Granada. 12 Mancha. 13 León. 14 Galicia. 15 Castilla la vieja. 16 Vizcaya.

En el interior del grabado podemos leer:

CARTA DIRIGIDA A JOSE NAPOLEON.
París 25 de Agosto de 1811. Señor. El Emperador me encarga que avise a V.M. de que Figueras se ha rendido a discreción, pero que

toda la Provincia de Cataluña ha quedado en insurrección. Es la única parte de España que se ha sublevado con tanto encarnizamiento. El odio que ha animado constantemente a este país contra la Francia, y que en menos de un siglo la ha costado tanta sangre ha decidido al Emperador a reunir la Cataluña al Imperio francés, aunque no esté sometida, y aunque será necesario conquistarla lugar por lugar.

En ninguna otra Provincia de España concurren cosas de manera alguna semejantes a las que suceden en este Principado, y S. M. por el interés del Imperio quiere poner en él orden para siempre.

La Cataluña está de tal modo devastada que se necesitarán muchos años para restablecerla, y ponerla en estado de que pueda prestar algún socorro.

Yo presento a S. M. el homenaje de mi respeto

Firmado: El Príncipe de Wagram y Neuchatel mayor General Alexandro.

¡A por ellos!, de mayo y junio en adelante

... tanto en el campo como en muchas villas se establece antes la «guerra vital» por encima de la «guerra política», una mezcla compleja... entre resistencia, nacionalización, supervivencia y cultura de la muerte... (Cayuela Fdez., «El proceso de nacionalización...»)

El 2 de mayo de 1808 el pueblo de Madrid se había sublevado contra el invasor. Murat intentó sofocar la rebelión de forma contundente y violenta, ordenando el fusilamiento de los rebeldes. De ahí, el levantamiento se fue extendiendo por todo el país. Algunas autoridades aceptaron el dominio francés. En varias regiones y lugares, se organizaron Juntas de Defensa. Las Juntas Supremas Provinciales se fueron proclamando soberanas en nombre del pueblo y se fue prendiendo la guerra en todo el territorio. Y, allí donde la autoridad española está sometida, surgen los guerrilleros.

... realmente había una enorme ansiedad en toda España; en las ciudades, en las aldeas, en los rincones más apartados no se ha-

Fusilamiento 2 de mayo, Madrid
Horrible sacrificio de inocentes víctimas con que la alevosa ferocidad
francesa empeñada en sofocar el heroismo de los / Madrileños, inmor-
talizó las glorias de España en el Prado de Madrid en el dia 2. de Mayo
de 1808. Zacarias Velázquez lo inventó Juan Carrafa lo gr. (grabó). BNE,
Dibujos, Grabados

blaba más que de la invasión francesa. Se citaba en los pueblos la
gente preparada para echarse al campo... (Pío Baroja)

De asombro fue la inacción del ejército hispano, la conducta
de la Junta Suprema, la ambigua postura del Consejo de Castilla y
la posición ambivalente de una parte de la aristocracia y los cor-
tesanos. Así como la desconcertante, dura y aterradora represión
de los franceses con el pueblo de Madrid, entre los días 2 y 5 de
mayo. Una actitud violenta, y la consecuente reacción popular,
que se propagó con rapidez por todo el país y llevó a un levantamiento general (Bahamonde y Martínez).

La pasividad, la actitud de indeterminación de las autoridades, que paralizaban la reacción en la respuesta hispana ante
los desmanes y vejaciones del ejército galo, provocaron que se
fuera declarando la guerra al invasor por regiones, por territorios, por localidades, y de manera aislada y un tanto descoordi-

nada. Hasta que, en nombre de Fernando VII, la Junta Suprema Gubernativa del Reino declaró, oficialmente, la guerra mucho más tarde de lo que apuntamos más arriba, el 25 de septiembre de 1808.

No entraremos en la polémica de cuál fue el primer territorio o localidad en declarar la guerra a los invasores, si Móstoles, el 2 o 3 de mayo, si Oviedo, el 25 de mayo, etcétera. Lo cierto es que las autoridades españolas decretaron la declaración oficial de guerra de manera tardía. Hemos indicado anteriormente que la Junta Local de Sevilla, que tomó el título de Junta Suprema de España e Indias, en nombre de Fernando VII, declaró la guerra a Francia el 6 de junio (la fecha de la batalla del Bruch y del levantamiento contra el invasor en Valdepeñas), pero, realmente, fue la Junta Suprema Central, que se formó en septiembre de 1808, en sustitución del gobierno de los borbones españoles, la que el 25 de septiembre llamó a la sublevación a todo el reino.

La Iglesia en guerra contra Napoleón,
¡y también a favor!

En los fundamentos del discurso español de la guerra, el papel de los púlpitos y las homilías de los clérigos, sumaban un práctico sostén religioso; era la fusión, la asociación de defensa de la patria a la religión verdadera. En esta misma idea abunda Carmelo Viñas, cuando expresa que ideas contrapuestas se unieron, concurrieron diversos modos de sentir en la resistencia nacional a los franceses. Los habitantes se comprometieron en el conflicto, ya que advertían peligrosas innovaciones que muchos no deseaban, aceptando una lucha guiada por un espíritu religioso.

Que la resistencia total contra los franceses implicara a todos, se puede entender. Fue alentada desde los púlpitos, «avivada y enfervorecida por el espíritu religioso», también incitada e inflamada por algunos curas que, aprovechando la influencia de sus sermones y la obediencia de sus homilías, predicaron desde las tribunas de las iglesias en contra de las innovaciones y las reformas de los propios españoles ilustrados o liberales, y no solamente en pugna de los cambios y progresos que pudieran traer los franceses.

Que se rompe la cuerda. Goya, *Los desastres de la guerra,* núm. 77

Eran clérigos, y numerosos los frailes, que condujeron y se afanaron en dirigir a sus fieles bajo la advocación de la virgen o el santo de los respectivos lugares. En el caso de Ciudad Real debió ser bajo el amparo y protección de la Virgen del Prado. Se ha visto en algunos textos que las intrigas, la agitación y los tumultos eran encabezados por sacerdotes locales. La Iglesia española de aquel tiempo jugaba a dos bandas, como veremos más adelante, con *Te Deums* y eucaristías para un rey, y también para el otro.

En Ciudad Real la Iglesia empujó a la rebelión

En algunos momentos a lo largo de la historia se ha visto cómo los representantes de la iglesia han incitado con sus palabras a la rebelión, pues veían peligrar sus privilegios y limosnas. Ciertamente, el orden sacerdotal se ha puesto a menudo más del lado de mantener su estatus que de arriesgarse por lo nuevo. Aquí, también se apreciará esta dicotomía de cura liberal vs. cura servil, como el presbítero Llácer, del que se anotarán más adelante las vicisitudes de un caso de abuso por parte de las autoridades francesas, o el caso contrario, cuando es asesinado en Ciudad Real el canónigo Diego Duro y Solano; o de los beneficios que obtuvieron los «hombres de Dios» por dar su apoyo y sus oraciones al monarca, en realidad a cualquier monarca de los que detentaron en aquellos años la Corona de España. También indicaremos algunos de los curas acusados de afrancesados, como Sebastián de Almenara, que fue exiliado de Ciudad Real.

«Sus anelosas tendencias a dominarnos» [4]

Nadie duda que hubo fuertes resistencias a la invasión. En Madrid la entereza del cuartel de artillería con el teniente Ruiz y los capitanes Daoiz y Velarde, además del pueblo con lo que tenía a mano: navajas, trabucos, palos... En Zaragoza la resistencia se organizó en torno a las figuras del general Palafox y la heroína Agustina de Aragón (Agustina Raimunda Saragossa Doménech). En Gerona hubo una fuerte resistencia y el ejército galo sitió la ciudad. En Valencia también sitiaron la localidad los franceses. Y así, entre el sometimiento y los asedios, fueron ocupando la mayor parte de la península, pero no dominándola.

En este momento tal vez sea pertinente reflexionar sobre uno de los conceptos que plantea el profesor Cayuela, que señala como característico de esta guerra lo que él llama la «cultura de la muerte», arraigada en el espíritu hispano de lucha contra el invasor, que hace extensible, desde su estudio para la provincia de La Mancha, al territorio nacional en aquellos crueles tiempos de encarnizada lucha. La muerte era, tal vez, un hecho de limitada relevancia, sobre todo, en curtidos guerreros.

Tiempo en el que, posiblemente, se conmovía el corazón por el compañero herido, pero no tanto por el que caía muerto. En su pensamiento el caído sucumbía. Y este concepto de la «cultura de la muerte» sería tan aplicable a los soldados de uno y otro bando, y también a los civiles en sus vidas cotidianas repletas de miserias y sinsabores por causa de la guerra. Farias hace extensivo un concepto parecido a los soldados galos, cuando comenta la rutina de convivir en medio del peligro constante, que les hacía valorar la muerte como algo sin demasiada importancia: «Compadecíanse de un compañero herido, pero no respetaban al que caía».

Las fases de la guerra

Cabanes, experto militar, comentaba en aquellos años que para el estudio concienzudo de una guerra era deseable una fragmentación del análisis estableciendo con claridad el número de campañas que la componen. Y en cada una señalar las acciones y maniobras bélicas «ocurridas en un año a poca diferencia», determinando su comienzo y el fin de las operaciones anotadas, registrando el final de las acciones y la «cesación de hostilidades», y haciendo una sinopsis de las campañas.

En su estudio estructura esta guerra de usurpación en ocho fases para su puntual conocimiento. Siendo la primera la que informaría o desvelaría «los motivos de la invasión... y las circunstancias que la favorecieron», vendría marcada por la irrupción de las tropas y el comienzo de las hostilidades. Después se estudiaría la actividad bélica dividida en siete campañas:

PRIMERA CAMPAÑA
Se iniciaría en el año 1808, concretamente el día 2 de mayo. Una campaña muy corta, según el criterio de Cabanes, finalizando con el cese de las hostilidades cuando el ejército invasor retiró sus efectivos a la margen norte del río Ebro, diciembre de 1808, con el segundo sitio de Zaragoza, a la vez que la evacuación de Portugal, dio lugar a considerarla como acabada en esta época. Cuya fecha final, según su esquema, sería a finales del año 1808. Hechos que coincidieron con la llegada de

Cazador de la Guardia imperial 1809-1810.
Fuente: coronel John R. Elting, *Uniformes napoleónicos*, Volumen II

Napoleón a España con nuevas tropas para incrementar la presión sobre España y resolver los reveses que estaban sufriendo.

Segunda

La fecha en el año 1809. Indica que sus razones comienzan a finales de diciembre del año anterior y termina al cesar las hostilidades con varias acciones bélicas a finales de dicho año, como fueron: la batalla de Ocaña (Toledo), el 19 de noviembre; la batalla de Alba de Tormes (Salamanca), el 26 de noviembre; y la rendición de Gerona, el 11 de diciembre.

Como se ha señalado, en esta parte de la guerra se inscribe la llegada de Napoleón a Madrid, el 4 de diciembre de 1808, con importantes refuerzos, con el fin de paliar la desastrosa primera campaña militar. En el orden político se fue configurando un nuevo modelo en que se suprimieron muchas de las normas del Antiguo Régimen, las relaciones casi feudales que marcaban la vida de la sociedad española. Se promulgaron leyes en las que se eliminó, al menos temporalmente, la Inquisición, muchos privilegios de la nobleza, se redujo el número de los conventos, se modificó el sistema tributario de las aduanas internas que había entre los territorios españoles a la hora de comerciar, etcétera.

El refuerzo del ejército francés, que trajo el mismo Napoleón consigo, estaba compuesto por la Guardia vieja, Guardia Imperial (*Garde Impériale*) era, como se ha advertido antes, un cuerpo militar autónomo dentro del ejército francés apodado «... los *inmortales*, no se sabe si porque eran los mejores o los que menos se batían...». El resto de los soldados, aunque criticaban los privilegios y beneficios de este cuerpo, deseaban formar parte de la Guardia Imperial (Farias).

Tercera

En 1810, de enero a diciembre, incluso primeros días de enero de 1811. Se inicia con la invasión de Andalucía, y finaliza con la rendición de Tortosa el 2 de enero de 1811.

Cuarta

En enero de 1811 señala Cabanes el comienzo de la cuarta campaña, que duraría hasta comienzos del año 1812, en que quedaron detenidas las acciones militares tras la rendición de la ciudad de Valencia, el 9 de enero. Fecha en la que el general Joaquín Blake capituló ante el mariscal Suchet, que apresó a miles de soldados, oficiales y al propio Blake.

QUINTA

Comienza con la toma de Ciudad-Rodrigo por las tropas luso-británicas al mando del duque de Wellington, desalojando de la ciudad al general Jean-Leonard Barrié. Finaliza esta campaña hacia noviembre de 1812, fecha en que cesan temporalmente los enfrentamientos.

SEXTA

La del año 1813 es la que Cabanes considera la sexta campaña, en esta periodización que hace de la guerra. Finaliza hacia noviembre de ese año, cuando se produjo la toma de Pamplona por el ejército hispano y la capitulación del general francés Louis Pierre J. Cassan.

SÉPTIMA

Por último, la campaña que empezó en noviembre de 1813 y finalizó con el armisticio de Tolosa, en que hubo un cese total de las hostilidades bélicas, tras varios enfrentamientos en suelo francés. Culminando la derrota del ejército galo en su territorio, en la batalla de Toulouse, el 10 de abril, a manos de los ejércitos de la Sexta Coalición (España, Portugal y Gran Bretaña), contra el imperio de Napoleón Bonaparte. El armisticio fue firmado el 17 de abril. Con esta derrota, el ejército francés fue abandonando todas sus posiciones en España: Tortosa, Sagunto, Peñíscola, Barcelona y Santoña en el mes de mayo; Hostalrich y Figueras, ambas poblaciones en la provincia de Gerona, los días 3 y 4 de junio.

El coste de la guerra

Daremos solo unas breves pinceladas pues lo que interesa es llegar a Ciudad Real lo antes posible. Con una breve reflexión se puede concluir que esta guerra produjo un descalabro económico en la economía del emperador, ya que en líneas generales la marcha napoleónica en España, cuya aparente finalidad era ocupar Portugal para completar el bloqueo continental a Gran Bretaña, le salió muy cara, humana y económicamente.

Carmen Iglesias, directora de la R.A.H., señala que las expediciones de Napoleón siempre habían sido rápidas, cortas y, desde el punto de vista económico, productivas.

> ... y volvía con un tesoro... Pero, (sucedió que) atravesando los Pirineos... se ha visto (Napoleón) condenado a desembolsar sumas tan fuertes, que el esquema ha cambiado radicalmente, del beneficio a la pérdida, de los ingresos a los gastos... (Bahamonde y Mantínez)

Los historiadores ingleses percibieron la guerra de España como un hecho más en su enfrentamiento contra Napoleón. El propio emperador entendió al finalizar este conflicto como «su llaga española». De manera que uno de sus biógrafos, Jean Tulard, vino a decir que, para el *Sire*, esta guerra fue un «patinazo» y un furibundo «avispero». Y para el pueblo español, de aquel tiempo, fue toda una guerra de liberación nacional.

Víctimas.
Bajas en la guerra

Los estudios sobre este tema están muy descompensados, hay diferencias de grandes a muy grandes, dependiendo del autor que se siga. Tras cotejar diversas fuentes y estudios, únicamente queremos traer aquí el estudio de Andrés Cassinello, a modo de indicativo aproximado, sin poder asegurar que sean los datos definitivos: el contingente hispano comenzó la guerra

> ... con 130.000 hombres y debió rebasar las 250.000 bajas (distinguir entre heridos y muertos en aquellos tiempos, en el estado que se encontraba la medicina, es imposible)... En cuanto a las bajas francesas, hay para todos los gustos: para Lidell Hart, las bajas totales serian 172.000; para el comandante Clerc fueron 473.000 y por último, para el barón de Morbat, en sus Memorias... serían 200.000 franceses y 60.000 de sus aliados...

Este autor tiene la amabilidad de indicarnos en un cuadro sinóptico con el título «Bajas españolas en las principales batallas», que la batalla de Ciudad Real tuvo un importante coste para las fuerzas hispanas que mandaba el conde de Cartaojal, así señala 2.500 bajas producidas, únicamente, el día 27 de marzo de 1809, sin contar el enfrentamiento del día 26 de marzo entre la tropa española, situada en el cerro de la Atalaya y alrededores de la ciudad, y la tropa francesa, queriendo avanzar desde los puentes de Nolaya y del emperador.

Lo que hace destacable este dato es que se reconoce la llamada «acción» de Ciudad Real como una batalla importante entre las principales de la Guerra de la Independencia de España. Y queremos resaltar esta idea porque más adelante veremos de qué manera se ha ninguneado en los libros de historia la importancia de esta batalla en el contexto bélico de entonces. Así mismo, se apuntarán los posibles motivos por los que las autoridades de la época consideraron la «acción de Ciudad Real» como algo que carecía de importancia, cuando en realidad fue un hecho muy significativo y determinante en las comunicaciones entre el norte y el sur de la península ibérica.

Ciudad Real, «iracundos y fuera de sí...»,
la guerra en la ciudad

En Ciudad Real, en mayo de 1808, el pueblo harto de injusticias, receloso de las autoridades, aunque no sabríamos si decir «la masa desbocada» y llena de ira, sin contener la furia se levantó en rebelión deponiendo a los dirigentes locales. Según nos relata Gómez, durante aquel primer año de la contienda el pueblo no permaneció inactivo, sino que reaccionó con furia, ira y energía:

> ... la noticia del Dos de mayo acabo de inflamar el espíritu patriótico de Ciudad Real, y su provincia. Iracundos y fuera de sí mis paisanos no conocían límites; arrastrando jueces, gobernadores; y nombrando autoridades a su arbitrio, en vez de aquellos que en su concepto, alguna vez precipitado eran traidores a la patria, religión y rey, y no debían vivir un instante. El corregidor Don Valentín Melendo y Gómez fue encerrado para salvarle, y en su

lugar entró Don Diego Muñoz y Pereiro por nombramiento de las mujeres, y turbas irresistibles que no admitían escusas, ni consejos. Se creó una Junta Soberana en la que como secretario trabajé cuanto pude...

En gran medida era lógico levantarse en armas contra los franceses, contra lo francés. Enfrentada a todo lo afrancesado salió la bestia, que estaba escondida en la profundidad del alma de las personas. Fijémonos en las expresiones del relato de la época: «no debían vivir un instante», «turbas irresistibles», «no conocían límites». ¿Era en verdad Melendo afrancesado, o algún vecino enemigo quería ajustar cuentas y se aprovechó de la bestia, que «no conocía límites» para acabar con alguna rencilla?, que también las habría. Parece que Melendo era de tendencia liberal, por tanto, para los absolutistas era un traidor, digno de ser, como poco, represaliado.

Se evidencia el clima de crispación de la población manchega en esos fatídicos días, el ambiente político estaba muy caldeado y llegó a la revuelta. Las palabras del profesor Espadas Burgos informan de igual manera que el desorden fue provocado por una muchedumbre de la ciudad y se le arrebató la jurisdicción al corregidor que era un inepto para el cargo y, además, argumentaban sobre su salud mental: «sufrir por la debilidad habitual de su cabeza».

Después de esos tristes días de mayo de 1808, se creó en Ciudad Real la Junta de Armamento y Defensa, que también fue presidida por el que era el intendente de la provincia desde mayo de 1807, Juan Modenes de la Torre. Además fueron designados como vocales Diego Muñoz Pereiro, que relevó en las funciones de corregidor a Valentín Melendo, tras los disturbios; José Ortega Canedo, vicario; José Medrano y Peralta, Lorenzo Jiménez y Espejo, Álvaro Maldonado y como secretario el diputado del común, José Ángel González... (Campos).

Escribió el cronista Antón de Villarreal (seudónimo de Francisco Pérez Fernández) que se organizó la Junta de Defensa, asumiendo facultades administrativas y funciones gubernativas en la provincia, cuando ya estaba constituida la Junta Superior de La Mancha. Pero en épocas de crisis y de confusión es cuando afloran viejas querellas y salen a relucir rencillas secretas que llevan a la desunión y al esfuerzo aislado. Fue este 19 de octubre cuando Almagro consideró conveniente «crear su órgano de gobierno de la ciudad de Almagro, capital del Campo de Calatrava...». Resurgía así, otra vez, la competencia entre las dos localidades. La ciudad de Almagro creía que Ciudad Real había usurpado los legítimos derechos avalados por su antigua nobleza. De forma que suspendió las comunicaciones con la Junta Superior de La Mancha. El presidente de esta Junta, Mariano Oñate, ante esta actitud rebelde de Almagro denunció el caso a la Junta Central, «Almagro es el único pueblo que está en insurrección...».

Las mujeres en la rebelión de Ciudad Real

Hemos visto, en el relato de Gómez, el papel determinante de las mujeres como instigadoras del cambio en el momento de sustituir al corregidor. Mas, en este caso, sustituyen al que creen afrancesado y liberal por un patriota. Inmediatamente surge la pregunta ¿acaso las animaron a ello desde los púlpitos? Tristemente hemos de señalar que en Ciudad Real fue así.

> Las mujeres se educaban en el santo temor de Dios; no hablaban sin preguntarlas; debían estar sentadas con las piernas juntas y las manos cruzadas; besaban la mano a sus señores padres y la correa del hábito a los pobrecitos frailes... aprendían el punto pascual, de sábana y el de lomillo; a confeccionar paños de altar; a bordar chupas a su señor padre, y basquiñas a su señora madre, y a hilar lana para las medias de sus hermanos...[5]. (Rodríguez Solís)

Rebelión en La Mancha
(mayo y junio de 1808)

Después de los altercados y la rebelión en Ciudad Real que depuso al corregidor Melendo, y las turbas que no admitían excusas ni consejos, continuaron los disturbios por la tierra manchega como repulsión no solo a los tejemanejes de Napoleón con los reyes españoles en Bayona, sino debido a la cruel invasión de la

Sublevación de la Mancha. La Guerra de la Independencia, Tomo 2, (1846). Miguel Agustín Príncipe. BNE

península. De modo que la reacción popular contra todo lo que pareciera liberal o afrancesado se dio por todos los pueblos de la provincia. Sabemos, por ejemplo, que el ministro de Hacienda, Miguel Cayetano Soler, fue apaleado y colgado en Malagón, acusado de traidor; que un clérigo, arcediano de la catedral de Toledo y amigo de Godoy, Diego Duro y Solano, fue asesinado en Ciudad Real, y según José Golderos, también «vigurizado»[6], por las calles de la localidad; que el presidente de la Junta de Gobierno de Almagro y de la Orden de Calatrava, Carlos D'Angeville, fue encarcelado por sospecha de afrancesado; y en Miguelturra, apresado el alcalde Pedro Tejerina, fue acusado, también, de ser partidario afrancesado.

El general Castaños, que fuera el primer duque de Bailén, el que entró victorioso en Madrid el 23 de agosto de 1808, fue acusado de traidor por quienes quisieron ocultar errores tácticos y tenían más poder ante la Junta Suprema Central. Estuvo a punto de sucumbir en Miguelturra, fue duramente recriminado. ¿Un héroe?, ¿qué pasó? Pues, lo de casi siempre, el enfrentamiento de opiniones en la cúpula de generales, errores de estrategia y táctica militar que se pretenden ocultar y la propaganda contra la persona que se rebela y quiere denunciar los errores de algunas campañas que se llevaron a cabo en el norte de la península. Enfrentarse a Palafox era algo muy peligroso.

Hemos extraído un pequeño párrafo de las reales órdenes de la Junta Suprema Central que hace alusión a este episodio en los siguientes términos:

> ... el recibimiento que tuve en Miguelturra, en La Mancha, no es para escrito: baste decir que tumultuado el pueblo y levantando la voz de muera, mi escolta de caballería no pudo contenerse y se arrojó espada en mano sobre el inmenso gentío que oprimía demasiado a los individuos de aquella Junta que me acompañaban a pie: por fortuna la infantería aunque preparó sus armas no disparó ni un tiro y pude, aunque con trabajo, contener los míos de modo que no hubo desgracia alguna, siéndome favorable el movimiento de la caballería, que despejó bastante la plaza, para poder entrar en mi alojamiento debiendo mil atenciones y una continua vigilancia a las personas de distinción del pueblo; cuyo respeto y precauciones aseguraron la continuación de mi marcha el día siguiente poco antes de amanecer...

El testimonio que nos ofrece Joaquín Gómez es elocuente de la dureza de la vida en guerra, y la reacción del pueblo ante aquellas personas acusadas de traidores:

> ... Continuaba el terrible sistema de reputar por traidores a los que no conocían personalmente, y así fue que cruzando por Ciudad Real con escolta de infantería, y destino a Ceuta el canónigo Duro, amigo del favorito Godoy, al tiempo de marchar por la mañana se abalanzaron al carrito donde iba, y le arrastraron desapiadadamente como al oficial Mosti. La tarde anterior pasaba por Miguelturra el general Castaños, y dando el grito imponente de traidor, le atacaron con piedras y palos a pesar de la escolta, salvándole con peligro varios vecinos, y eclesiásticos que con las coronas descubiertas[7] recibieron golpes, hasta que lograron encerrar al general en una casa. Allí permaneció obsequiado, y observando a media noche un profundo silencio se salió de Miguelturra con los caballos que le acompañaban. Por ese medio logró libertarse, pues sabiendo su llegada, los de Ciudad Real, apenas arrastraron al Canónigo

Duro se dirigieron corriendo a Miguelturra a ejecutar lo mismo con el vencedor de Bailén, poniéndose furiosos por no haberle encontrado ¡Cuán fácil es en tan críticos momentos amotinar un pueblo, y que difícil dirigirlo! ¡Qué expuesta se ve la inocencia en los acalorados arrebatos populares! Ya se había instalado en Sevilla la Junta Central con dos individuos de cada Junta de provincias y teniendo noticias y quejas de tamañas atrocidades dio comisión en La Mancha al Gobernador del Crimen de la Chancillería de Granada Don Francisco de León Bendicho para encausar y castigar los perpetradores de semejantes crímenes y restablecer el orden en la provincia pues en Malagón, mataron a pedradas al ministro de Hacienda Don Cayetano Soler, en Solana al Alcalde Mayor, en Manzanares al Gobernador y a un abogado, en el Campo de Criptana al Gobernador y a su madre, &, &. (etcétera).

Un linchamiento en la ciudad, junio 1808

En un tiempo como el que estamos relatando, tiempo de guerra, tiempo de crueldad, en el que alguna vez el pueblo enardecido, la masa desbocada, tomara la justicia por su mano, tal vez no pueda calificarse de «tontería del pueblo», o sí. Pero el macabro linchamiento de aquel soldado, que ya había confesado, no solo repugna, sino que se puede considerar absurdo, y muy próximo a la más injusta «tontería» que, sin justicia, lo ajustició. No obstante, veremos que este triste episodio de Esteban Mosti sirvió para algo, pero su ejecución no.

Han sido dos las crónicas de Ciudad Real que se ocuparon recientemente (1968) de este asunto, las de Antonio Ballester y la de García Ballester, titulando este episodio de manera similar: «primera sangre». La explicación de los sucesos, de primera mano, la relata un testigo de aquellos deplorables acontecimientos, Joaquín Gómez (ya reseñado en diversos momentos de este estudio), que ejercía, aquellos días, como secretario de la Junta Municipal.

... Murat se encontraba en Madrid, y el general Dupont, en Andalucía, por lo que se observaban muchos sus comunicaciones; y así un

90

Muerte de un soldado francés por un patriota, (1814-1820). Anónimo
(cobre, talla dulce). Museo Municipal, Madrid

día detuvieron en Manzanares a un oficial que marchaba en posta
(correo), sospechando llevaría pliegos del 1.º para el 2.º

Le mandaban desde dicha villa a la Junta, y en Almagro le detuvieron y amenazaron de muerte hasta que manifestó, que en un
libro llamado Oraciones sobre las OOO de adviento[8], iba el pliego
colocado en los cartones o entradillas que se ponen bajo del perga-

mino, que era su forro. Le sacaron, tradujeron y publicaron a voz de pregonero a media noche, le enviaron a la Junta Soberana. Cuando la fatalidad persigue, todo contribuye a consumar sus efectos.

El día 16 de junio hubo una revuelta popular contra los miembros de la Junta Municipal, que se desarticuló en Ciudad Real; el entonces presidente, Juan Modenes, escapó y se escondió. En palabras de Gómez se observan los posibles alborotos en los que se hallaba inmerso el pueblo de Ciudad Real. La Junta se disolvió y Modenes ya no estaba para recibir el parte del gobernador de Almagro, que informaba del envío de Mosti con escolta al oficial, para que fuera juzgado en la capital y se estuviese prevenido.

No fue posible comunicar el aviso a ninguna autoridad. Los alborotos en la ciudad impidieron la comunicación con las autoridades locales huidas, ni al intendente ni al presidente de la Junta; el corregidor, Diego Muñoz, no pudo hacerse cargo de la custodia del preso. Sucedió que un soldado

... conoció al que venía en el coche por haber sido su asistente, y habiendo quedado resentido sacó la espada y principió a darle tajos, que aumentaban sus compañeros, siendo la escena más horrorosa. El pueblo se alarmó; mi hermano el presbítero Don Juan de Mata Gómez se arrojó para confesarle, y evitar aquella catástrofe. No lo permitieron, y sacándole destrozado del coche, le arrastraron los pedazos por las calles principales. Después de haberse desahogado aquel furor, hubo como capitulación para recoger los restos, y darle sepultura en la ermita de San Lázaro que ya referí estaba fuera de la puerta de Alarcos, pues decían no deber enterrarle dentro de la ciudad. Tal fue el trágico fin de Don Esteban Mosti, teniente de Guardias Walonas de muy buen personal, y de unos 30, años...

Aterra leer este crudo pasaje de nuestra historia. La descripción que hace Joaquín Gómez muestra la irracionalidad de la masa cuando es incitada a la violencia.

Unos días después, el 24 de junio, dio parte el corregidor, Diego Muñoz, de tan lamentable acción, ocultando la «vigurización»

Lo merecía. Goya, Los desastres de la guerra, núm. 29

del cuerpo de Esteban Mosti. El corregidor informó a la Junta Provincial de manera escueta: Don Esteban Mosti, teniente de cazadores de las guardias valonas españolas, apresado en Manzanares, trasladado a Ciudad Real para juzgarlo, asesinado repentinamente por varios desertores del ejército. Firmado Diego Muñoz y Pereyro, corregidor.

El relato de Gómez, que se puede calificar de objetivo e imparcial, y nada de patriotero ni chovinista, escribe de forma sencilla las consecuencias del apresamiento y ejecución de Mosti. Ciertamente se consiguió cortar la comunicación del ejército de Murat, en torno a Madrid, con los ejércitos de Dupont y Vedel, acampados en Andalucía; y fue un hecho que favoreció posteriormente la victoria española de Bailén:

> Horrorizan estos hechos, pero ellos y otros semejantes pusieron a Dupont totalmente incomunicado con Murat, y con Vedel, estando a sus inmediaciones; pudiendo escribir con verdad, que los manchegos contribuyeron no poco al glorioso triunfo de Bailén el 19 de Julio de 1808, donde a Castaños, suizo Reding, y demás jefes

fueron rendidos Dupont y su división, Vedel y la suya, quedando prisioneros cerca de 20 ⚘ (20.000) hombres; ¡Gran acción que tan gloriosas consecuencias presagiaba!

En algún que otro párrafo de su memoria Gómez parece manifestar cierta filosofía determinista, sobre todo cuando viene a decir que es una conjunción de fatalidades las que contribuyeron al linchamiento de Mosti. En este sentido escribió: «cuando la fatalidad persigue todo contribuye a consumar sus efectos».

Y, efectivamente, hubo un conjunto de eventualidades que condujeron al linchamiento de Mosti: algunos fanáticos del pueblo, que estaban aquellos días revueltos contra la autoridad de la Junta; la desaparición de la Junta Soberana; el intendente fugado; la inacción del corregidor; los soldados desertores de sus unidades, que reconocieron al preso y lo acribillaron a sablazos, arrastraron los trozos de su cadáver por las calles; la macabra ejecución y exhibición de sus restos que después fueron enterrados fuera de la ciudad... demasiados hechos casuales en tan fatal desenlace.

«Cuán fácil es amotinar un pueblo, y que difícil dirigirlo»

Con el paso del tiempo la guerra se fue recrudeciendo, y con el discurrir de los años y la ocupación de la ciudad, como iremos viendo más adelante, el descontento era tangible y cada vez mayor, el desánimo era patente, incluso la violencia era un daño palpable en los habitantes de toda la zona de La Mancha. Así, unos despreciando la palabra dada al pueblo por su general cuando prometió protección ante el saqueo y pillaje, vilipendiaban y vejaban a los lugareños, y los otros defendiéndose y atacando a los invasores, lo que a su vez provocaba las represalias de las autoridades militares galas.

> Con que prontitud se formaban y equipaban batallones y escuadrones, siendo los mejores auspicios esos primeros días de 1809 y alimentando las más lisonjeras esperanzas de ver libre la patria, respetada la religión, y rescatado el monarca prisionero entonces en Valencey, por cuyo tres caros objetos a todo se atrevía y arrojaba al español ofendido... (Gómez)

El alma de la bestia, la masa enardecida, ataca a los que creía traidores, colaboracionistas o afrancesados, sin pararse a pensar si es cierto o no. ¿Otra de las tonterías del pueblo?

NOTAS Capítulo 2

1 Napoleón se coronó a sí mismo, ante los representantes del mundo europeo, el 2 de diciembre de 1804. Hay dos versiones instantáneas de este acontecimiento: una en el Museo del Louvre y otra en el Palacio de Versalles, al parecer las dos son obra del mismo autor. Una versión pintada entre 1806-1807 y la otra entre 1808 y 1809.

2 ¡Qué curiosa puede ser la Historia Comparada! Nos suena esta manera de invadir un país con una «acción bélica» rápida, en febrero de 2022, para negociar quedarse con gran parte del territorio de Ucrania.

3 Morrión: prenda del uniforme militar para cubrir la cabeza, a manera de sombrero de copa sin alas y con visera. (Dicc. RAE)

4 Anelosa: deseo vehemente de algo (palabra en desuso). A este respecto escribe Joaquín Gómez en su historia de Ciudad Real, que los gobiernos de los franceses «en todos los tiempos y ocasiones advirtieron sus anelosas tendencias a dominarnos».

5 Punto pascual, de sábana y de lomillo; tipos de forma de tejer o coser. El de lomillo es una variante del punto de cruz.

6 Vigurizado. Término que se acuñó entonces debido al brutal homicidio de Luis Viguri, exintendente de la ciudad de La Habana, amigo personal de Manuel Godoy, asesinado y arrastrado su cadáver por las calles de Madrid, dando pie a esta expresión. Siguiendo las palabras del escritor Mesonero Romano escribió: «... fueron estas lamentables escenas, dirigidas contra los que, por mala apreciación de los medios de resistencia, o por miedo, o por cálculo, se habían adherido a la causa dentre ellas la más señalada y vituperable fue el bárbaro asesinato cometido en la persona del exintendente de la Habana D. Luis Viguri, grande

amigo que suponían en Godoy, a quien arrastraron inhumanamente por las calles de Madrid, estableciendo un precedente que la gente aviesa se complacía en llamar La Viguriana, amenazando con igual suerte a todos los que calificaba de traidores».

7 Corona descubierta: con la tonsura al aire, o sea, sin el bonete o gorro eclesiástico.

8 Las tres oes son la abreviatura de las antífonas mayores, que es la letra con la que comienzan las oraciones de esos cantos religiosos.

Yo lo vi (detalle). Goya, *Los desastres de la guerra*, núm. 44

3 La derrota de Ciudad Real,
preámbulo de la ocupación francesa

*... cuando los adversarios tienen órdenes de batalla
vulnerables es el momento de salir a atacarlos...*
(Sun Tzu, *El arte de la guerra*)

Sobre la brutalidad de la guerra

Hasta poco antes de la batalla de Ciudad Real habían ocurrido, junto a otras de menor envergadura, unas 30 acciones bélicas, como el primer sitio de Zaragoza (15 de junio de 1808); las batallas de Gerona (20 y 21 de junio de 1808); Epila, Zaragoza (24 de junio); del puente de Alcolea, Córdoba (7 de junio); Gamonal, Burgos (10 de noviembre); Bailén, Jaén (19 de julio); el combate de Somosierra, Madrid (30 de noviembre); Uclés, Cuenca (13 de enero de 1809); Eiviña, A Coruña (16 de enero); el saqueo de Córdoba (13 de junio); etcétera.

No obstante, Farias, en una probable exhibición de chovinismo, dice que «las poblaciones importantes atendían generosamente al ejército (francés)... iban ya cumplidos cuatro meses de la invasión; los franceses habían ocupado sin razón ni motivo ciudades y fortalezas...». Algún anónimo, citado por Farias, expresa: «avanzábamos poco a poco por la península, encontrando generalmente abiertas a nuestro paso las puertas y echándolas abajo cuando no se abrían, dice Grivel, que resume así en una fórmula de serena indiferencia la traición brutal de la invasión...». O sea, que eran los mismos escritores francos los que ya entendían perfectamente la actitud hostil hacia la población y su traición a lo acordado en las reuniones de Bayona.

Mientras tanto, y no sabríamos bien el porqué, se reaccionaba descoordinadamente en las diversas regiones y ciudades españolas. Quizá, como decía Farias, porque «muchos admiraban a Napoleón por distintos motivos». Entre los absolutistas unos sugerían que el emperador había restituido el catolicismo en la Francia revolucionaria y los mandos militares españoles apreciaban las dotes guerreras de Bonaparte. Pero, «el pueblo iba conociendo de cerca a los franceses, sabía que no eran amigos ni aliados». De forma que en el corazón de los españoles alternaban momentos de buena fe con disgustos y demandas ante los desafueros y abusos de los que parecían coaligados y amigos. Mas demostraban permanentemente que no eran ni una cosa ni otra, sino que se veían dueños absolutos del país. De aquí fue surgiendo, lentamente, entre vacilaciones, enojos y dudas un sentimiento de odio hacia los franceses. Pero, entre el titubeo de unos y la admiración de otros, una parte del pueblo seguía con sus «tonterías».

Hemos visto que la guerra llevaba aparejadas las nociones, que fija el profesor Cayuela, de defensa de lo propio y defensa de España. En la acción bélica, previa a la ocupación de la población de Ciudad Real, se destapa una reacción popular, muy próxima a la revuelta, en la que se unió al concepto de defensa de lo propio el criterio ideal de la defensa de España. La localidad acabaría siendo ocupada por las tropas del general Sebastiani, tras la poco conocida batalla de Ciudad Real, aunque sería más correcto llamarla derrota.

El antes de la batalla ¿qué hacían los ciudadrealeños?

Después de los movimientos bélicos que se desarrollaron en las provincias de Toledo y de Cuenca, concretamente la batalla de Uclés, el 13 de enero de 1809, el general José Urbina, conde de Cartaojal, reorganizó a los efectivos de los cuerpos españoles derrotados uniéndolos al contingente del ejército de La Mancha.

El ejército de La Mancha estaba perfectamente equipado y pertrechado, pero su mandos, Cartaojal y Alburquerque, con su rivalidad y disensiones, facilitaron los reveses más que la victoria propiamente dicha de los galos. Obstinado el conde de Cartaojal, inició la táctica de salir de la ciudad, donde se hallaba el cuartel general, para atacar a las tropas francesas en la zona de los Yébenes; seguidamente vino el repliegue hacia Consuegra, después hacia Malagón y, finalmente, volvieron a Ciudad Real.

Kozlowski escribió sobre algunos de los movimientos previos del ejército hispano, en las provincias de Toledo y La Mancha, antes de la conquista de Ciudad Real: después de esta escaramuza de nuestra caballería nos dirigimos a Consuegra, y de allí a Ciudad Real, capital de la provincia de La Mancha, que se encuentra a dos cortas marchas al norte de la cordillera de Sierra Morena que protege Andalucía. Los españoles desplegaron sus tropas por estas montañas y, habiendo concentrado allí sus fuerzas, se prepararon (aprovechando la posición defensiva del lugar) para resistir cualquier avance francés a través de las montañas fortificadas. En Ciudad Real y sus alrededores tenían 20.000 efectivos al mando del general Cartaojal, que nosotros considerábamos como la vanguardia de sus fuerzas, ocultas por las montañas inaccesibles[1].

Los franceses trasladaron el escenario de la guerra a la provincia de Ciudad Real en su avance hacia Andalucía, con los españoles dispuestos a cortarles el paso y defender el territorio. Señalan los hermanos Villar Garrido en *La Guerra de la Independencia en Castilla-La Mancha* que «En realidad debe interpretarse como batalla de Ciudad Real toda una serie de combates entre el ejército de La Mancha y las tropas de Sebastiani; en Ciudad Real los días 26 y 27 de marzo, en Almagro y Moral de Calatrava, así como el día 28 en Santa Cruz de Mudela y el Viso del Marqués...».

Tras sortear los montes de Toledo, ambos ejércitos avanzaron hacia la llanura manchega a través de las vías de comunicación hacia el sur. Las pequeñas poblaciones que iban encontrando en su camino, unas daban cobijo y apoyo a los soldados, y otras, de alguna forma, mostraban su hostilidad al ejército invasor, o les ayudaban y pertrechaban de mala gana. De este modo, en solo seis días, el general Horacio Sebastiani llevó a su ejército desde Toledo a Sierra Morena pensando en un fácil avance, pero se vio obligado a combatir con energía. En palabras de García-Noblejas, fue una auténtica proeza militar.

En este empeño bélico del ejército francés se inscribe la batalla de Ciudad Real. Los enfrentamientos en torno a los puentes de Nolaya y del Emperador, así como la resistencia hispana en el cerro de La Atalaya, intentando evitar la conquista de la ciudad y el progreso hacia el sur, constituyeron un buen ejemplo de la reacción ante la conquista. Una respuesta que, aunque fallida, fue

Escena de la Guerra de la Independencia. Vicente López. BNE

contundente a la potestad y fuerza francesas. Otra cosa es que la potencia gala se impusiera en el campo de batalla al espíritu de resistencia de las armas españolas.

Según los informes y los partes de guerra, hacia el 24 de marzo de 1809, en los alrededores de la población toledana de Los Yébenes se encontraban los cuerpos de caballería de ambos ejércitos. En el caso español reforzados por partidas de guerrilleros. Desde el pueblo de Mora una división de caballería se dirigió a Consuegra, localidad que se hallaba en poder de las tropas francesas, como ya hemos visto por el informe de Kozlowski.

El día 25 de marzo se ordenó que la división marchara hacia el pueblo de Malagón, en la provincia de Ciudad Real, a fin de organizar un amplio frente que detuviera el progreso del ejército enemigo. Pero, seguidos de cerca por las tropas francesas, se decretó la retirada y se dividió la caballería y la artillería españolas para proteger y defenderse del avance adversario hacia el Sur. En una maniobra de contención se fueron situando los diversos efectivos españoles entre las poblaciones de Manzanares, Daimiel, Carrión y Ciudad Real.

En el caso concreto de la capital, para su defensa fueron situados los soldados españoles en la Atalaya junto a algunas piezas de artillería y soldados de caballería, con la intención de proteger los puentes del emperador y de Nolaya, como fuerza de interposición, y contrarrestar la llegada de los franceses a la ciudad.

Encontramos una interesante descripción de los movimientos de ambos ejércitos por tierras manchegas en la obra de Manuel Salmón *Resumen histórico de la revolución de España año de 1808*. Este presbítero de la orden de san Agustín escribe que una vez que llegó el ejército a los puntos indicados tras varios días, incluidos algunos de descanso, decidió el duque del Infantado reunir a su ejército con las tropas del de Andalucía. Así sucedió en los primeros días del mes de febrero de 1809.

El duque, con la seguridad de que el enemigo había concentrado sus efectivos entre Toledo, Talavera y el municipio de Puente del Arzobispo (Toledo), como mando supremo del ejército del centro, envió al duque de Alburquerque a Toledo con la misión de enfrentarse a la división francesa del mariscal Victor. En este orden se sabía que la villa de Mora estaba ocupada por la caballería gala con un contingente de unos 800 jinetes. La acción hispana consiguió, con la ayuda de los habitantes, alejarlos de la localidad.

Victor se dirigió ofuscado por esta maniobra contra Alburquerque, que se hallaba próximo al pueblo de Consuegra. Este enfrentamiento fue un nuevo éxito español, tanto de las armas de artillería como de infantería y caballería, lo que permitió el control temporal de la situación bélica y del territorio, a pesar de la superioridad de los enemigos. De esta manera, pudieron los mandos españoles reorganizar sus fuerzas en el camino que les llevaba hacia Fuente el Fresno.

El apoyo de la población civil al ejército español, en el avance que por tierras de la meseta sur y de La Mancha, quedó reflejado en los antiguos escritos:

> Estos leales manchegos demostraron en esta ocasión los patrióticos sentimientos que les animaba, dando a la división española las mayores pruebas de lealtad y de amor. Con el mayor placer y entusiasmo, depreciando los peligros, conducían a sus hermanos vino, pan, aguardiente, agua, y cuanto creían podía necesitar un soldado en el ardor y acaloramiento de la batalla. (Presbítero Salmón)

El mariscal Victor, camino de Extremadura, dejó al general Sebastiani al frente de unos diez mil hombres en La Mancha. El día 24 de enero de 1809, la Junta Suprema Central designó como general en jefe del ejército del Centro a José Urbina, III conde de Cartaojal. Según el estudio del militar y académico Gómez Arteche, asimilando parte del ejército de Extremadura, el día 12 de febrero pasó a denominarse ejército de La Mancha, para «arrojarlos a una campaña, si defensiva en su esencia, ofensiva en la forma, capaz de producir el retraimiento absoluto de los invasores a la orilla derecha del Tajo».

La elección de Cartaojal no cayó bien entre sus compañeros de armas. La mala relación entre los generales en 1809 era manifiesta, sobre todo, entre el duque de Alburquerque y Cartaojal.

La Junta Central se ocupaba con el mayor empeño en la reorganización de los ejércitos de la Mancha y Extremadura, encargados de impedir la entrada en Andalucía de las huestes napoleónicas. Mandaba el primero, fuerte de 16.000 infantes y 3.000 caballos, el general conde de Cartaojal, y tenía a sus órdenes al duque de Alburquerque, hombre de corazón, poseído del ansia de gloria, pero inquieto y vanidoso. Todo hacía temer entre los dos un rompimiento que no tardó en verificarse. El duque de Alburquerque, desprendiéndose con sus fuerzas del ejército de Cartaojal por sus graves disidencias con este, disidencias que fueron elevadas en consulta a la misma Junta Central, sostuvo varios encuentros contra los franceses alcanzando algunas ventajas, retirándose por último a Manzanares, desde cuyo punto marchó a reforzar a Cuesta, de orden de la Central, convencida de lo imposible que era mantener unidos a Alburquerque y Cartaojal.

¡Siempre las mismas rivalidades!... (Rodríguez-Solís)

Al margen de estos movimientos en la cúpula militar, en las tropas hispanas del centro de la península se tiene constancia de

Mapa del itinerario segido por el 4.º Cuerpo del Ejército francés hacia Ciudad Real y detalle de la autoría del mapa. Ministerio de Defensa. Instituto de Historia y Cultura Militar. Archivo Cartográfico y de Estudios Geográficos del Centro Geográfico del Ejército

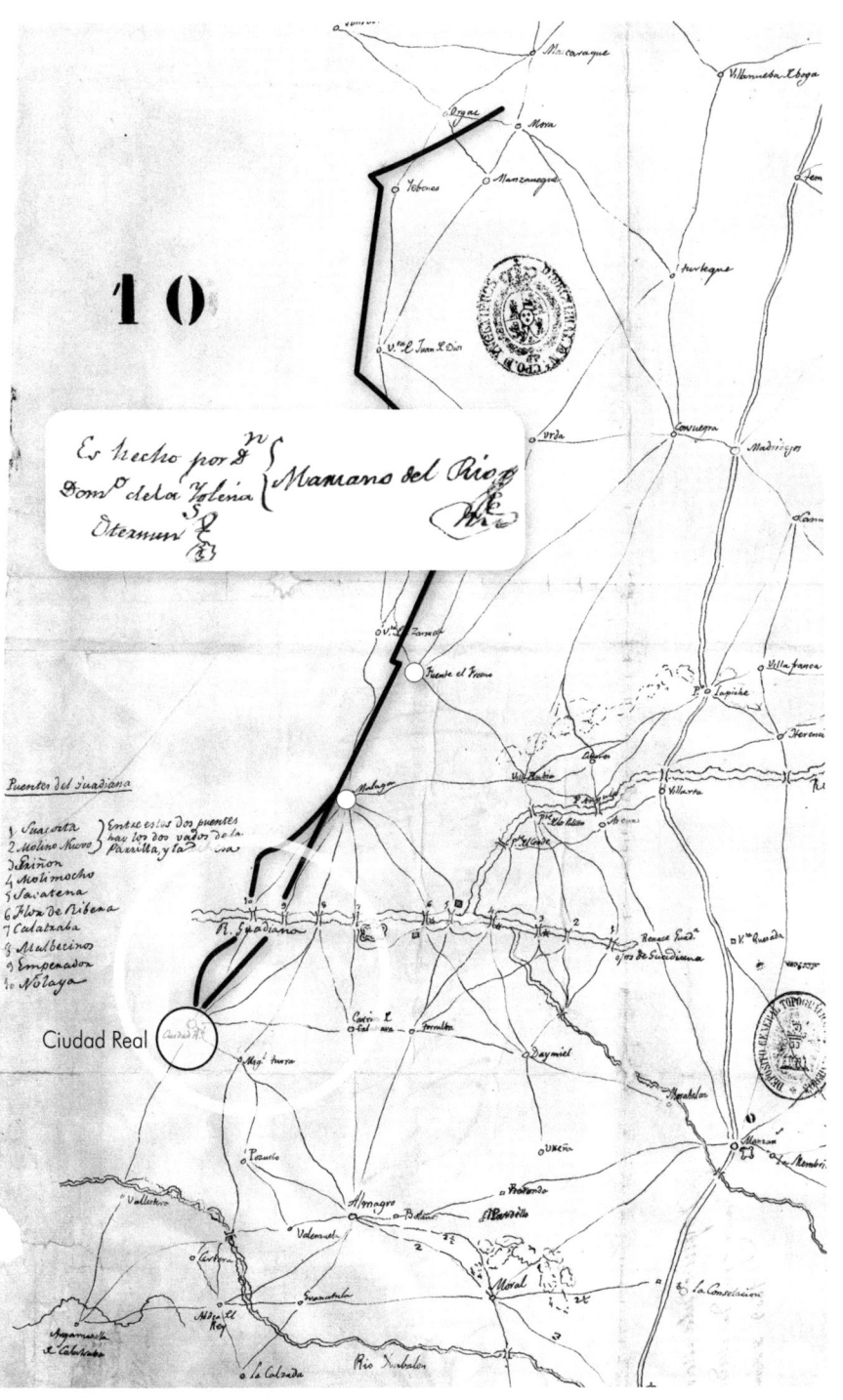

10

Es hecho por d̃ Domⁿᵒ de la Yolena Otermun } Mariano del Rio

Puentes del Guadiana

1. Suacoita
2. Molino Nuevo } Entre estos dos puentes
3. Eñinon } hay los dos vados de la
4. Molimocho } Parrilla, y la ... va
5. Saxatena
6. Flor de Ribera
7. Calatraba
8. Malbecinos
9. Emperador
10. Nolaya

Ciudad Real

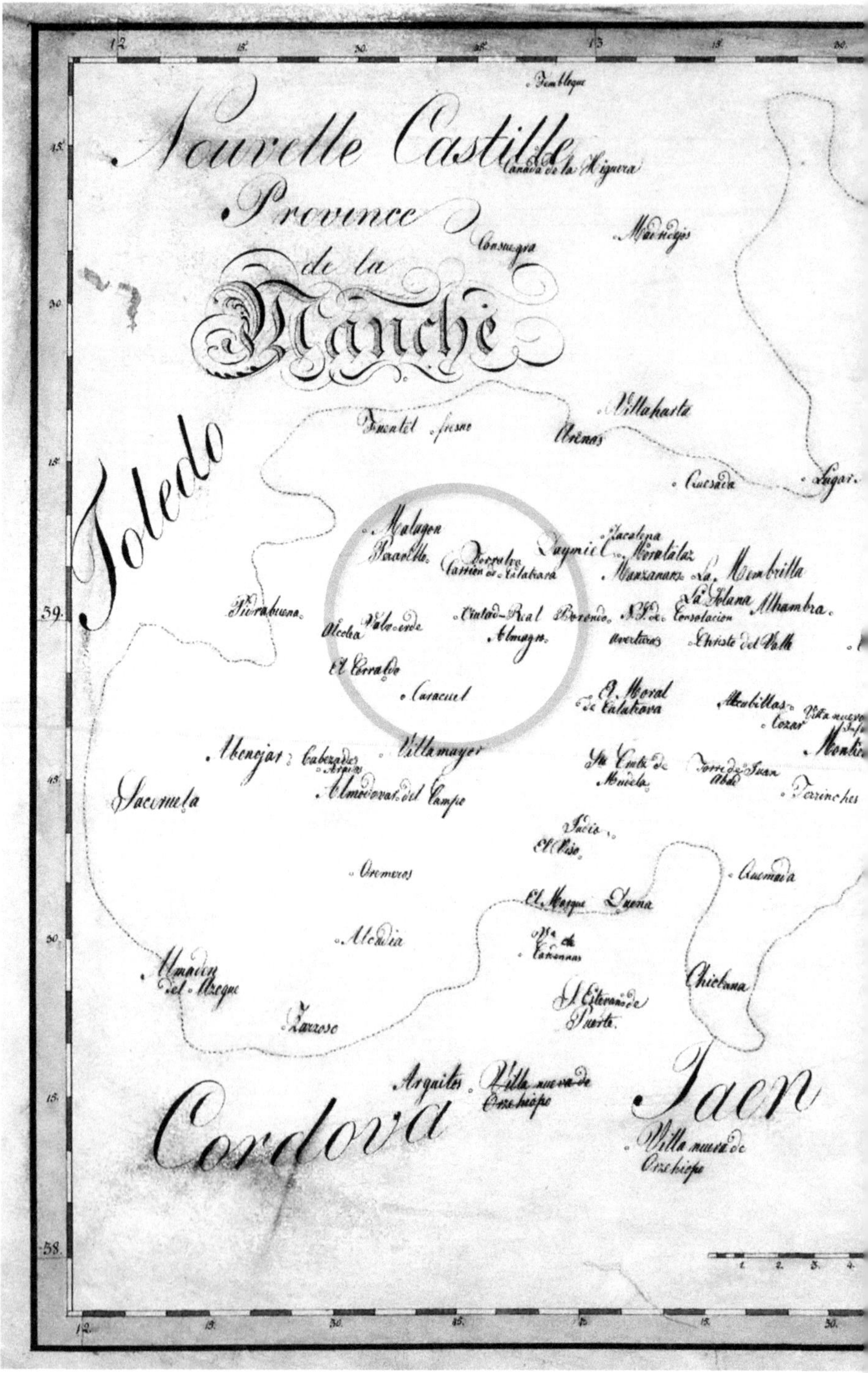

Nouvelle Castille
Province
de la
Manche

Toledo

Cordova

Jaen

Bemblague
Canava de la Higuera
Madueijos
Consuegra

Villaharta
Fuentel fresno · Arenas · Cuesava · Lugar

Malagon · Jacalona
Peralvillo · Poeratvo · Daymiel · Moralalez
Carrion de Calatrava · Manzanares · La Membrilla
Fierabuena · La Solana · Alhambra
Alcoba · Vala-verde · Ciutad-Real · Berenio · Consolacion
Almagro · avertinos · Christo del Valle
El Corralvo · Caracuel

E. Moral · Alcubillas · Villanueva
de Calatrava · Cozar · Montiero
Abenojas · Cabezados · Villamayer
Almodovar del Campo · Sta Cruz de · Torre de Juan · Farinches
Jacarula · Muriela · Abad

Jucio
El Viso
Oromoros · Ausemara
El Maeque · Duena
Alcudia · Mª de
Casannas
Chiclana
Almaden · St. Esteran de
del Azoque · Juarte
Zarzoso

Arquilos · Villa nueva de
Orsehispo
Villa nueva de
Orsehispo

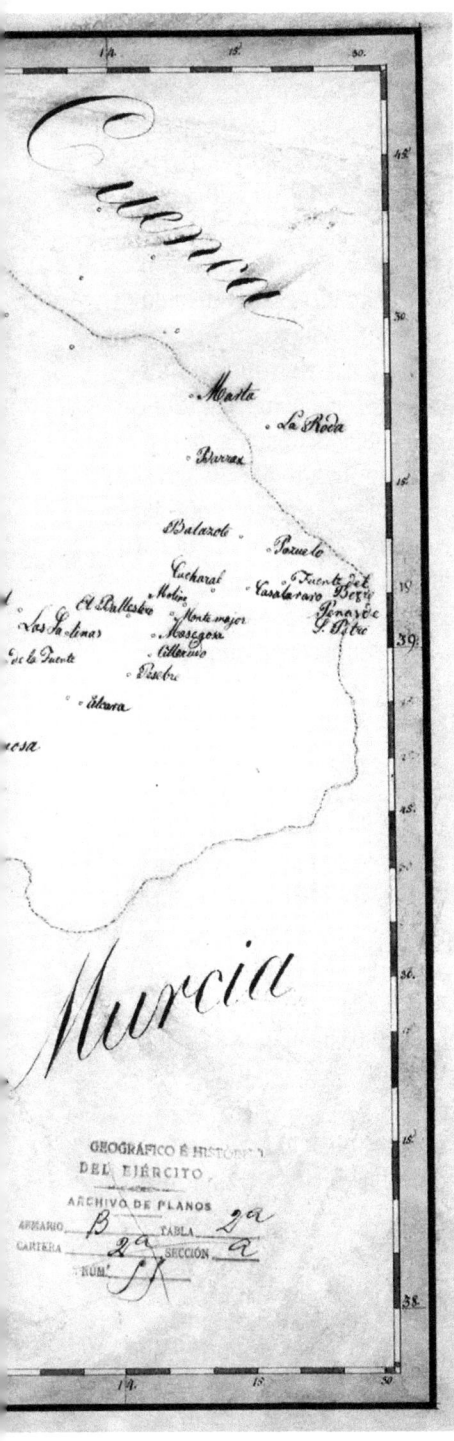

otros generales que tenían orden de reunirse a otras unidades debido a los movimientos de las tropas enemigas. Así, se informa a la Junta Central que el general Pedro de Alcántara, duque de Anglona[2], se retiró con sus soldados a Consuegra después de haber perseguido a los lanceros polacos por tierras de Toledo. Mas no pudiendo entrar en la localidad que se encontraba invadida por un millar de efectivos enemigos, finalmente, Anglona, según expresó Salmón, «determinó retirarse por Malagón y Fuente del Fresno a Ciudad Real, y contornos».

En el bando contrario se encontraba el general Horacio Sebastiani que, como hábil político en la administración y diplomacia y diestro guerrero en las acciones militares, aceptó con respeto las órdenes del rey José I[3]. Sebastiani avanzó hacia las tierras manchegas con el objetivo de atacar y hacer retroceder hacia Sierra Morena al ejército del Centro, o mejor dicho, al ejército de La Mancha, conducido y capitaneado por José Urbina.

Provincia de La Mancha. Depósito geográfico e histórico del Ejército. Ministerio de Defensa

Bajo el mando del general francés, el IV Cuerpo de l'armée d'Espagne se reunió el 24 de marzo de 1809 entre de Consuegra y Madridejos, concentrando unos 12.000 combatientes entre las divisiones de Sebastiani y del general conde de Valence, Jean-Baptiste Cyrus de Timbrune, además de los regimientos de dragones de Milhaud.

Todo este contingente se puso en camino al día siguiente hacia La Mancha: Fuente el Fresno, Fernán Caballero y Malagón. Ante este avance, señala Du Casse que los españoles de Cartaojal se replegaron hacia Ciudad Real y sus proximidades.

Estudiadas en profundidad por Du Casse las cartas que se intercambiaron el rey de España y Napoleón se aprecia cómo José tiene informado con detalle al emperador acerca de la ocupación de Ciudad Real y de la tierra manchega, siendo significativa esa correspondencia por lo habitual y cotidiana que llegó a ser. Tal era así que informaba casi diario del devenir y los avatares de la guerra y de las marchas, fases y problemas del IV Cuerpo de l'armée en Ciudad Real, el entorno de La Mancha y tierras adyacentes de Extremadura, ocupando la amplia franja en el centro de la península:

> Señor, recibo carta de Vuestra Majestad el día 13. El mariscal Victor ha cruzado el Tajo, abatido el enemigo de las fuertes posiciones que ocupaba a la izquierda de este río... llegó a Trujillo el 21 (de marzo). Allí lo dejó mi ayudante de campo Tascher (Pierre-Claude-Louis de Tascher de la Pajerie). El enemigo se retira a Badajoz. Doy orden a la división de Lapisse (Pierre Belon) dirigirse a Larza (¿Lardoza?, en Portugal), para apoyar la derecha del mariscal Victor sobre todo en el caso de que aún no haya noticias del mariscal Soult. Esta división continúa su movimiento sobre Abrantes (camino de Lisboa). El general Sebastiani marcha sobre Ciudad Real, donde se refuerza el enemigo.

Y, en una misiva del 26 de marzo, la comunicación del avance de la guerra a Napoleón, le informaba de las varias ubicaciones de las fuerzas del ejército francés:

> ... el mariscal Victor tenía sus puestos de avanzada en Mérida el día 22. El general Sebastiani estaba en Madridejos el 25; piensa que el ejército enemigo, que se retira delante de él es de 18.000

de infantería y 4.000 de caballería; espera alcanzarlo y derribarlo (destruirlo) más allá de Sierra Morena...

Entre el río Guadiana y el cerro de la Atalaya

Esta fue la zona donde se desarrolló la batalla de Ciudad Real. El comentario que hace Gómez Arteche no deja de ser curioso, sobre todo porque es a posteriori cuando se hacen los juicios sobre los errores cometidos por los estrategas del evento. Escribe que la topografía en las inmediaciones de la población «no convenía a tropas bisoñas como las que el conde mandaba.,. siendo, pues, inevitable el choque, ningún punto peor para resistirse que Ciudad Real...», en el cerro de la Atalaya, haciendo fuego sobre los puentes de Nolaya y del emperador.

Ante esta reflexión de Gómez Arteche podemos preguntarnos ¿cómo deberían haber planificado tácticamente Cartaojal y sus mandos el enfrentamiento de su inexperta tropa?, ¿acaso llevando el campo de batalla a otro lugar de la inmensa llanura manchega?, ¿a dónde?, ¿sin la protección desde la altura que permitía el montículo?

Los contendientes

Tras la derrota de Uclés, 13 de enero de 1809, Cartaojal había sustituido al duque del Infantado en el mando del ejército del Centro que, tras ser destrozado, fue asimilado a las tropas del marqués de Palacio; el conjunto de esta unión se denominó ejército de La Mancha y «constaba de 16.000 infantes y 3.000 caballos».

... el ejército de La Mancha, uno de los mejores que entonces teníamos, se había dirigido a Aranjuez después de la retirada de Sebastiani, ocupando este sitio real, mientras una de sus divisiones amenazaba a Toledo. Ascendía el total de sus fuerzas a unos 52.000 hombres, y los jefes que mandaban sus cinco divisiones eran de los más acreditados, siéndolo el de la primera el valentísimo Lacy, y los de las demás por su orden Vigodet, Girón, Castejón y Zeraín, mientras el marqués de Gelo acaudillaba la caballería...
(Agustín Príncipe)

Otra cosa diferente es que Urbina se creyera seguro en la ciudad y sus alrededores debido a la aparente mayoría numérica con que creía contar. Pensamos que en la batalla se enfrentaron la bisoñez hispana con la falta de escrúpulos de los soldados de l'armée d'Espagne, ya que, como nos indican las propias fuentes galas, el ejército que invadió España, aún con buenos generales, sus soldados no eran los aguerridos, ni avezados ni honestos veteranos de la Grande Armée, sino una parte de la escoria social de la Francia de Napoleón que había nutrido de manera obligatoria su ejército con mala gente para la conquista de España y Portugal: campesinos y mercenarios extranjeros, más aplicados a la rapiña y el pillaje, con poco ánimo y ardor guerrero y escasa o nula disciplina militar (Esdaile).

Composición y mandos del ejército de La Mancha:
- Comandante en jefe: tte. general José Urbina, conde de Cartaojal.
- Mariscal de Campo Idiáquez y Carvajal, vizconde de Zolina: división de caballería.
- Brigadier Pedro Girón de Las Casas, marqués de las Amarillas: división del ejército de La Mancha.
- Regimientos de Caballería: Guardias de Corps, de Carabineros Reales, de Caballería España, de Dragones de Sagunto, de Dragones Pavía, del Príncipe, de Voluntarios de Sevilla, Regimiento de Cazadores de Tejas.
- Regimientos de Infantería: 1.º Cazadores de Guadix, de Cazadores de Écija, de Cazadores de Vélez-Málaga, de Línea Loja, Regimiento Provincial de Milicias de Ciudad Real de infantería[4].
- Artillería: Brigada de Campaña; Batallón de Artillería de Marina: diez cañones.
Total de la fuerza hispana: 16.000 hombres aproximadamente.

El ejército francés que operaba en las tierras manchegas quedo organizado de la siguiente manera:

- Comandante en jefe: tte. general Horace Sebastiani: IV Cuerpo de Ejército: 28, 32 y 58 regimientos de infantería de línea, doce batallones, 8.000 hombres y 12 cañones.
- General de división Édouard Milhaud: Caballería del IV Cuerpo:

2.ª división de Dragones de la Caballería de Reserva, 24 escuadrones del 1.º, 2.º, 4.º, 9.º, 20.º y 26.º de Dragones, 2.500 hombres y 10 cañones.

-General David Chassé: 4 escuadrones: 3.º húsares de Holanda, Lanceros de la Legión del Vístula, 1.000 hombres.

Total de la fuerza gala: 11.500 hombres.

La división de Milhaud vadeó el río Guadiana, avanzando el 26 de marzo hacia Ciudad Real, y situándose a una legua (una legua de posta equivalía a 4 kilómetros) de la ciudad. Cartaojal, viendo a esta avanzada de la vanguardia sin el apoyo necesario resolvió acatar esta división con un gran destacamento, compuesto por 12.000 soldados de infantería, 3.000 de caballería y los artilleros con cuatro cañones.

El general francés se retiró ordenadamente a la margen derecha del río. El ejército español tomó la posición contraria defendiendo el acceso por los puentes del Emperador y de Nolaya, que conducían a la ciudad. Entretanto avanzaba Sebastiani con la infantería desde los montes de Toledo hacia Ciudad Real y llegó a su periferia el día 27 de marzo.

Los dos ejércitos se enfrentaron separados por el río Guadiana. Sebastiani formó sus tropas por secciones, que cruzaron con rapidez el puente Nolaya protegidos por el fuego de su artillería asentada al norte del río. Llegando a la margen izquierda a pesar del fuego enemigo, quedando así más fácil su aproximación a Ciudad Real.

Asombrado José Urbina por la audacia de Sebastiani opuso poca resistencia al avance galo, pues en la mente de Cartaojal y de sus soldados, los españoles eran muy superiores al ejército francés. En este sentido veremos más adelante el relato que de estos hechos hace Joaquín Gómez que, como sabemos, escribió la historia de este evento en la ciudad como testigo directo.

Se podría decir que comenzó el desbarajuste español del recién formado ejército de La Mancha. Las defensas fueron derribadas; la caballería, que debía proteger el repliegue de la infantería y la artillería, se vio acosada por los dragones de los regimientos 12 y 16 dirigidos por Milhaud, y fue derrotada completamente. Tras la desbandada del ejército de La Mancha hacia el sur con el ánimo de reagruparse en Sierra Morena, los franceses continuaban su avance con grandes éxitos, según fuentes francesas.

Tras el enfrentamiento entre el cerro de la Atalaya y el río Guadiana, y la consiguiente huida, las capturas francesas fueron grandes, según señala Du Casse: 5 cañones, 12 cajones de munición, 3 banderas y ¡dos mil hombres!, entre los que se hallaban 61 oficiales del ejército español. El número de muertes se estimó en unas 2.000. Dice este autor: «nuestra pérdida fue insignificante». Vuelve a ser obvio que escribe para los franceses.

Cartaojal en Ciudad Real, 26 de marzo

Después de la reorganización del ejército del Centro y su fusión en el ejército de la Mancha. Cartaojal, tras las operaciones bélicas en las provincias de Toledo y La Mancha, estableció su cuartel general en Ciudad Real, con la aquiescencia para el traslado desde Ciudad Real de la Junta Superior de la Mancha, primero a Almagro y luego a La Carolina, al sur de la Sierra Morena.

A primera hora de la mañana del día 26 de marzo llegó un mensajero informando de que el enemigo estaba muy cerca de la localidad. La noticia llenó de inquietud a militares y civiles, que se hallaban conmemorando las ceremonias de Semana Santa. Cartaojal hubo de interrumpir su marcha hacia Valdepeñas, como era su intención. En este orden de cosas escribió Joaquín Gómez que aumentaba la consternación entre los vecinos:

Ya están ahí los franceses. Yo me hallaba en el muy concurrido templo de Mercenarios (Mercedarios); y el Comendador celebraba los oficios, y cuando al ofertorio entonó el *Dominus vobiscum* ya no hubo en el coro quien contestase pues todos los religiosos se fugaron precipitadamente y así concluyó la misa. Basta tal hecho para formar idea del espanto en tan terrible momento y de las ocurrencias en tan fatal apuro: el sacrificio incruento se acelera por unos, se suspende por otros; los fieles sin acordarse del precepto eclesiástico huyen despavoridos a sus casas; encuentran a sus esposas llorando, a los hijos clamando inconsolables, a los criados macilentos y aturdidos sin atinar con los arreos para habilitar los carruajes, y proporcionar una pronta fuga.

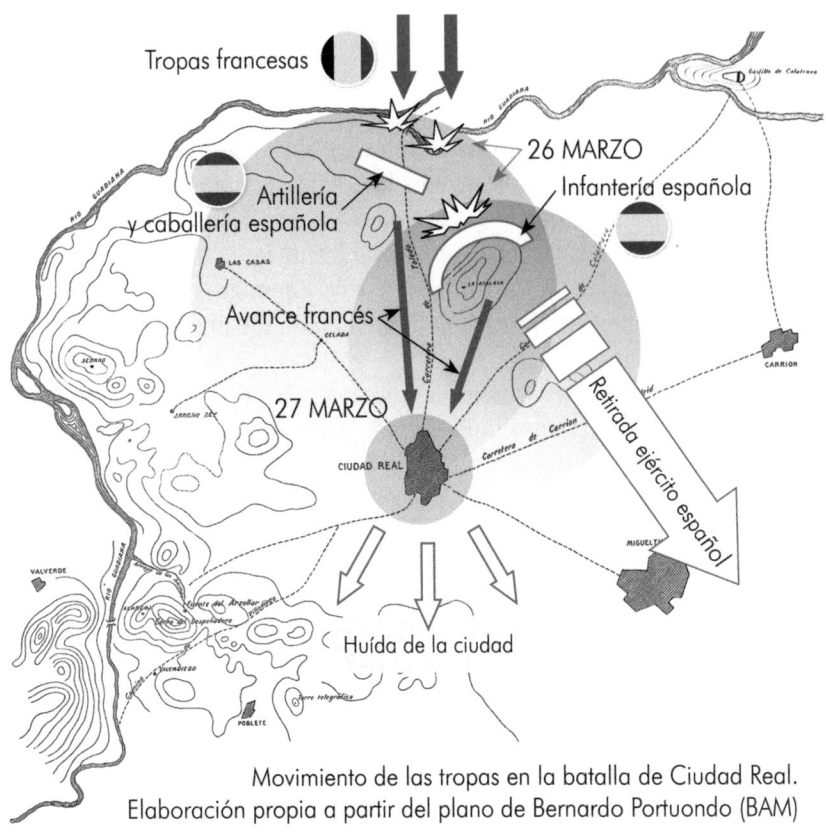

Movimiento de las tropas en la batalla de Ciudad Real.
Elaboración propia a partir del plano de Bernardo Portuondo (BAM)

Muchos vecinos huyeron, abandonando incluso a los enfermos que no podían dejar sus lechos. Otros, dudando qué destino tomar, caminabana hacia el campo bajo la lluvia ateridos de frío, llevando como equipaje lo más esencial.

> ... corrían por las calles los oficiales, Comandantes, Coroneles con espada en mano intimando a la tropa corriese a formar a la puerta de Toledo; el fúnebre clarín no cesaba de tocar generala, ni los paisanos de aminar a los soldados para que marchasen a la batalla. Con efecto los enemigos se habían adelantado hasta una media legua de la población; pero nuestros guerreros los impusieron, obligándolos a repasar los puentes de Nolaya y Emperador, y a que tomasen la población de Peralvillo. En aquella altura colocaron su artillería con dirección a dichos puentes, y en otros iguales

a este lado del río estaba la nuestra, quedando el Guadiana de línea divisoria de ambos ejércitos...[5]. (Joaquín Gómez)

Cuando al general Urbina le informaron de que el enemigo estaba cerca y dispuesto a invadir la ciudad, adoptó las disposiciones oportunas y convenientes para hacerle frente, para que no cruzaran el río Guadiana. Se puso al frente de la tropa e inició un combate que obligó a retroceder a la enemiga y repasar el Guadiana. Ambos ejércitos se batieron con denuedo en las inmediaciones de Ciudad Real.

Por otra parte, hay quien dijo lo contrario de lo que ocurrió aquel día 26 de marzo, lo que sirvió, junto a otros argumentos, para inculpar de la derrota a Urbina esgrimiendo la idea de que estaba aturdido por la cercanía de los enemigos y no tomó ninguna medida para hacerle frente, de manera que Sebastiani avanzó rápidamente y logró vencer al ejército de La Mancha en esta primera jornada. Escribió Agustín Príncipe que los españoles tuvieron numerosas bajas, entre 1.000 y 1.500, más de 3.000 prisioneros, capturando los imperiales 7 cañones y 4 banderas, poniendo al resto del ejército en fuga. Juicios que, aunque fueron equivocados, perjudicarían a Cartaojal ante la autoridad militar superior para su destitución como comandante en jefe del ejército de La Mancha.

Parcial victoria española,
freno al IV Cuerpo de Ejército francés.
¡A celebrarlo!

Con la llegada del ocaso terminó la jornada de lucha. El ejército francés, según cuentas las crónicas, sufrió numerosas víctimas, y fue obligado a replegarse al otro margen del río. Los vecinos de Ciudad Real que tomaron parte en la lucha, así como grupos de soldados, se volvieron a la ciudad a comentar la aventura bélica y a descansar un rato y alimentarse hasta las cuatro de la mañana.

Unos y otros hicieron fuego de cañón hasta el anochecer, admirando no poco ver ancianos y jóvenes de ambos sexos caminar al ataque a pesar del agua nibosa, auxiliado con todas clases de armas, los que podían manejarlas, y presentándose varios en los puentes para tirotearse con las guerrillas que ejecutaron no desperdiciando la pólvora, y volviendo muy gozosos por haber quitado enemigos a la patria. No hay duda que un noble entusiasmo era el móvil de todas las operaciones, y el que les hacía tener una suma confianza. Llegó el sol a su acaso (ocaso), y los vecinos que resolvieron quedarse, se reunían en las cocinas a contarse las respectivas aventuras que les habían ocurrido. Los fuegos consolaban sus helados miembros de que no cuidaron en el día, y el más acendrado patriotismo encendía las conversaciones, discurriendo sobre una completa victoria, y los medios de alimentar nuestra caballería acampada a la rivera; punto a que con el mayor celo atendió la autoridad, y varias personas en toda la tarde y parte de la noche. Hablábase en las tertulias de cuán interesante sería un refuerzo de infantería, y estas reflexiones fueron interrumpidas con el sonido de tambores que anunciaban su entrada. ¡Qué alegría, qué ansia por verlos, y darles cuanto necesitasen! ¡Qué dulce confusión en todas las casas, y los soldados preguntando, y los paisanos apresurándose a contar la retirada del enemigo! Un estado que anunciaba felicidades, principió a dar cuidado por la llegada de partidas de caballería, que dejando sus importantes puntos, venían, según contaban, a descansar un rato, y alimentarse para volver a los puentes; entre ellas se presentó la Guardia de Corps, que pasaba a Miguelturra hasta las cuatro de la mañana. Los cavilosos discurrían que en tan críticas circunstancias, ni un soldado debía separarse de su cuerpo, cuando se les remitieron abundantes víveres; y observando que continuaban las retiradas con otros accidentes, temieron un funesto golpe, y no les fue dable entregarse al sueño, como a mí me ocurrió; sólo durmieron los que desde muy temprano recogidos, pensaron únicamente en madrugar para no privarse de la dicha de presenciar el ataque. Lo cierto es que al amanecer, en vez de regresar las partidas al Guadiana, entraban más soldados (en la ciudad), sin oírse el deseado toque de generala, hasta que a gritos se publicaba que el enemigo había pasado los puentes, y que estaba muy cerca de la ciudad. Muchos paisanos corrían echando casi por fuerza de las casas a varios soldados y oficiales que permanecían en su alojamiento con gran frescura a las ocho de la mañana... (Joaquín Gómez)

¡La tropa se fue a celebrarlo! Lo que casi ninguno de los estudios actuales consultados comenta es que, después del primer día del enfrentamiento en los puentes de Nolaya y de Emperador, entrada de Ciudad Real, los lugareños y muchos soldados españoles se fueron a dormir. ¡Sí, a dormir!, se marcharon a descansar y a comentar la dura jornada de lucha, dejando sin la pertinente vigilancia el terreno entre ambos ejércitos.

Tampoco se comenta mucho, entre cronistas y estudiosos, el abandono de las posiciones, ¿por qué no se habla de este hecho, que perjudicó notablemente el desenlace de la batalla?, ¿acaso porque es preferible ocultar errores tácticos?

27 de marzo: los tres avances en la conquista.
Versión del Vístula y otras versiones

> Alguna infantería salió muy temprano para el cerro de la Atalaya, donde fue sacrificada... la retirada de los cañones dejó franco el paso de los puentes, y los franceses muy erguidos, sin la más mínima resistencia, entraron por primera vez en Ciudad Real. Este pueblo amante de su libertad se figuraba con sobrado fundamento iba a ser otra Alarcos arrasado cuando la invasión sarracena. El vivo fuego de cañón, que el mayor número de los habitantes jamás había oído, duró más de dos horas, anunciando la muerte por todas partes... (Joaquín Gómez)

El primer avance

La lluvia del lunes, día 27, no impidió el avance en tres movimientos de las tropas francesas hacia la toma de la ciudad. El primer paso lo dio la caballería ligera polaca, los del Vístula, al mando de Jan Konopka, escuadrón en el que servía Don Kajetán, cruzando los puentes de Nolaya y el Emperador y sorprendiendo a las relajadas tropas hispanas y las milicias manchegas, que hubieron de retroceder hasta el cerro de la Atalaya.

El regimiento de lanceros del Vístula fue uno de los primeros grupos de soldados de caballería en entrar en combate en esta batalla de Ciudad Real. Al mando de esta fuerza (mercenaria al servicio de Napoleón) estaba el coronel Jan Konopka. Los lanceros polacos cargaron a través del puente tomándolo por sorpresa,

Lanceros de la legión del Vístula y del ducado de Varsovia

luego flanquearon a la infantería española y la atacaron por la parte posterior cuando las principales fuerzas francesas y polacas cruzaron el puente contra las líneas del frente españolas.

El soldado Kajetán escribió en sus memorias la siguiente descripción del segundo día de lucha:

El día 27 de marzo de 1809, cerca de Ciudad Real, el enemigo, formado en una montaña en una posición muy fuerte, lanzó dos columnas de infantería para defender el puente sobre el río Guadiana. Las baterías de nuestra artillería montada rechazaron a estas dos columnas del puente, que cruzamos al trote, y detrás nuestro pasó el regimiento de húsares holandeses. En cuanto llegamos a la otra orilla del río, el mismo general Sebastiani, tras llegar al frente de nuestro regimiento, nos ordenó «formar por escuadrones» y a continuación «desplegar la columna». Cuando lo hubimos hecho, desenvainó su sable y nos condujo al galope contra la infantería enemiga. Esta abrió fuego y fue arrollada. Y nosotros, tras atravesar Ciudad Real, sorprendimos al enemigo por detrás. Los españoles, temerosos, defendieron débilmente sus posiciones y ante el ataque general se vieron obligados a retirarse. Aprovechándonos del pánico, pisándoles los talones a los españoles, en breve probamos que nuestro regimiento llamado Los Infiernos existía, a pesar de que habían sido informados por las órdenes del día que había dejado de existir. Y si había perdido los estandartes, conservaba todavía sus lanzas. La infantería enemiga, derrotada, perdió su artillería, su tren y sus equipajes...[6].

Los imperiales, con tropas superiores, consiguieron arrollar a la infantería y a la caballería hispanas que defendían los puentes. El general Urbina supo que era imposible sostener la posición y mandó la retirada a Sierra Morena. Este retroceso se efectuó con gran precipitación y desorden: «más de 3.500 caballos huían a todo escape a la vista de un pequeño destacamento de polacos, que los persiguió hasta El Viso...» (Muñoz Maldonado).

EL SEGUNDO AVANCE

En un segundo momento, posiblemente apoyados por la artillería, los galos conquistaron el montículo de la Atalaya, desalojando de aquel paraje a los defensores españoles allí apostados.

La caballería a escape; los infantes estropeados quedaban prisioneros; carros de munición y fraguas eran abandonados; el desorden y confusión en la tropa, los paisanos huyendo a las más altas bóvedas; y escondiéndose en sitios tenebrosos y profundos; y también se refugiaban a las parroquias y conventos, considerando podrían ser un asilo. Las mujeres tímidas y débiles envían a los caramanchones (camaranchones) inmundos venciendo dificultades en otro tiempo imposibles. Unas ignoran el paradero de sus hijos; otras presumen que sus maridos habían sido víctimas del feroz monstruo de la guerra; estas lloran inconsolables la ruina de su casa, y pérdida de los medios de subsistencia; aquellas claman con gritos al cielo las liberte del gran peligro que las rodea, y en los conventos de religiosas reinaba una consternación inexplicable para abandonar el claustro y franquear las puertas por donde jamás pensaban salir. (Joaquín Gómez)

La batalla de Ciudad Real tuvo una continuación, una segunda parte, al día siguiente, 28 de marzo, en los alrededores de la localidad de Santa Cruz de Mudela. Pues, tal como la entendemos, no había terminado sino que los enfrentamientos de los días 26 y 27 fueron combates dentro de la misma batalla. El final del combate del día 27 comenzó cuando se fueron retirando en dirección sur, camino de Sierra Morena. El ayudante mayor del 4.º Regimiento de Infantería de la Legión del Vístula, Józef Rudnicki, describió esta acción en sus diarios de la siguiente manera:

... encontramos el cuerpo español, esperándonos en buenas posiciones (en el cerro de la Atalaya y otros puntos alrededor de la ciudad). Estábamos superados en número, pero gracias a las racionales órdenes del general Sebastiani, en unas cuatro horas del 27 de marzo de 1809 los españoles estaban derrotados y dispersos, retirándose en caos hacia Almagro, donde tiene su sede la Orden de Calatrava, y hacia la Sta. Cruz, y aún más lejos, en las montañas de Sierra Morena.

El tercer avance

Por último, el tercer impulso, tras acabar con la resistencia y defensa de las murallas y la puerta de Toledo, que da acceso a la ciudad por el norte, irrumpieron los franceses en Ciudad Real, se apoderaron de la Casa de la Misericordia, donde establecieron cuartel, como antes hizo el general conde de Cartaojal. Y ocuparon casas, calles y zonas aledañas al edificio principal.

Era «inútil intentar la descripción del suceso, mal llamado acción de Ciudad Real... una sorpresa... Cuando Cartaojal volvía de su asombro y, hombre de corazón, intentaba formar (organizar) sus escuadrones en la puerta de Toledo...» (Gómez Arteche). En ese lugar, la puerta de Toledo, el conde estaba intentando atrincherarse y organizar la defensa pero, ante el ataque de la artillería enemiga, no le quedó

> ... otro recurso que el de retirarse al Moral con la infantería... continuaron los nuestros hasta Valdepeñas y Santa Cruz de Mudela, donde Cartaojal entregó al teniente general Salvador Perelló el mando de la caballería, que aún hubo de sostener choques rudísimos de la enemiga las columnas que buscaban refugio en las asperezas de Sierra Morena...

Para concluir este apartado, de lo que se ha considerado la primera parte de la batalla de Ciudad Real, podemos decir, con el aval de Agustín Príncipe, que la posición del ejército español «era bastante fuerte y estaba bien defendida», pero el posible apresuramiento de Cartaojal y las decisiones que tomó condujeron a la derrota. Sebastiani aprovechó la duda y, tal vez, la inacción frente al comienzo del ataque francés. De manera que:

> Atacados los nuestros con extraordinaria impetuosidad, y faltos de concierto entre sí para resistir la embestida, merced a la inacción de su jefe, vano era esperar que pudieran hacer rostro firme a los que con tanta celeridad y con tan oportuna dirección venían a caer sobre ellos. Derrotados de un modo completo, dejaron los españoles tendidos en el campo de batalla de mil a mil quinientos hombres, siendo más de 3.000 los prisioneros, con 7 piezas de cañón y 4 banderas que nos tomaron los imperiales.

En las páginas siguientes. *PLANO DEL TERRENO en que tubo lugar la acción de CIUADD REAL*[7]. Ministerio de Defensa. Instituto de Historia y Cultura Militar. Archivo Cartográfico y de Estudios Geográficos del Centro Geográfico del Ejército

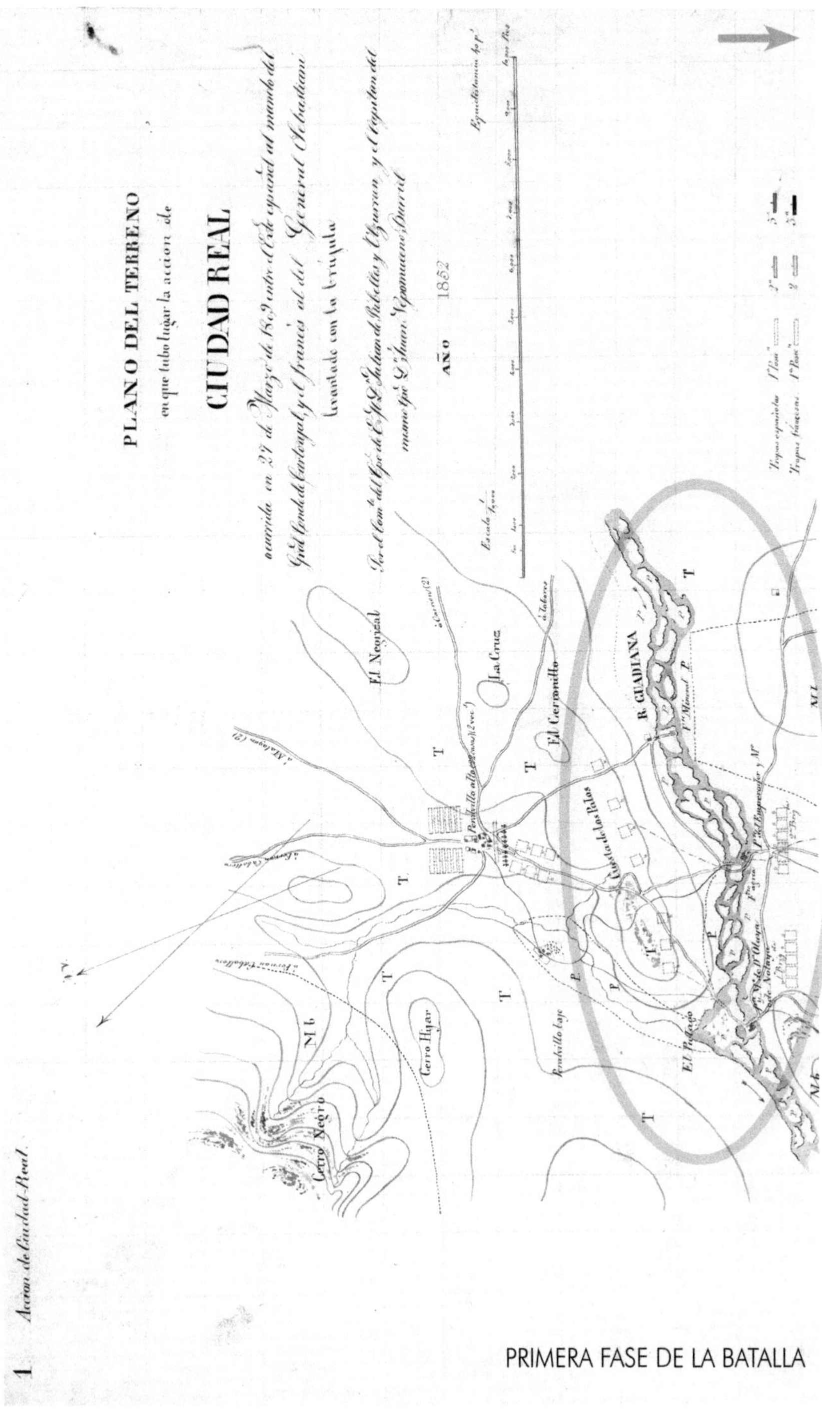

PLANO DEL TERRENO

en que tubo lugar la accion de

CIUDAD REAL

ocurrida en 27 de Mayo de 1809 entre el Ejército español al mando del
Gral. Gonzalez Cardenal y el Francés al del General Sebastiani
levantado con la brújula

Por el Com.te del Cpo. de I.M. D. Satvador Palethes y Cherven, y el Capitan del
mismo Cpo. D. Juan Vignani en el Guerrel

AÑO 1862

Escala ¹/₄₀₀₀

Escuela tura dep.

Tropas españolas   1ª Fase
Tropas francesas   1ª Fase

Cerro Negro

Cerro Hijar

El Negocal

La Cruz

El Cerronillo

R. GUADIANA

Pozuelo

Venta de los Roles

PRIMERA FASE DE LA BATALLA

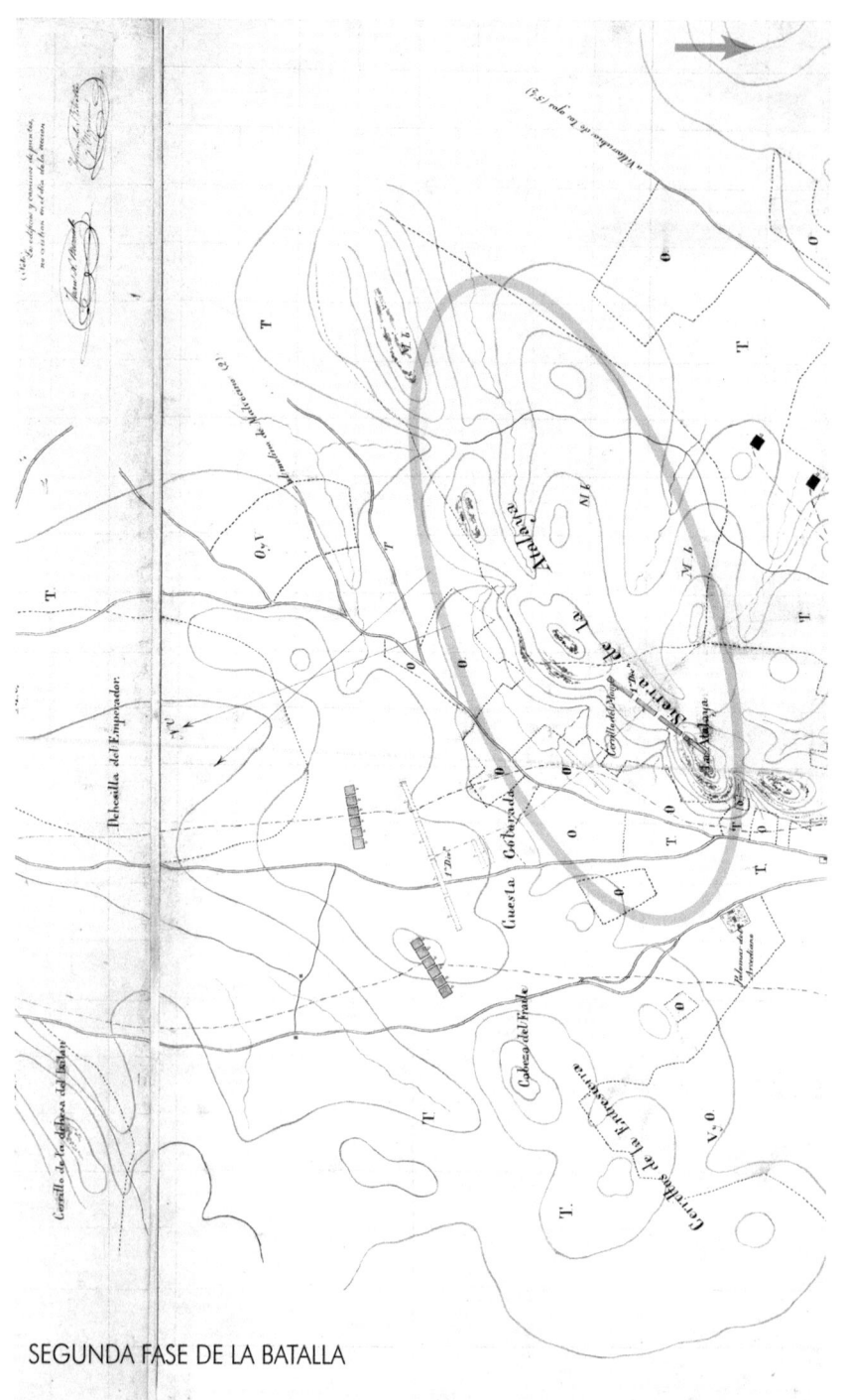

SEGUNDA FASE DE LA BATALLA

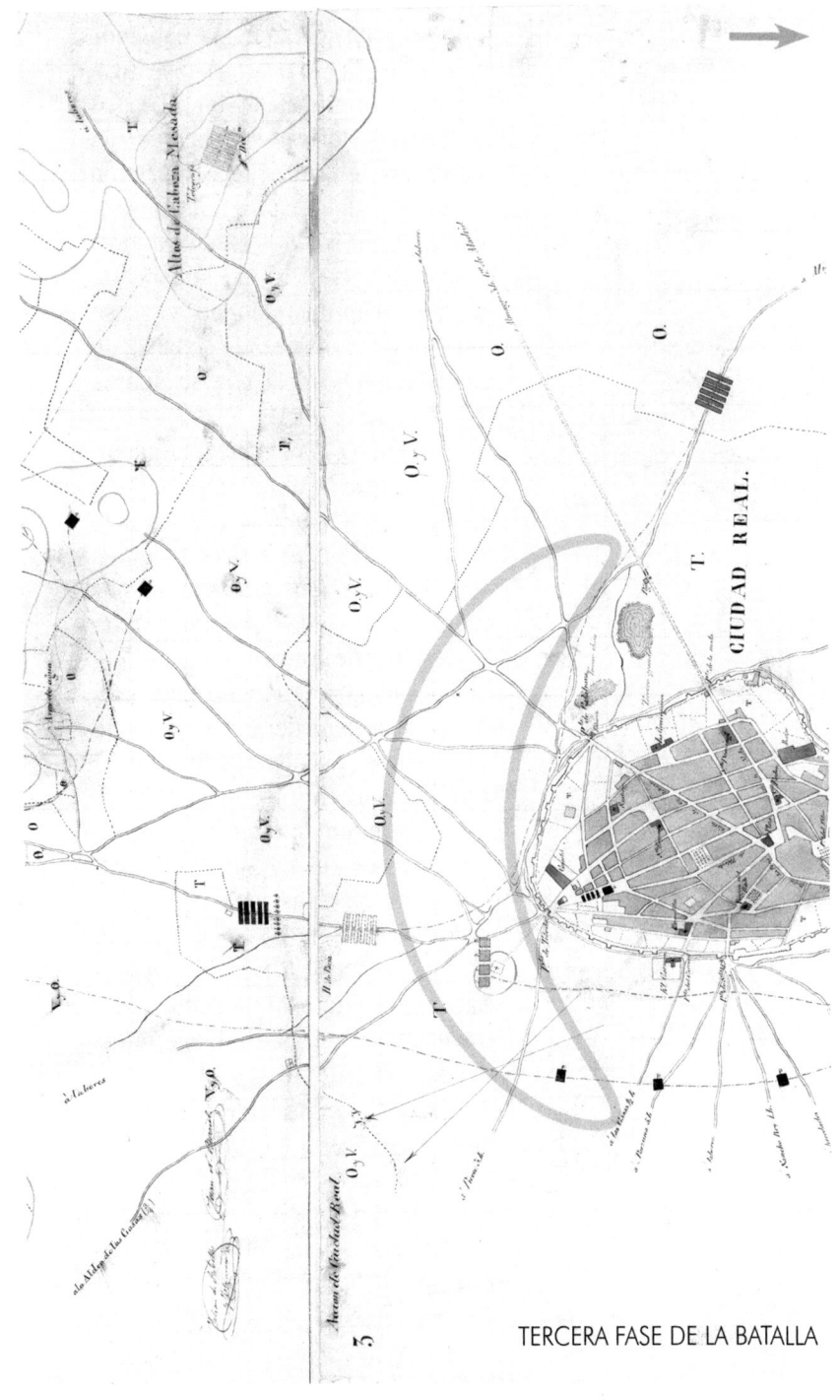

CIUDAD REAL.

TERCERA FASE DE LA BATALLA

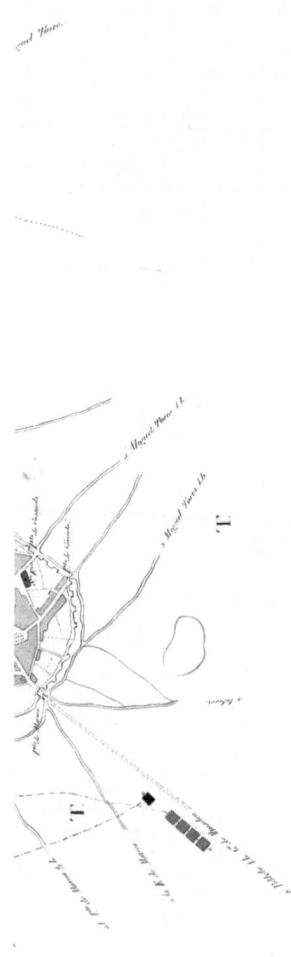

El profesor Cayuela, habiendo realizado la oportuna investigación y comprobación en diversos archivos históricos señala que «en la acción de Ciudad Real murieron aproximadamente 988 paisanos varones, 2.210 soldados, 245 mujeres y 108 niños...», lo que supone un ataque desproporcionado y acaso pueda ser considerado «abuso de poder napoleónico por la fuerza bruta...».

Comenta, así mismo, Agustín Príncipe que la tropa emprendió la huida. Y que, mientras tanto, el acoso de los franceses perseguidores iban produciendo, poco a poco, más pérdidas de soldados y captura de materiales de guerra, como «otros cinco cañones y setenta carros, y haciéndose considerable número de prisioneros...». El derrotado ejército de Cartaojal continuó hacia las posiciones que tenían los españoles en las estribaciones de Sierra Morena, «a cuyas asperezas se dirigieron las reliquias del ejército de La Mancha, juntándose poco a poco en Despeñaperros y puntos inmediatos, y estableciéndose en Santa Elena nuestro cuartel general».

Así, uno de los objetivos provisionales, el avance hacia el sur del ejército francés, se fue cumpliendo. No obstante, en principio, el Cuarto Cuerpo de l'armée d'Espagne a las órdenes de Sebastiani, en el centro de la península, no pasó de Santa

Cruz de Mudela tras la victoria lograda en torno a Ciudad Real y continuaron acantonados en diversos pueblos de La Mancha, esencialmente protegiendo las comunicaciones norte-sur, incluso controlando el camino entre el este y el oeste de la submeseta.

Alguna fuente francesa destaca que la pérdida de efectivos galos fue insignificante, y prosigue relatando la persecución a que sometieron al ejército español en su desbandada hacia el sur.

¿Un segundo ámbito en la batalla de Ciudad Real?
El 28 de marzo en la falda de la Sierra Morena

¿Tuvo la batalla de Ciudad Real una continuación, una segunda parte, al sur de la provincia, en torno a Santa Cruz de Mudela? Posiblemente, sí; o mejor se podría decir directamente: ¡sí!

Ese 28 de marzo llegaron a Santa Cruz de Mudela las unidades del ejército español que iban camino de Sierra Morena. En teoría el escuadrón de caballería cubría la retirada del Cuerpo de Infantería, y allí hizo demostración, a vistas del enemigo, de estar preparándose para un ataque. El general Sebastiani lanzó sobre ella a la vanguardia de los lanceros polacos y los húsares holandeses, alejando a la caballería hispana cuando intentaba reorganizarse.

Esta acción bélica pensamos que podría considerarse una prolongación del combate del día anterior en Ciudad Real, dado que son los mismos contendientes al día siguiente, tras una persecución hacia una zona próxima, y con el resultado final, apetecido por el ejército francés, de controlar la zona de La Mancha, habiendo alcanzado el objetivo planteado por sus gobernantes desde Madrid de dejar expedito el camino hacia «las Andalucías». Y, ¿por qué decimos que podría considerarse como continuidad del enfrentamiento de Sebastiani y Cartaojal que se dio en torno a Ciudad Real el día anterior? Pues porque en la información que ofrece Du Casse, se presentan la coincidencia en datos y números, señalados por Agustín Príncipe, soldados muertos, heridos y apresados, así como el botín capturado. La expedición del general Sebastiani pretendía derrotar al ejército de Cartojal y obligarle a dejar un espacio libre para que un cuerpo de ejército pudiera proteger las zonas de Córdoba y Jaén. De manera que este último general estableciera un cuartel general en la localidad Santa Cruz de Mudela.

Tras un segundo ataque con los regimientos 12 y 16 de dragones, y vuelto a derrotar el ejército de La Mancha fueron apresados más de mil hombres, entre los cuales había 35 oficiales. De modo que estos dos días de campaña costaron más de 3.000 prisioneros y se abandonó a 800 heridos y enfermos en los hospitales de campaña, según algunas fuentes francesas. Se tomaron, además, cuatro cañones, once cajas de munición, sesenta carruajes, dos cofres de regimiento con pertrechos y materiales militares, grandes provisiones de grano para el mantenimiento de la tropa y de los animales, armas y otros efectos de guerra, culminando Du Casse su narración diciendo que este botín fue «fruto de estas brillantes acciones»[8].

Tal vez deberíamos preguntar a los que denominaron este evento bélico como «acción»: ¿en verdad que lo de Ciudad Real fue solamente una «acción bélica» sin trascendencia?, ¿con más de 3.000 prisioneros?, ¿con cerca de 2.000 muertos?, ¿con un botín para los franceses de más de una docena de cañones, 23 cajones de munición, más de setenta carruajes, además de otras provisiones y armas?, ¿con el cese fulminante de su comandante en jefe?, ¿fue solamente una pequeña «acción» o tuvo la importancia que le dan las fuentes francesas?

En la descripción que hizo Kozlowski de estas acciones en el sur de la provincia de La Mancha, escribió que era indispensable conquistar la capital para lograr el abastecimiento de las tropas y arrebatar al enemigo una rica provincia. La caballería francesa, entre los que se hallaban los lanceros polacos, persiguieron hasta las estribaciones de la sierra a los huidos, por el camino tomaron prisioneros a unos cientos más, junto con varios cajones de munición y cañones. La infantería, como se ha relatado, partió tras la caballería hacia Santa Cruz de Mudela y el Visillo (Almuradiel), al pie de Sierra Morena. En este pueblo y sus proximidades permanecieron acampados varios días mientras las compañías de *voltigeurs*, bajo el mando de Sebastiani y Valence, observaban el campamento español a distancia para el reconocimiento de la posición de los enemigos[9].

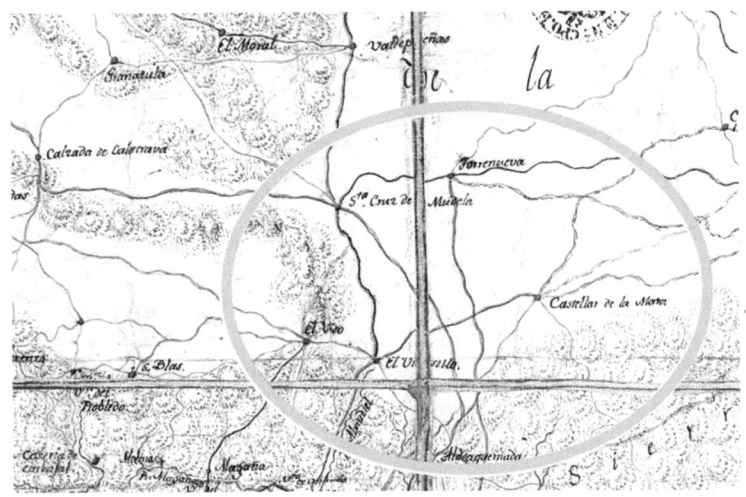

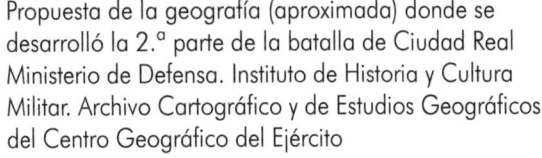

Propuesta de la geografía (aproximada) donde se desarrolló la 2.ª parte de la batalla de Ciudad Real Ministerio de Defensa. Instituto de Historia y Cultura Militar. Archivo Cartográfico y de Estudios Geográficos del Centro Geográfico del Ejército

Sebastiani lograba algunas ventajas asentado en diversas localidades, entre las que se hallaba Ciudad Real. Dominaba la ciudad pero no el campo.

En 1811, ya avanzada la invasión, tomamos las palabras de los profesores Bahamonde y Martínez, el ejército francés había conquistado gran parte del territorio peninsular, «lo que no significaba ni dominarlo ni controlarlo, se trataba de una operación en precario...».

Voltigeur d'infanterie de ligne, 1812.

Vae Victis[10]: se apagó el ejército de La Mancha.
Cartaojal destituido

¡Ay de los vencidos! Y, precisamente, eso fue lo que sucedió con José Urbina, III conde de Cartaojal, que fue vencido. Por esta derrota, fue severamente reprendido y cesado de manera fulminante en el cargo. A esa supuesta ineptitud, según algunas fuentes, había que unir el descuido y la negligencia de algunos jefes y oficiales que si bien consideraron necesario mantener las posiciones logradas, abandonaron los puestos cuando ya se había advertido el aprieto de mantener la defensa frente al ejército francés. Muchos argumentos se emplearon, de forma un tanto arbitraria, para justificar la privación del mando a Cartaojal.

> Puede que la historia toda de esta revolución no vuelva a presentar un pasaje semejante a este en que un ejército tan crecido, robusto y disciplinado haya sido batido en un instante, sin preceder acción ninguna general, sin saber una división lo que la contigua obraba, y estando todas en expectativa del resultado de la que se batía en Ciudad-Real, sin órdenes para auxiliarla, o a lo menos estas se ocultaban por los jefes subalternos. Nadie hasta ahora ha podido adivinar la causa que produjo este escandaloso descalabro, que hubiera sido a la inversa, y se habrían sacado ventajas muy felices y considerables, si la operación hubiera sido manejada por una cabeza más hábil y experimentada. Cerciorado el gobierno de este tan desastroso resultado privó del mando del arruinado ejército a Cartaojal, poniéndole bajo las órdenes de Venegas, que debería obrar bajo de las del General en jefe de Extremadura D. Gregorio de la Cuesta... (P. Maestro)

Otra voz se alza contra los errores que, en este hecho bélico, cometieron los mandos españoles. Gómez Arteche, en diversos párrafos de su escrito pone al ejército español de vuelta y media, habla de ineptitud, los tacha, en ocasiones, de cobardes, carentes de disciplina y espíritu militar: «... se entregaban a una retirada prematura y atropellada... No creemos, por falsa, la versión francesa aun cuando en el fondo resulta menos triste la conducta de nuestros compatriotas...».

Una cabeza de turco

Uno de los errores que posiblemente sí debieran ser imputables a Cartaojal, habiendo que hacerlo extensivo a los mandos y al resto de los componentes del ejército, podría ser creerse superiores en número y en capacidad, menospreciando el número de soldados enemigos pues, en el ejército español, «estaban persuadidos de la inferioridad del ejército de Sebastiani y confiaban en la superioridad de sus fuerzas». Pero, al percatarse de la inacción de los jefes hispanos, que no se procedió al ataque, las autoridades militares irritadas cesaron al general en jefe, José Urbina.

Cartaojal fue el chivo expiatorio, fue la cabeza de turco de la pésima estrategia que el ejército español venía desarrollando desde el comienzo de la ocupación. Pues, hubo otros mandos, con errores similares e incluso mayores, que no pagaron por ellos, no fueron ni responsabilizados ni castigados, como en los casos del general Areizaga (sustituto de Cartaojal) y del duque de Alburquerque.

José Miguel de la Cueva y de la Cerda, duque de Alburquerque, fue destituido del mando del ejército del centro, que pasó a ser responsabilidad de José Urbina, conde de Cartajojal. Pero el duque de Alburquerque, al poco tiempo, en el mes de marzo, fue condecorado, a pesar de sus equivocaciones tácticas en el centro de la meseta sur y tierras de La Mancha. Contaba con el apoyo de los británicos y fue promocionado por Wellesley ante la Junta Central en detrimento de otros generales.

Juan Carlos Areizaga Alduncín, gracias a la ascendencia del clan Palafox, según las fuentes «sin hacerse una idea de qué ejército mandaba, ni de conocer sus mandos divisionarios y del estado mayor, tuvo que ponerse al frente de la mayor fuerza reunida hasta la fecha (el ejército del centro del derrotado de Cartaojal) y marchar al campo de combate en menos de una semana. Y como cabía esperar, la devastación fue completa...», un pequeño balance: entre cuatro mil y cinco mil muertos; unos trece mil prisioneros; cuarenta cañones, munición y pertrechos capturados.

De la importancia de Ciudad Real,
de la batalla y de la derrota

¿Por qué las autoridades militares españolas, a lo largo del siglo XIX, no dieron a la «acción» de Ciudad Real la importancia que sí le otorgaron los estrategas franceses?, ¿tal vez por no considerar el error cometido por las armas de Cartaojal en la estrategia de defensa de Ciudad Real?

No sabemos si los mandos españoles se avergonzaron de la derrota en la batalla de Ciudad Real, pero lo cierto es que indagando en el hecho, se pueden encontrar «silencios escandalosos» y expresiones que dan a este acontecimiento una magnitud que inmediatamente se ocultó, pero que muestran la inquietud y la turbación por la pérdida de un territorio conveniente para el control de la comunicaciones en el eje que va desde Madrid a «las Andalucías».

En este sentido, recordemos que el marqués de las Amarillas[11], a este evento lo denominó como un momento infortunado, una ridícula derrota cerca de Ciudad Real, la grotesca «acción de Ciudad Real». La ineptitud de los que dirigieron el ataque y la cobardía de los que obedecieron fueron las cualidades que triunfaron aquellos aciagos días.

Los mandos militares de l'armée d'Espagne consideraron la necesidad de control de la zona como punto estratégico importante en las comunicaciones. Aspecto que los estrategas militares hispanos no tuvieron en cuenta, o no consideraron suficientemente para la trascendencia de la zona de La Mancha. De ahí tal vez, no solamente el error operativo, sino, además, el recurso al término «acción» para un suceso que, a nuestro modo de ver, fue una interesante y notable batalla dentro del conjunto de la Guerra de la Independencia de España.

En la correspondencia de los días posteriores a la batalla, concretamente el día 28 de marzo, el rey José dice al emperador que piensa que el general Sebastiani ha tomado Ciudad Real, aunque lo que muestra es más un deseo que una certeza confirmada, que ya era verdad, el general había conquistado e invadido Ciudad Real y acantonado la tropa en la Casa de la Misericordia. El optimismo del rey era evidente, pues su esperanza era grande en la ocupación de esta ciudad. Así, escribió Gómez Arteche que el día 31 de marzo, todavía sin conocer a ciencia cierta la toma de Ciudad Real, comunicó a Napoleón que «el general Sebastiani y los polacos (se refiere al regimiento de lanceros del Vístula) marchan sobre Ciudad Real para hacer retroceder al enemigo y atacarlo en línea...».

Son numerosas las fuentes y estudios que informan acerca de la importancia de las comunicaciones que logró dominar Sebastiani en la derrota española de Ciudad Real. De este modo, Rocca en sus memorias de la guerra amplió el ámbito territorial extendiéndolo desde Toledo a Sierra Morena, con numerosas tropas acantonadas entre las riberas de los ríos Tajo y Guadiana.

Hay también opiniones que restan significación a la batalla, así escribió Gómez Arteche que, a pesar de algún historiador que dio importancia estratégica a Ciudad Real, no podía tener mucho valor, pues sus escasas carreteras y deficientes comunicaciones no llevaban a ningún lugar destacado ni interesante. No se estimaba la ofensiva sobre esta ciudad de suficiente valor para impedir o hacer peligroso el tránsito por la carretera general de Madrid a Andalucía. La verdadera importancia está, según Gómez Arteche, en la necesidad de la defensa de la vía principal, que estaba alejada de la capital de la provincia. Para este autor, los franceses describieron aquella batalla «con la fantasía que los empuja a dar proporciones y, sobre todo, carácter "artístico-militar" a las acciones menos reñidas».

Otros autores hispanos lo designan «suceso, mal llamado acción de Ciudad Real»; o sea, incluso menos que acción, un suceso que cogió desprevenido al conde de Cartaojal, causándole sorpresa y asombro, que no se lo esperaba, aunque debiera estar previsto. También se dice que los franceses lo pintan con presunción, inventiva y fantasía, como se ha indicado. Y no tenemos más remedio que preguntarnos: ¿es, acaso, poco reñida una acción bélica que ha ocasionado en uno de los ejércitos enfrentados cerca de 1.500 muertos y más de 3.000 prisioneros?

La situación estratégica de la capital, en la vía de comunicación hacia el sur, hacía que los habitantes de esta ciudad conocieran la evolución de la guerra. De forma que supieron sobre la resistencia de la ciudad de Toledo a dar asilo a las tropas del general Thomas en su camino hacia Andalucía, el 21 de abril de

1808, o de la rendición de Madrid ante el propio Napoleón el 4 de diciembre de 1808.

En este sentido hay que resaltar que la fuente de información más activa en toda la geografía manchega fueron las diversas partidas de guerrilleros que con tenacidad luchaban contra el invasor. Así, para el control de esta ruta escribe el profesor Cayuela que «... el extenso territorio manchego... se habría de convertir en un inmenso campo de batalla...». Sobre el territorio manchego y los movimientos militares que originó el imperio continúa diciendo Cayuela que La Mancha estaba inmersa en el «nuevo orden napoleónico... que abarcaba... desde el Vístula en Polonia al límite de Cádiz en la península ibérica... La Mancha y el territorio almagreño sufrirían, de manera abierta, las mismas consecuencias que Polonia y la frontera rusa...».

Otra contribución que resta importancia a la batalla de Ciudad Real, tal vez próxima a una justificación de las posiciones del ejército español en el siglo XIX, y que no da relevancia a lo que supuso la pérdida del dominio del centro de la meseta y la privación del control de esta parte la península, es la que expresa Calvo Albero cuando escribe:

> La denominada batalla de Ciudad Real fue en realidad una acción de retaguardia, pues el ejército de La Mancha se replegó hacia Despeñaperros. Pero en los combates y en la posterior retirada, muy dificultadas por las lluvias torrenciales, Cartaojal perdió entre 3.000 y 4.000 efectivos...

Este autor ha asumido las conclusiones de las fuentes decimonónicas españolas, tal vez sin contrastar las fuentes enemigas (las francesas, polacas o alemanas), o las memorias de los propios testigos de los eventos. No ponemos en tela de juicio su investigación ni sus estudios, sino algunas de sus conclusiones:

- –¿Acción de retaguardia, cuando el general Sebastiani tenía órdenes expresas de controlar La Mancha y permitir la comunicación norte-sur entre Madrid y Andalucía, incluso este-oeste, Portugal por Extremadura y Levante?
- –¿Se replegaba Cartaojal hacia el sur, a Sierra Morena, cuando su ejército era el de La Mancha?, ¿a defender el sur de la llegada de los franceses que venían por el norte?

Soldados polacos de la Legión Polaca de Napoleón, regimiento Vístula.
Laurent de L`Ardeche, *Historia de Napoleón*, 1843.
Ilustración de Bellange

–Tal cantidad de bajas, por cierto no se especifican muertos, heridos, apresados, cuando otras fuentes, incluso españolas sí lo indican, ¿fueron causadas por las lluvias torrenciales y no tanto por las balas enemigas? No sabríamos bien que pensar de esta idea.

Una última consideración acerca del asunto de la trascendencia de la batalla de Ciudad Real: ¿acaso el ejército francés consideraba esta ciudad más importante de lo que el propio ejército español tenía en cuenta? Posiblemente sí, porque según se desprende de la memoria de Du Casse, esta ciudad y su área colindante «es un asunto demasiado importante», y piden a las autoridades militares verificación de los informes antes de hacer movimientos arriesgados en la zona y expresan que perder el control sería algo desastroso para su ejército y para las comunicaciones, tanto entre el norte y el sur como entre el este y el oeste. Por estos motivos se vigilaba de manera especial el emplazamiento del ejército inglés en Extremadura y el «movimiento del ejército español sobre Ciudad Real...». De forma que «Su Majestad espera información más precisa antes de tomar una decisión», pues el incumplimiento de algunas órdenes, debido a contrariedades de la guerra, habían «comprometido la seguridad de las comunicaciones. Su Majestad me da instrucciones para que le renueve que sus intenciones son que se establezca una línea de postas desde Talavera hasta Santa Cruz...».

Entre los motivos que justificaban la apropiación de este amplio espacio entre el río Tajo y Sierra Morena, asentando al 4.º Cuerpo del Ejército galo en la localidad de Ciudad Real, cuenta Gómez Arteche que el ejército español ya vio la posibilidad, y aunque

> ... podría convenir un cuerpo de tropas destacado para amenazar el flanco derecho de los enemigos... tendría siempre expedita su salida por el camino de Córdoba, llamado de la Plata, y los de Extremadura... establecer allí el grueso de las tropas, el cuartel general sobre todo , era el mayor de los errores en un general que, como el conde de Cartaojal tenía la misión de cerrar al enemigo las entradas a la vasta región del Guadalquivir...

Tal vez se podrían desautorizar las acciones de Cartaojal, pero, por algún motivo, vio interesante que la jefatura y el acuartelamiento de su tropa se ubicasen en la ciudad. Es posible que estuviera equivocado con la estrategia, sin embargo alguna ventaja encontraría en el hecho de asentar sus reales en esta población.

El general francés Horace Sebatiani de la Porta

De la importancia de Ciudad Real,
de la batalla y de la derrota

Después del fragor del combate de los días 26, 27 y 28 de marzo
y, habiendo ahuyentado al ejército hispano a las estribaciones de
Sierra Morena, es reclamado por los soldados un lugar y un tiempo de descanso, así describe Jozef Kozlowski la situación, pues

habiendo pasado la división polaca varios días al pie de las montañas se retiró a Almagro y después a Manzanares... los lanceros polacos del Vístula estaban en Valdepeñas. En el centro de la provincia, según sus criterios cartográficos, estaba la caballería francesa en Ciudad Real, y su ala izquierda en Membrilla y Solana. Nuestra posición militar estaba a ocho millas de las montañas de Sierra Morena. Desde Manzanares se enviaban pequeñas unidades de infantería a Toledo para comunicarse con otras fuerzas.

La vigilancia y la inspección no dejaron de ejercerse cada día, de forma que mientras se mantuvo la posición defensiva de la línea había continuos movimientos y rondas de supervisión y alertas, por ejemplo los *voltigeurs* salían a lo largo de rutas específicas desde pasada la medianoche hasta el amanecer, las otras compañías del regimiento también solían mantener puestos avanzados, pero solo en pueblos bajo nuestro control y dentro del alcance de nuestras líneas. Permanecimos en esta posición dos meses después de la batalla de Ciudad Real. Se promovían marchas extendiendo por el territorio las fuerzas para llegar a diversas poblaciones. Kowlowski explica que en un momento dado fue el propio rey, visitando las tierras de La Mancha, quien «dirigió personalmente la expedición, pero no nos encontramos con el enemigo».

Resultado de las armas:
invasión y ocupación de La Mancha

En la provincia de La Mancha, tras las derrotas de Cartaojal y Areizaga, y ante la escasa eficacia en la reorganización del ejército hispano, l'armée d'Espagne controló el centro de la meseta, para así acceder más fácilmente a la región de Andalucía, de forma que:

> ... la estrategia general preveía tres grandes columnas que debían partir desde el corazón de la Mancha: por la parte derecha, el I Cuerpo del mariscal Claude-Victor Perrin, duque de Belluno, debía avanzar desde Almadén hasta Santa Eufemia y Belalcazar, mientras que el V Cuerpo del mariscal Edourard Mortier, duque de Treviso, reunido en Santa Cruz de Mudela, haría lo propio por

el camino real hasta Sevilla, seguido por la izquierda y desde Villanueva de los Infantes por la tercera columna formada por el IV Cuerpo del general Horace-Françoise-Bastien Sebastiani...[12]. (Marabel Matos)

Finalizada la batalla de Ciudad Real, cuando el general Sebastiani y sus fuerzas pudieron extender su dominio a lo largo de las poblaciones de la llanura manchega, ya estableciera su cuartel general en Daimiel o ya la administración militar en Almagro, o despuntara Manzanares con centros administrativos josefinos, el vaivén de tropas galas por la provincia propició en el municipio de Ciudad Real un constante desasosiego de sus habitantes, debido a la persistente presencia de soldados enemigos en la localidad y el continuo desplazamiento de unas ciudades a otras para asegurar las comunicaciones o para el abastecimiento del numeroso contingente militar.

El análisis de la documentación capturada al ejército francés en su desbandada al final de la guerra, permitió conocer y estudiar con todo detalle los pueblos que fueron ocupados por los invasores y el número de efectivos estacionados en La Mancha. En la provincia: 1 Manzanares, 2 Daimiel, 3 Villarrubia, 4 Infantes, 5 Puerto Lapiche (sic), 6 Consuegra, 7 La Membrilla, 8 La Solana, 9 La Consolación, 10 Valdepeñas, 11 Santa Cruz, 12 El Visilio (sic), 13 La Venta de Cárdenas, 14 Santa Helena (sic), 15 Almagro, 16 Ciudad Real.

Apunta el documento la ubicación y los efectivos ocupantes: El Regimiento de Nassau, con 1.129 hombres; el Regimiento de Fráncfort, con 569 soldados; una parte del Regimiento de Baden, sin especificar número, pues el grueso de este grupo estaba en tierras de Toledo; dos escuadrones del 13.º Regimiento de Dragones, con 248 hombres. Aunque estos números no serían el total, pues hay que añadir la caballería ligera y la infantería de línea del 123 Regimiento.

Todas estas unidades pertenecían, mayoritariamente, a las tropas de la Confederación del Rhin, que era un grupo de estados alemanes agregados por Napoleón al imperio francés, formado por más de 60.000 soldados que pasaron a formar parte no solamente de la Grande Armée en la ocupación napoleónica de

Detalle del mapa del distrito central con indicaciones de los puntos ocupados por las tropas imperiales, aliadas o españolas (ver página 71 de este libro). Ministerio de Defensa. Instituto de Historia y Cultura Militar. Archivo Cartográfico y de Estudios Geográficos del Centro Geográfico del Ejército

Europa sino, además, de l'armée d'Espagne, y participaron en la invasión de La Mancha.

El desglose que obtenemos del estudio de este documento es de 3.976 hombres, repartidos en los siguientes números: 185 jefes y oficiales, 3.086 soldados con sus respectivos suboficiales y 705 a caballo.

Invasión de la ciudad,
la entrada y ocupación

Tras el encuentro en las inmediaciones de la capital, aquel día 27 de marzo, Lunes Santo, en el comienzo de la Semana Santa de 1809, las tropas francesas próximas la ciudad batieron con fuego de artillería la muralla y asaltaron las puertas de entrada a la villa: la de Toledo, la de Calatrava y la de Granada. Hacia el mediodía fueron ocupando, poco a poco, la localidad por diversas calles, «... tiro a tiro y cuerpo a cuerpo... desde la puerta de Toledo y la calle de los Reyes a la calle del Camarín...» . El general Sebastiani, al hacer recuento de sus hazañas en la tierra manchega, muestra en sus textos toda esta actividad bélica «... como una clara "acción triunfante"...» (Cayuela).

El regimiento de los húsares de Holanda entraba al mediodía. El coronel D'Alkemade, aunque herido, tomó la plaza y el título de comandante de la misma. Algunos de los vecinos habían huido al campo. Los que, sin remedio, quedaron, demandarían clemencia a los invasores más que organizar la defensa; se nombrarían representantes que, supliendo a las autoridades y cargos públicos ausentes, pudieran pedir compasión para los habitantes que quedaban en la ciudad.

Pero hay algo más. La narrativa hispana viene marcada por otros motivos, por los que no se le ha dado la suficiente relevancia a la derrota de Ciudad Real, entre ellos, que tras el hecho hubo un considerable número de desertores, soldados que escondidos en la casa familiar o camuflados fueron desilusión de los ideales patrios. La paradoja: las penas a los desertores ricos se salvaban con una multa de 500 ducados, mientras que los menos afortunados afrontaban cuatro años de prisión.

Si bien es cierto que la batalla de Ciudad Real no se asemeja a otros heroicos encuentros bélicos de esta guerra, sí se puede señalar que, de alguna manera, se resistió a la invasión francesa con un gran sacrificio, como en el resto del país. Además señalan las propias fuentes francesas que una batalla como esta sería suficiente motivo para rendir todo el territorio nacional. Escribió el profesor Espadas, citando al general Jourdan en el libro de memorias de Julián Alonso, que la batalla de Medellín y la derrota de Ciudad Real hubieran propagado el pánico por España, pero ocurrió algo distinto: «Cuanto mayor fue el revés sufrido por sus ejércitos, más dispuestas se mostraron las poblaciones a sublevarse y tomar las armas...».

NOTAS Capítulo 3

1 *After this skirmish involving our cavalry we went to Consuegra, and from there towards Ciudad Real, the capital of the Mancha Province, which lies within a distance of two short marches north of the Sierra Morena mountains range protecting Andalucia. The Spaniards deployed their troops along these mountains and, having concentrated their strength there, prepared (by taking advantage of the defensive position of the place) to resist any French advance through the fortified mountains. In Ciudad Real and the surrounding area, they had 20.000 troops under General Cartaojal, which we considered to be but the vanguard of their forces, concealed by the inaccessible mountains.*

2 También fue príncipe y director del Museo del Prado entre 1820 y 1823; y, posteriormente, Capitán General de la isla de Cuba.

3 El general Sebastiani era muy bien considerado por el propio emperador. Así se desprende de alguna de las misivas que Napoleón envió a su hermano José, en las que aconsejaba, además de la necesidad de controlar la zona de La Mancha, «cuidar» mucho la tropa mandada por este general francés, expresándole que eran las mejores tropas para la defensa de su proyecto.

4 Este regimiento fue movilizado de nuevo a finales de 1808, el 24 de noviembre, como señala Golderos en 2020.

5 Estos pasajes que acabamos de leer en las palabras de Gómez son recreados por el cronista Antonio Ballester en su artículo «Domingo de ramos de 1809: los franceses *ad portas*», cuando escribió:

El 26 de marzo de 1809... aquel Domingo de Ramos... el día era lluvioso y frío; caía aguanieve... el enemigo estaba próximo... La confusión y la consternación fueron grandes; los fieles empezaron a abandonar los oficios... En la calle el clarín tocaba generala y los jefes y oficiales del ejército, sable en mano reunían a la tropa para formarla en la Puerta de Toledo. Los paisanos, temerosos, pensaban en la huida al campo y vacilaban por el estado del tiempo; los enfermos y ancianos de la familia, las cosas que habían de llevarse; los criados no acertaban a preparar los carruajes... El ruido del cañón se oía constantemente en la ciudad. Esta aprovisionó abundante y largamente a la tropa. Cada media hora las Guardas del Tabaco* traían un parte al general...

(* En el siglo XVIII las guardas del tabaco eran los encargados de la vigilancia de los caminos para impedir que los contrabandistas de cigarros y rape desarrollaran su actividad).

6 Tren es la unidad compuesta por los medios de transporte, por ejemplo el tren de municionamiento, el tren de víveres y bagaje o equipaje. Normalmente van en columnas de carros o acémilas.

7 [Ar.E-T.8-C.4-235]. Las zonas resaltadas, no figuran como tal en el plano, han sido colocadas por nosotros.

8 *Le lendemain, les débris du corps espagnol furent atteints à Santa-Cruz, sur la route de la Sierra-Morena. La cavalerie, qui couvrait la fuite de l'infanterie, fit quelques démonstrations qui semblaient indiquer qu'elle se disposait à charger ; mais le général Sébastiani ne lui en donna pas le temps : s'élançant sur elle, à la tête des lanciers polonais et des hussards hollandais, il la rejeta sur sa seconde ligne, où elle se reforma. Chargée une seconde fois par les 12e et 16e dragons, elle éprouva la déroute la plus complète, et fut poursuivie pendant trois lieues. Plus de mille hommes, parmi lesquels 35 officiers, tombèrent au pouvoir de Sébastiani; en sorte que ces deux journées coûtèrent plus de 3 mille prisonniers aux Espagnols, qui nous abandonnèrent en outre 800 malades ou blessés trouvés dans les hôpitaux. 4 pièces de canon, 11 caissons, 60 voitures, 2 caisses de régiment, des magasins considérables de blé, d'armes et d'effets d'équipement, furent les fruits de ces brillantes actions. L'expédition du général Sébastiani n'avait pas uniquement pour but de battre l'armée de Cartojal, mais aussi d'obliger les Espagnols à laisser un corps d'armée dans la Sierra-Morena pour couvrir Cordoue et Jaen, et les empêcher de diriger toutes leurs forces contre le 1er corps. Le général établit son quartier général à Santa-Cruz, et fit plusieurs démonstrations, dans le but de donner à l'ennemi de l'inquiétude pour l'Andalousie.*

9 *They thought, too, that it was necessary to retain the capital of the Mancha Province in their power so that they could supply their troops in the mountains, and prevent the enemy from getting any food from this rich province. To frustrate them, our Polish and*

French divisions, approaching Ciudad Real separately, came befo-
re the city occupied by a strong Spanish garrison. They were wai-
ting for us and greeted us with their cannons. However, unable to
withstand our obstinacy, , after a brief resistance, they lost a few
hundred of their men killed and wounded, and retreated in rather
good order to the Sierra Morena mountains. The French cavalry-
men, and with them the Polish lancers chased them to the foothills
and took a few hundred more prisoner, along with several am-
munition caissons and some guns that they were unable to save.
And we, the infantry, set off after the cavalry and passed through
Santa Cruz to El Visillo, a village that lies under the mountains
of the Sierra Morena. In this village and surrounding area we
remained camped for a few days whilst the Polish companies of
voltigeurs, under the overall divisional command of generals Se-
bastiani and Valence, approached the Spanish encampment to
the distance of a cannon shoot, for the purpose of reconnoitring
the enemy position.

10 *Vae victis*: ¡Ay de los vencidos! Locución para expresar la indefensión de los derrotados en alguna causa (Dicc. RAE).

11 Agustín Girón y las Casas, marqués de las Amarillas, duque
de Ahumada, a la sazón liberal moderado.

12 Rafael Menacho, el general que cambió el rumbo de la Guerra
de la Independencia en Extremadura.

Defensa de casas y edificios. La Guerra de la Independencia, Tomo 2,
(1846). Miguel Agustín Príncipe. BNE

4 La invasión
La vida entre asaltantes y ciudadrealeños

Las gentes de clase media oían misa diaria, rezaban el rosario
entero todas las noches y trisagio[1] tres veces a la semana, y
confesaban todos los sábados...
(Rodríguez-Solís. *Los guerrilleros 1808*; tomo I)

En el momento de la llegada de los galos a la ciudad según el estudio de Golderos, *La batalla de Ciudad Real*, quedaban como representantes del Ayuntamiento «... los regidores D. José Torres y D. Ramón Muñoz, los diputados D. J.A. Aguilera, D. Antonio Toral y D. José Hidalgo, el presidente síndico D. Jerónimo Alcázar y los jurados D. Francisco Sabariegos y D. Julián García....» pues, los demás miembros del concejo municipal habían huido a esconderse en los montes.

De la memoria de un soldados francés, en su recorrido bélico por la península, Farias escribió sobre el apoyo de parte de la población española, y por otro, la actitud contraria, pues había sufrido la animadversión y la enemistad en lugar de la alianza. La primera intención del ejército galo era impresionar al pueblo con «su aspecto marcial y alegre música... y su pompa guerrera», pero «había tanta admiración hacia nosotros (los soldados franceses) como censura para su Gobierno». Sin descartar, por supuesto, la fascinación hacia el emperador.

Farias, que hubo autores que sí atisbaron las intenciones de Napoleón y también las diferentes actitudes del pueblo español. El vice-almirante barón de Grivel en sus *Memoires...* vio como una «serena indiferencia la traición brutal de la Invasión...»; el general Jean Baptiste Marbot, advirtió que «la conducta de Napoleón era bastante para destruir todas las ilusiones». Posiblemente, el pueblo acogió a los franceses «como aliados sinceros», no se tubo conciencia de que se habían abierto las puertas al enemigo, ni el gobierno borbón vislumbró ningún peligro, «aunque su presencia debía excitar las imaginaciones prevenidas...».

Según este autor, también encontraron calma los militares franceses, en ocasiones; a veces, hallaron desdén; pero también fascinación. Mientras tanto los militares españoles reconocían su inferioridad. Mas, en el pueblo, de manera habitual «era tan grande el descontento contra lo existente que, probablemente, los más debían pensar que lo que viniera, por malo que fuese, nunca sería peor que lo que tenían ya». En la memoria que escribió Paul Charles Dieudonné Thiebault se lee: «había tanta admiración hacia nosotros como censura para su Gobierno. Nadie podía imaginar la suerte horrible que Dios tenía reservada a España. Muchos admiraban a Napoleón por distintos motivos ...».

Según vayamos caminando por el relato de aquel tiempo, en las calles de Ciudad Real, se traerán a la memoria de manera recurrente las palabras del profesor Cayuela cuando escribe que los soldados franceses avanzaron «*rua* a *rua*, tiro a tiro y cuerpo a cuerpo...». Aunque hay que advertir que, en ocasiones, la narración de los hechos difiere de una a otra fuente, pues también nos encontramos no la resistencia sino la colaboración.

La invasión de la ciudad y el gobierno,
¿o los gobiernos?

Posiblemente, Napoleón conoció los escritos del general chino y teórico de la guerra Sun Tzu que, en siglo VI a.C., escribió su tratado *El arte de la guerra*; cuando dijo que, en una invasión, cuanto más se van ocupando las tierras, más fuertes son los invasores, hasta tal punto que ni el gobierno legítimo de aquel territorio puede expulsarles.

Tal vez sea así. Si consideramos que el gobierno español estaba acorralado en Cádiz, ¿quién fue el protagonista que manejó los hilos para derrotar, al fin, a Napoleón? Fue el pueblo, obviamente, con la ayuda que le prestó el heterogéneo ejército aliado: ingleses, portugueses y españoles.

Solo hubo una ciudad que permaneció ajena a la invasión francesa, Cádiz, la urbe que acogió a los primeros diputados de la era liberal que discutieron y aprobaron la Constitución doceañista. En el otro extremo, Barcelona sufrió los avatares de una ocupación

División departamental de Cataluña.
Guía de los escenarios de la Guerra del Francés en Cataluña

constante del invasor desde el inicio hasta el final de la guerra. Fue capital de un nuevo departamento francés, junto a otros tres en que se dividió el Principado de Cataluña, entre enero de 1812 y mayo de 1814. Las otras ciudades, en función de su posición geoestratégica, se vieron sometidas a idas y venidas constantes de los ejércitos napoleónicos e hispano-inglés-portugués, y a sufrir estancias más o menos prolongadas. Algunas estuvieron relativamente sosegadas e incluso encantadas con el invasor. (Rubí i Casals)

El territorio catalán pasó a formar parte del imperio napoleónico en enero de 1812. Desde París fue organizado en cuatro departamentos siguiendo el modelo administrativo galo: Departamento del Ter, para cuya capital fue designada Girona; Departamento del Segre, con capital en la localidad pirenaica de Puigcerdà; Departamento de Montserrat, al frente del que estaría la ciudad de Barcelona; y, por último, el Departamento de las Bocas del Ebro, refiriéndose este nombre al delta del Ebro. Además, los franceses se plantearon agregar los territorios de una parte de Aragón y Andorra.

Un pequeño circunloquio que se estima necesario anotar ahora, pues viene a colación, ya que La Mancha sufrirá una división administrativa nueva basada en el modelo francés que resultó poco efectiva, durante el tiempo de la invasión y la ocupación a la manera josefina. Como se publicó en la *Gazeta de Madrid* el día 4 de mayo de 1810, el territorio se dividió en prefecturas y subprefecturas. Así, a la prefectura de Ojos del Guadiana correspondieron dos subprefecturas, Ciudad Real y Alcaraz; siendo la capital de la primera la localidad del mismo nombre, como se determinaba en el decreto del rey José I, del 17 de abril de 1810.

Durante el periodo de la invasión, los gobiernos josefinos tuvieron la necesidad de estructurar el territorio, llevar a cabo la organización política a través de una nueva administración con sus correspondientes normas fiscales, sociales, etcétera. Pero la ocupación estaba aún en ciernes.

Podemos apelar a alguna de las teorías como la del militar y teórico de la guerra Karl von Clausewitz, quien escribió que una de las formas de aumentar la erosión y el desgaste del adversario es la invasión, la toma y ocupación del territorio hostil, sin la intención de mantenerse en él, «sino para exigir contribución o devastarlo. El objetivo inmediato... causarle daño en un sentido general».

En el caso de Ciudad Real la estrategia fue la contraria, mantenerse en el territorio, permanecer atrincherados en un recinto fuertemente custodiado durante años, la Casa de la Misericordia.

Las tropas francesas fueron penetrando por la puerta de Toledo en la ciudad, una vez vencida la resistencia que oponían los pocos soldados que defendían el acceso desde el interior y los paisanos ocultos tras sus parapetos, ventanas y esquinas. No tanto como expresó Ballester en su crónica «Los franceses entraron muy erguidos», pero sí que podemos imaginarnos la situación de «pavor y confusión: unos que huyen, otros que gritan, estos que se refugian en los sótanos y camaranchones, aquellos que buscan a los suyos, mientras truena el cañón...».

Derrotado el ejército de La Mancha y puestas en desbandada las tropas españolas, hacia el sur en un «aparente repliegue táctico» (según Cartaojal), una huida (según las autoridades de la época), el camino quedó expedito para los franceses que ya solo tuvieron que apagar la resistencia de los lugareños, que protegían sus casas, sus posesiones y enseres.

Los ciudadrealeños se defendieron calle a calle. La situación se agravó con la «ausencia», dicho eufemísticamente, de las autoridades locales. El pueblo resistió como pudo mientras que el ejército invasor exigía algún representante, a modo de autoridad, que contara con el respaldo de los ciudadanos, con la que poder parlamentar.

Escribió Vicente Blasco Ibáñez que a los enemigos es preciso recibirlos... y que «estaba allí porque tenía el deber de guardar lo suyo. Además ya era tarde para pensar las cosas...». Y así estaban advertidos los que no se fueron, los que se quedaron en la ciudad por uno u otro motivo, pese al peligro que habían escuchado y se contaba de los invasores.

En las semanas iniciales del año 1809, cuando ya deambulaban de norte a sur en la península las tropas fancesas, las tierras manchegas sospechaban lo peor, de manera que, como indicaron López Navas y Montero Domínguez en su estudio de 1988, sobre la Casa de la Caridad, «todos los habitantes de la ciudad se prepararon ante el inminente asalto de la tropas francesas que se encontraban próximas a la ciudad...».

A los habitantes de la ciudad únicamente les quedaba la colaboración, ya fuera obligatoria o ya pensando que se favorecería la no agresión. Otra opción era el enfrentamiento armado a las tropas invasoras, por ende, esconderse fuera de la ciudad y guerrillear, o bien servir en el ejército regular, como ocurrió con algunos vecinos que se alistaron en las unidades o regimientos, luchando en tierras manchegas o en otros lugares de la geografía hispana.

El relato de Hervás y Buendía es ilustrativo de ese contraste que comentamos, pues hay tanto elogio como velado reproche hacia los que escaparon, desamparando a parte de los vecinos. Así, escribe que entró en la ciudad el regimiento de los húsares holandeses al mando de Roest D'Alkemade, herido en la batalla, y que tomó el mando de la plaza. Muchos de los vecinos huyeron y los que quedaron llevaban dentro el miedo a que se repitieran los excesos y desmanes a que se entregó el populacho a la sola noticia de la aproximación de los franceses.

Ciudad Real se organizó para la defensa, se designó una Junta popular cuyo corregidor, Alfonso Pastor, fue acompañado de un representante de cada una de las tres parroquias de la localidad, además de Esteban Sánchez de León, Raimundo Quirós, Antonio Buró, Manuel García Rouna y Ángel Enríquez. Se nombraron alguaciles mayores a Ventura Carrión y José Rarrasa, y *fiel de fechos* a Vicente Salcedo[1]. Se aumentaron los vocales, designando a los presbíteros Juan Sobrino, Juan Palacios, José Sabariegos y el procurador del común[2] a Juan de Plaza.

Más dramático y desgarrador es el relato que nos ofrece Joaquín Gómez. No olvidemos que está cuajado de una rabia contenida ante la devastación que están produciendo los invasores de la ciudad:

En fin entran compañías por distintas calles disparando las carabinas, y el terror llegó al sumo grado, escuchando los ayes lastimeros del infeliz soldado que muere a manos de un cruel lancero; y de vecinos inocentes que sufren igual suerte, sin hallar socorro. Aquí se oye el penetrante quejido de un enfermo traspasado a puñaladas en su misma cama, sin tener un pariente, un amigo a quien dirigir sus últimas miradas; allí los que intentan emigrar, tropiezan y caen rendidos; las tiernas jóvenes pisando lodo, y no pudiendo soportar tantos males, se paran exánimes y son alcanzadas, quedando a discreción de la fuerza brutal: No es dable dar una idea de tan terribles momentos, por más que quiera describir las patéticas escenas que solamente en aquella infortunada mañana ocurrieron en Ciudad Real y sus inmediaciones; pero es superior a mis alcances, y me limito a seguir el propósito que me he formado de escribir una sencilla exposición de los hechos más atendibles. Por todos los caminos y pueblos comarcanos reinaba el mismo desconsuelo, marchándose muchas familias a las altas sierras. En la ciudad murieron violentamente dos hermanos panaderos que estaban pacíficos en su casa inmediata a la parroquia de Santiago; el sastre Montero en la cama, donde le tenía postrado una grave enfermedad; el sargento retirado de milicias Manzanares, que salía armado contra el enemigo por la falsa voz que entonces se entendió de ser nuestra la victoria; Domingo Velázquez que llevaba una hoja de peral[3]; y otro anciano frente del Hospicio.

La irrupción en un pueblo tranquilo...
una entrada «nada triunfal»

Según las fuentes, algunos vecinos hicieron frente a los ocupantes, que abatieron a media docena de manchegos. ¿Fue, acaso, una entrada triunfal? Así lo esperaba el general Sebastiani.

Joaquín Gómez narró que, para evitar ultrajes y maltratos, la nueva Junta municipal nombró una delegación para negociar con los invasores. Ya hemos comentado que, afortunadamente para los vecinos de Ciudad Real, el regidor Pedro Martínez Hervás era hermano del marqués de Almenara.

Podríamos valorar este hecho como una favorable coincidencia, o como un «efecto mariposa». El 12 de abril de 1806 Horacio Sebastiani fue nombrado diplomático plenipotenciario de Francia ante la Sublime Puerta (la ciudad de Constantinopla, capital de imperio otomano), allí coincidió y entabló amistad con el embajador español, el marqués de Almenara, José Martínez de Hervás y Madrid quien, por cierto, se adhirió a la causa josefina a su regreso de Estambul a España. En una increíble jugada del azar apareció, como regidor en Ciudad Real, su hermano, Pedro Martínez Hervás, justamente cuando el antiguo legado francés se disponía a tomar por las armas la ciudad tras la batalla de Ciudad Real.

> ... el ejército francés tomó el camino de Moledores, y el General en jefe del cuarto ejército Don Horacio Sebastiani estuvo en la puerta de Calatrava hasta que los pocos vecinos que había, salieron a cumplimentarle, y pedir por la Ciudad, a lo que muy político contestó, se contase con su protección, y en prueba no consentiría el incendio, ni el saqueo, con que por derecho de la guerra debe ser castigada toda población ganada a fuerzas de armas... (Joaquín Gómez)

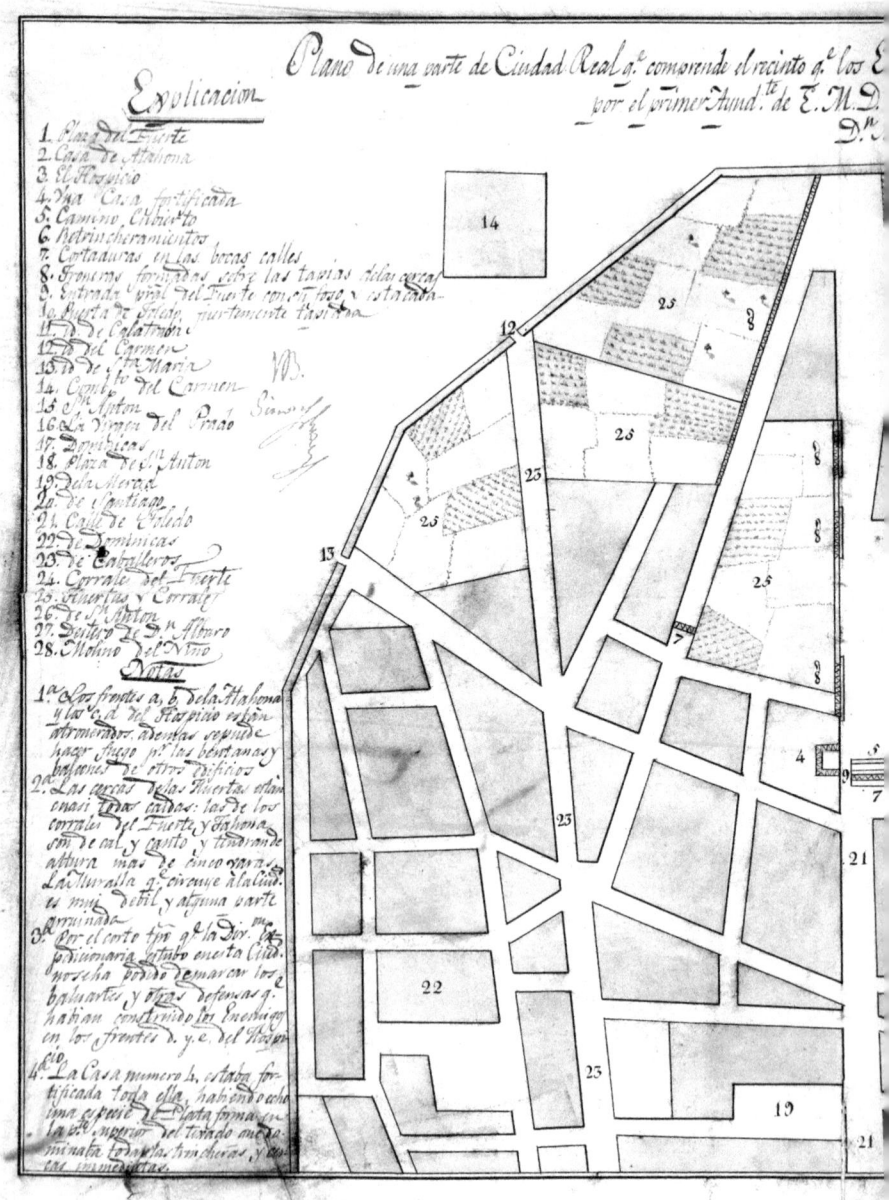

Plano de una parte de Ciudad Real
que comprende el recinto que los Enemigos fortificaron...

Según Gómez, Sebastiani, en memoria de dicha amistad «ofreció que Ciudad Real sería privilegiada..., pero que era inevitable mantener el ejército». El mariscal francés se quejó ante la delegación que lo recibió de la resistencia y ataque a sus soldados durante los primeros momentos de la invasión.

Se dice que entraron hacia las dos de la tarde, por varias puertas. Sabemos que el alojamiento francés se ubicó en la Casa de la Misericordia, ya convertida en cuartel semanas antes por el ejército de Cartaojal. Como las tropas invasoras no dejaban de ser hostigadas por las partidas de guerrilleros que operaban en la provincia, los galos cerraron las puertas de acceso de Ciudad Real, dejando libres solamente las de Alarcos y Calatrava, y fortificaron la puerta de Toledo y varias calles, formando un amplio perímetro de seguridad en torno al cuartel. Para Rubí i Casals «... la fisonomía de los pueblos y ciudades sufrió grandes mutaciones a causa de la guerra como los necesarios preparativos militares, fortificaciones o zanjas...»; por tanto, Ciudad Real no estuvo exenta de estas modificaciones.

Algunos teóricos nos hablan de que el pueblo, a pesar de sus «tonterías» valoró sus posibilidades de defensa. Pues obviamente se sintió amenazado y agredido por una fuerza a la que no podía enfrentarse con las armas. Comparando los riesgos de resistir y evaluando los perjuicios de la sumisión, muchas autoridades locales determinaron «entregarse al conquistador, prometiéndole solemnemente obediencia y servicios como a su soberano...» (Reinoso).

No tardaron los franceses en ocupar la capital de La Mancha y dejar en ella guarnición como salvaguarda del gobierno de José Bonaparte. Se acuarteló el destacamento francés e hizo un fuerte en la Casa de la Misericordia, o de la Caridad, que les protegió hasta su retirada en 1812:

El 10 de agosto de 1812 se retiraron los franceses a Valencia... En todas estas épocas el precipitado edificio del Hospicio padeció bastante porque convirtióse siempre en fuerte, donde colocaban los franceses y afrancesados caballos de frisa, troneras, fosos, etcétera... peligros que se ofrecían... fue lo cierto que no se restableció y vino a parar en Cuartel, cuando había algún regimiento... (Gómez)

Se construyeron torreones, fosos, rastrillo, caballos de frisia, estacadas, tribunas de observación, troneras y antepechos, almacenes y tahonas para que no les faltasen los víveres en caso de ser atacados. Sería una extensa fortaleza, casi inexpugnable, al decir de los narradores. Un gran recinto que comprendía parte de la calle de Toledo, plazuela de San Antón y calle de Pedrera, con las huertas inmediatas y algunas casas que demolieron para mayor ensanche (Ramírez de Arellano). O, como bien decía el profesor Sánchez Sánchez, se construyó una barricada de considerable dimensión (parapeto) que discurría desde la calle Pedrera hasta la plaza de san Antón, por medio de la calle de Toledo, el recinto estaba asegurado por empalizada, valla y foso, y tenía torres de vigilancia y numerosos portillos o troneras para disparar con seguridad. «Para los centinelas se llevaron confesionarios, dos de los cuales se situaron en lo alto de la puerta de Toledo...».

Los que entraron:
tropelías, saqueos y pillajes

Farias relata que otro de los aspectos negativos del ejército francés fue la forma de comportarse con su enemigo. Para mandos y oficiales las tropas eran carne de cañón, hombres prescindibles que soportaban la escasez y las desgracias de la lucha, el frío, la carestía, las necesidades, las penalidades y demás estrecheces de la guerra. Incluso cuando se repartían honores, galardones y recompensas, los extranjeros eran los menos agraciados. Eran las tropas auxiliares, aunque fueran en la vanguardia del ataque, «despreciables cuando había pasado el momento de dar la sangre».

Los soldados franceses venían cansados de pelear a favor del emperador por toda Europa; empachados de gloria; hartos, quizá, de quitar y poner reyes aquí y allá. Pero, el ansia de Napoleón no tenía límites y continuaba jugando su partida de ajedrez en el tablero del continente. Y, tras la derrota de Trafalgar, el 21 de octubre de 1805, quería dar jaque mate incluso a la Corona de España, su antigua aliada.

Se agravó la situación cuando a la tropa le faltó cobrar soldadas atrasadas. En su ánimo interno deseaban algo de paz y

Fuerte cosa es! Goya, *Los desastres de la guerra*, núm. 31

tranquilidad, preferían irse de España a su tierra. Algunos autores, sobre todo memorialistas franceses como Blaze, citado por Farias, escriben que «era imposible conseguir que los soldados vitoreasen al emperador».

Tal vez en este orden de cosas es donde radique el motivo del general Sebastiani de proteger a Ciudad Real de la rapiña y el saqueo, evitando que la tropa se acogiera al reparto del botín de guerra. Pero en la provincia de La Mancha, las acciones de hurto, depredación y pillaje de las tropas eran brutales para saciar incluso las más básicas necesidades que el propio ejército les negaba. Robaban el ganado para venderlo en otras provincias de España; las mulas que se criaban antaño en esta tierra, por ejemplo, de importante fama por su resistencia, fueron constante objeto de atracos. Había una especie de grupos organizados de manera mafiosa y, además, como militares que portaban armas, o sea bandas armadas (cuatreros), traficaban con ganado y diversos enseres y riquezas ajenas. «En La Mancha robaron los soldados tantas mulas, que les daban a dos o tres luises de oro, y los oficiales las compraban para venderlas después en Madrid con beneficio enorme...» (Farias).

Ultrajes y violaciones. BNE, AB 8772

El pillaje y las fechorías no eran solamente el robo, el saqueo y la rapiña, como podemos ver en las estampas de los desastres de la guerra, sino, además, la violencia sexual. El acoso sexual fue un asunto especialmente desgraciado y oneroso para las mujeres «que se convirtieron en un elemento más del botín». Una cuestión que sufrieron todos los países asolados por la Grande Armée de Napoleón, que «en España llegó a muy altos niveles...». Entre las filas de este terrible ejército existía la idea de la hermosura de la mujer española, así como el concepto de un deseo sexual insatisfecho de las mujeres, pues eran «secuestradas en casa o en un convento y muchas veces atrapadas en matrimonios arreglados con hombres mucho más viejos que ellas e incluso, a veces, tan ancianos, que no podían encontrar satisfacción a sus deseos naturales...». Para muchos militares franceses fue una «especie de paraíso donde podían vivir la fantasía, y para la mujer española la Guerra Peninsular fue una auténtica pesadilla...» (Esdaile).

Los que huyeron de la ciudad

Lo primero que pensaron algunos de nuestros antepasados al escuchar que se aproximaban los franceses fue en huir y abandonar los pueblos. Cuando las devastadoras tropas pasaban arrasando con todo entendieron, los que marchaban, que debía hacerse algo más que abandonar sus haciendas en manos de los enemigos y que, de algún modo, debían restarle fuerza.

Cuando podían ausentarse llevaban lo que podían y, si no era posible, en algunos pueblos se destruía lo que quedaba, era el principio bélico de tierra quemada, para que ningún recurso material lograra el adversario. También se escondían aquellos bienes que no podían llevar consigo, acarreando cuantas pertenencias pudieran. Pero no siempre era posible cargar, o bien faltaban medios para su transporte. Entonces su agresión al rival era destruir lo que quedaba. Se sabe que en las tierras manchegas la imaginación popular conocía las necesidades básicas de los agresores, agua y alimentos, etcétera, de manera que cegaban los manantiales y pozos, o los llenaban de cal, o escondían granos, vino, ganado..., en los lugares que estimaron menos accesibles o recónditos.

No obstante, Reinoso, en su *Examen*..., subraya que muchos de los que abandonaron sus pueblos y ciudades lo hicieron de manera infame, dejando al pueblo indefenso, a su albur. Esta opinión, en el caso de Ciudad Real, se ilustra con el ejemplo que el propio Reinoso pone de los vecinos de Madrid: «Todos huyeron cobardemente... a la primera noticia del peligro, abandonándolo todo, menos los caudales y la cobranza anticipada de los sueldos, y dejando sumergido al pueblo en el desorden y la confusión...».

Como se viene relatando la reacción de los habitantes de Ciudad Real ante la llegada de los invasores provocó la desbandada, principalmente de las autoridades locales, ya que en prevención de lo que había de acontecer, numerosos ciudadanos decidieron poner sus vidas a salvo huyendo de la localidad. López y Montero insisten en esta idea: «Las autoridades, clero... y todas las personas de alguna significación salieron de la ciudad en los primeros momentos, volviendo a ella pasadas las horas de peligro...». En sus mentes imaginaban la ferocidad de los soldados franceses, aunque también sabían de las valientes oposiciones de los compatriotas de Valdepeñas el año anterior. Otros, en cambio, sin posibilidad de marchar se refugiaron en sus casas.

En este orden de cosas comentaba Espadas Burgos en su estudio sobre Julián Alonso que al grito de «¡Los franceses!, ¡los franceses!... (los lugareños) abandonan sus hogares, recogen lo que pueden y dejando sus casas se marchan a buscar asilo en lo más escabroso de los montes...» .

También se abandonaron las ciudades, pueblos y aldeas por motivos más prosaicos, no tanto por el temor a las bayonetas y las balas de los franceses. Así, escribe M.ª Gemma Rubí que un nutrido grupo de habitantes, temiendo por sus riquezas huyeron de la fiscalidad de guerra y, como veremos, sería tanto por la presión de uno como de otro ejército. En el caso de Ciudad Real se ha averiguado que esta onerosa práctica iba, con frecuencia, acompañada de vejaciones y abusos durante el alojamiento forzado de las tropas en las casas particulares, o bien con la obligaciones de abastecer de víveres y otros bienes a los soldados acantonados en el cuartel de la Casa de la Caridad.

Los que quedaron:
¿colaboracionismo o evitar el baño de sangre?, ¿resistencia?

¿Hubo algún tipo de resistencia en Ciudad Real frente a los invasores?

Durante la ocupación francesa de la ciudad, que el profesor Cayuela marca entre abril de 1809 y agosto-septiembre de 1812, se aprecian tres maneras de comportarse el pueblo ante la ocupación:

–La «resistencia rural» de las partidas guerrilleras. Aparte de las incursiones esporádicas de algunas partidas de guerrilleros que acudieron a la ciudad, se puede señalar como la más notable la de Ventura Jiménez hacia mayo de 1810, que será objeto de análisis en el siguiente capítulo.

–La «vida cotidiana en tácita convivencia», en la que se va aguantando la invasión y soportando la represión, con duras reglas de obligación y sometimiento.

–El tercer tipo de comportamiento que se establece es lo que el profesor Cayuela explica como un desconocimiento de los vecinos acerca de la actividad política para poder continuar con sus labores cotidianas y «en este segmento encontramos a muchos "colaboracionistas" y "aprovechados", que desde el comercio o el artesanado supieron también sacar partido de las circunstancias».

También existieron los que, como contratistas, mercaderes y asentadores, se enriquecieron con las requisas y la recaudación de viejos y nuevos arbitrios. En una sociedad eminentemente rural, la guerra dejó a los pueblos sin hombres jóvenes, ni caballerías, tan necesarias para el transporte de las tropas y los campos dejaron de cultivarse... (Rubí i Casal)

Este asunto del lucro y los aprovechados durante las guerras es una constante histórica. Algunos sacarían provecho, sí, pero otros, posiblemente la mayoría de la población, se vieron obligados a colaborar con los ocupantes con su trabajo, sus haciendas y sus bienes. Era lo que llamó Cayuela «colaboración necesaria», de la sociedad local.

Esta deferencia con los dominadores se podría situar como nuevo modo de actuación que, en principio, planteaba un grupo social favorable a las ideas de renovación que podrían portar los invasores, pero que, obviamente, cayeron en el engaño, o que pensaban en el mal menor. Nos referimos a los reformistas de ideas afrancesadas, un sector de la población que con el paso de los meses se sentían continuamente frustrados en sus planes y proyectos, en parte debido a la injerencia del propio emperador en los asuntos hispanos y por las acciones bélicas de los generales, que iban deteriorando la autoridad y los propósitos del rey José I. De manera que se hizo muy difícil mantener la postura de los afrancesados de las ideas liberales, pues su papel no fue tanto de colaboracionistas como de mediadores entre el pueblo contrario a los ocupantes y las autoridades de las zonas dominadas, como señalaron Artola y Fuentes. Este último, anota que hay que considerar que otro de los motivos que dirigían las acciones colaborativas de los afrancesados venía marcado por la idea del mal menor.

Entre los aspectos que también son de interés, durante el largo periodo de invasión, está la formación de las Juntas provinciales o locales. Una vez que se produjo la irrupción en la ciudad, estos comités fueron los órganos de mediación con los invasores. La Junta, cuya creación surgió con el consentimiento del pueblo, se puede entender de manera sencilla como la soberanía de la gente. La Junta popular fue la que se responsabilizó de la autoridad local (en ocasiones, esta autoridad era ejercida por los seguidores josefinos), y su misión era la de tratar de organizar la vida local conforme a un nuevo sistema.

Fuera de toda duda está la necesidad de la autoridad pública para la administración de la justicia, la dirección y gobierno de los ciudadanos en una ciudad ocupada. De modo que en Ciudad Real fue nombrado un nuevo corregidor, el abogado Alonso Pastor, más acorde con las directrices de los invasores, pues no gustó a la autoridad militar la Junta interina que había sido elegida en ausencia de los que ejercían el gobierno local hasta marzo de 1809. La organización de la nueva Junta de gobierno local estuvo representada por un cura de cada una de las tres parroquias de la ciudad y varios cargos laicos.

Para la mayoría de los cargos se designaron vecinos de la localidad y aunque en ocasiones no fue así. La idea filosófico-política era que el pueblo invadido fuera gobernado por autoridades nativas, aunque se hallasen sometidas a la fuerza militar dominante. Lo principal era evitar el baño de sangre, a costa de facilitar a los adversarios el sustento, la comida y los propios alojamientos.

Recobrada la autoridad local sería más fácil negociar con los invasores, al tiempo que para estos era necesaria la tranquilidad para su vigilancia y sus funciones castrenses. «Ceder a la fuerza es un acto de necesidad, no de voluntad: es a lo más un acto de prudencia» (Rousseau).

La consigna de los invasores franceses en La Mancha era desgastar, subyugar y someter al pueblo, con su superioridad (Reinoso). Para los ciudadanos indefensos era de locos enfrentarse a tan aventajado enemigo y luchar inútilmente, por tanto se imponía la prudencia. Los vecinos, sin resistencia, consideraron esta forma de tolerancia como algo de menor perjuicio para evitar un mal todavía mayor. Luego vendría la difícil convivencia que, en el caso de Ciudad Real, fue larga, dura y tediosa.

La intermediación

Uno de los personajes de la ciudad requeridos por las autoridades militares galas fue el párroco Sebastián de Almenara y Pablo[4]. Este cura de la iglesia de Santiago fue uno de los pocos que tuvieron serenidad suficiente para no huir, como lo hicieron las autoridades civiles y numerosos eclesiásticos de la ciudad. Fue requerido por las fuerzas de ocupación a modo de mediador. Como clérigo no ejerció el sacerdocio hasta no recibir la orden de sus superiores. Desgraciadamente este requerimiento de los franceses llevó al resto de la población a marcarlo como afrancesado, motivo por el que se le desterró al pueblo de Agudo hasta su muerte, acaecida en 16 de octubre de 1811; «... hubo una lucha patriótica que enfrentó a los que se consideraban verdaderos españoles con los afrancesados que, evidentemente, también eran verdaderos españoles...» (Sánchez Sánchez).

Escribió Reinoso acerca de los gobiernos y juntas municipales que se formaron durante la ocupación, que oponerse a los designios del opresor es algo «lícito». No obstante, «los oficiales públicos deben atender más que nunca al consuelo de los habitantes oprimidos», para atenuar los males y esforzarse en lograr los beneficios y socorros. Se necesita una dirección y administración justa, y que ayude en las necesidades que tenga este pueblo, «que disimulen su descontento, sus quejas y aun sus inobediencias», para no arriesgar la armonía social y la tranquilidad. Eso sí, tampoco es reprochable al gobierno del pueblo que luchen y disputen con los invasores contra algunos mandatos, ya sea eludiéndolos con astucia e inteligencia, o ya resistiéndose con entereza, si fuera posible. Ciertamente, de esta forma exponen sus personas al peligro de la autoridad militar que, como veremos en páginas posteriores, ocurrió en nuestra ciudad.

> ... la esencia de la ocupación napoleónica acabó siendo su carácter depredador, para conseguir el pago de los costes de la ocupación, el botín y las recompensas de los generales. La presión económica se ejerció a través de la fiscalidad, de los alojamientos y de las requisiciones directas, a menudo *manu militari*. En España, la estrategia de rapiña de los invasores bonapartistas fue incluso más visible debido a la resistencia que encontraron entre la población... (Maties Ramisa)

Del cuartel general de la zona de La Mancha, ubicado en Daimiel al mando de Sebastiani, llegaban a la ciudad los diversos bandos y órdenes emitidas para organizar y controlar tan amplia geografía; así como para organizar el abastecimiento de la tropas acantonadas en la ciudad y los pueblos circundantes. El movimiento táctico de este general para controlar todo el territorio no estaba libre de las excesivas y desmesuradas exigencias a las poblaciones por las que había pasado, dejando en cada pueblo una especie de delegación militar, como el caso de esta ciudad. De esta forma, demandaba en nombre del rey empréstitos y otras contribuciones a los vecinos sometidos.

En uno de los reales decretos ordenado el 7 de abril de 1809 por el rey José I, la provincia de La Mancha tenía la obligación de tributar ¡seis millones de reales!, de los que la población de Ciudad Real debía aportar «214.884 reales». Como se refleja en el libro de registro y, principalmente, en el documento oficial emitido por el ministerio de estado, textos custodiados en el Archivo municipal de la ciudad:

> El Sr. Dn. Cipriano María Echevarría comisario ordenador de S. M. C. (Su Majestad Católica) y al lado del Exmo. Sr. Gral. Dn.

Horacio Sebastiani, comandante en jefe del Cuarto Cuerpo del Ejército francés me ha pasado con fecha 16 del corriente el Real Decreto que a la letra dice así: Dn. Josef Napoleón por la Gracia de dios y por la Constitución del Estado Rey de las Españas y de las Indias. Habemos decretado y decretamos lo siguiente:

Artº. 1º. La Provincia de La Mancha pagará un empréstito extraordinario hasta en cantidad de seis millones de reales que se satisfarán después con bienes nacionales.

Artº. 2º. Este empréstito se cobraría a cargo de nuestro Comisario Gral. cerca del Cuarto Cuerpo del Ejército y para ello le dará su ayuda y favor el Gral. en jefe de él.

Artº. 3º Nuestro Ministro de Hacienda queda encargado en la ejecución del presente Decreto y nuestro Ministro Secretario de Estado imviará (enviará) la expedición de él a nuestro Mayor General.

Dado en nro. Palacio de Madrid a 7 de abril de 1809.

Firmado, Yo el Rey, por S. M. (Su Majestad) su ministro Secretario de Estado. Mariano Luis de Urquijo.

Por copia confirmado, Cipriano María Echevarría.

Entre sobrellevar y aguantar la ocupación: el avituallamiento, los impuestos y el expolio

Las exigencias a los ciudadrealeños fueron permanentes durante el amplio periodo de la ocupación. Recordemos que los galos no dejaron nada al azar desde el principio. Ya en octubre de 1807, cuando se firmó el Tratado de Fontainebleau los franceses procuraron que sus soldados fueran amparados y abastecidos por el pueblo español. Al menos los sueldos los pagaba, teóricamente, el gobierno napoleónico, pues: «los suministros para las tropas eran fundamentales... El artículo tercero de la convención anexa del Tratado de Fontainebleau establecía el derecho de las tropas francesas a ser alimentadas y mantenidas por España...» (Molina Carrión).

Ya se ha comentado al comienzo la protección de la ciudad por Sebastiani, pero, a su vez, manifestó a los representantes la necesidad y la obligación de los vecinos de abastecer a su ejército. Una de las primeras exigencias a los habitantes de esta población, «... cada tercer día mandaba 30 y otras veces más galerones cubiertos por cebada, trigo y todo el tocino que la Junta Soberana había almacenado en el convento de san Francisco, con muy distinto objeto... era inevitable mantener al ejército...» (Joaquín Gómez).

Escribió Sun Tzu que al agotar los recursos, son «los impuestos los que se recaudan bajo presión»; que al fatigar el gobierno y consumir los bienes necesarios «se arruina el propio país. Se priva al pueblo de gran parte de su presupuesto, mientras que los gastos del gobierno se elevan». Y este asunto afectó tanto al ejército conquistador como a las fuerzas militares de España, con el agravante de que en la tierra manchega fueron los invasores y el gobierno intruso, pero también el ejército hispano, los que exigieron a Ciudad Real mayor sacrificio, impuestos y empréstitos.

Se insta al pueblo a obedecer, sobre todo, dada la magnanimidad de Sebastiani con el pueblo de Ciudad Real. Las exigencias, mediante bandos y órdenes, son elocuentes del trato que el mariscal tuvo para con los habitantes de la ciudad, en la nota que se envía desde el cuartel general a los responsables municipales se recuerda el favor hecho al pueblo:

> ... como Vuesas mercedes no ignoran, Su Excelencia fue quien libertó a este pueblo del saqueo que las leyes de la guerra parecían hacer inevitable; demuestren Vuesas mercedes su agradecimiento cumpliendo exactamente esta mi orden... Yo puedo asegurar a Vuesas mercedes de una protección especial si contribuyen, por medio de estos socorros al bienestar del ejército que manda... (Arhivo Municipal de Ciudad Real)

Manifiestamente las autoridades militares ocupantes de la plaza imponían el orden con firmeza y mantenían los acuerdos del general Sebastiani, aunque en diversas ocasiones este pacto se vulneraba. Los representantes municipales interinos, que así se entendieron sus funciones, como provisionales y suplentes de los cargos legítimos que se habían fugado, requerían a los vecinos: labradores, ganaderos, panaderos o vinateros, las provisiones, los suministros y los víveres para abastecer a la tropa francesa, pues así lo exigían las autoridades galas.

Todos los bandos, escritos y órdenes con estos mandatos, que se destinaban al general conocimiento de los vecinos, se difundían desde los púlpitos de las iglesias y en los lugares de uso común. Iban informados con los castigos y penas que sufrirían los pobladores que vulnerasen dichas demandas. Además, expresaban la celeridad y rapidez con que habían de ser cumplimentados los requerimientos de víveres, provisiones y suministros que fueran demandados.

Las diversas proclamas del general Sebastiani, en los primeros días de la ocupación, tuvieron una gran repercusión por el temor a las represalias y castigos que los habitantes de Ciudad Real temían de los invasores. Así, por ejemplo, el días 16 de abril de 1809 se publicó un duro comunicado, anunciando fuertes y severas medidas para limpiar el territorio de La Mancha de facinerosos (delincuentes habituales) para la protección, defensa y calma, tanto del pueblo como de ejército francés:

Nadie será inquietado por causa de las opiniones políticas que haya podido tener hasta ahora; todos aquellos, que en adelante se conduzcan bien y sean fieles a Su Majestad Católica, el señor D. José, serán tratados con benevolencia y atención. Podéis cumplir con la fidelidad más exacta, en cumplir estas mis sagradas promesas... (Arhivo Municipal de Ciudad Real)

Se estima que la organización e intendencia de los responsables municipales interinos fue eficaz, como demuestran diversos escritos. Así como la distribución de la ciudad por parroquias para el avituallamiento de los franceses. También aparecen en los documentos los nombres y labores de los responsables de la provisión y el reparto de estos bastimentos y las acciones para suministrar los encargos y las demandas de las tropas ocupantes. El Ayuntamiento de la ciudad nombró a dos representantes por parroquia para acoger y transportar los bienes requeridos.

Como se ha comentado, dichas exigencias iban acompañadas de amenazas y responsabilidad por los incumplimientos de estos onerosos encargos. También se apercibía de incurrir en responsabilidad al corregidor de la ciudad si los alcaldes de los pueblos vecinos no cumplían las exigencias de abastecer al ejército.

Thieves Robbing Ready Furnished Lodgins. Scene Madrid
Sátira británica sobre la Guerra de la Península. José Bonaparte huye de Madrid al frente de soldados franceses, cargados con el botín. Un español herido, una mujer y un niño yacen en el suelo. A los pies de José hay un lago de sangre y sobre su cabeza cuelga una cuerda de una horca. El diablo le ofrece ejecución en la horca o suicidio con pistola. (Sin fecha, editor o autor) Bodleian Libraries. Bodleian digital. University of Oxford. Wikipedia

Hemos conocido, a lo largo de esta investigación, que la catadura moral de muchos de los soldados que invadieron las tierras de La Mancha a veces estaba relacionada con la de sus oficiales. Sobre todo en lo relacionado al expolio de bienes. En numerosas ocasiones era una actitud propensa al saqueo, al hurto y al latrocinio, a pesar de la protección que Sebastiani decretó para la ciudad. Si bien es cierto que no siempre lo consiguieron, debido al constante ir y venir de las tropas. Tanto movimiento impidió el ensañamiento con los bienes y vecinos de Ciudad Real, aunque sí se cometieron excesos con la razón de las armas y la guerra, y los oficiales, en ocasiones «perdieron el control de sus hombres, que cometieron atrocidades, lo que hizo posible consolidar el poder francés en España...» (Esdaile).

A lo que se ha de sumar otra actitud notablemente peligrosa, que quedó reflejada por Pérez Galdós en los *Episodios Nacionales* (título 11): *El equipaje del rey José*. Para la mayoría de los generales franceses destinados a España «hacer la guerra se había asociado a enriquecerse», incluidos el rey, el propio Napoleón y, cómo no, el mismo general Sebastiani, que solicitó al rey José autorización para extraer riqueza, arte, cuadros, documentos y otros bienes culturales –en el Archivo Histórico Nacional se guardan diversos documentos acerca de los «regalos autorizados para el general Sebastiani de cuadros requisados»–.

Los duros castigos
por el quebrantamiento del orden

Uno de los diversos motivos esgrimidos para comportarse con dureza y provocar atropellos a los individuos y a la población eran los atentados, como el perpetrado en la persona del canónigo León Duro, y otro delito de apuñalamiento; no dejaron de investigarse, con los medios de la época, encontrando a los sujetos que los llevaron a cabo. Tras las acusaciones y a pesar de las llamadas de clemencia, la dureza de las sentencias sin apenas juicio fueron tremendas, «motivo para contristar al vecindario» (Joaquín Gómez).

La exhibición de crueldad, ejemplificante, fue terrible, sobre todo en el caso que nos relata Gómez con los dos individuos apresados de los delitos arriba señalados: los casos de Carrero y de Calahorra,

> ... el uno a causa de haber asesinado al canónigo Duro que, cual queda dicho, caminaba con escolta al destino señalado por la superioridad; y el otro por haber dado una puñalada a un francés que residía pacíficamente... a pocos días pasó orden Sebastiani para fusilarlos.
>
> He aquí otro nuevo motivo para contristar al corto vecindario. En tal conflicto se repitió Diputación al General en jefe, el cual la recibió con mucho agrado; y después de largas disputas, concluyó diciendo que, según doctrina del evangelio, el que a yerro mata, a yerro debe morir; y que no desairaba la comisión indultando a nueve a quienes tenía impuesta la misma pena, y castigando dos

Tampoco. Goya, Los desastres de la guerra, núm. 36

asesinos que habían confesado sus delitos. No hubo remedio para salvar los dos infelices que fueron ejecutados el 12 de abril, colocando los cadáveres en una horca que pusieron al salir de la puerta de Granada. Así permanecieron algunos días, causando pavor a los de Miguelturra y transeúntes, que para no ver tan horroroso espectáculo buscaban otra puerta. Fue necesaria súplica especial para darles sepultura, y mucho tiempo duró el terror en los esclavos habitantes de una ciudad conquistada.

Por entonces vino de Torralba el regimiento de infantería n.º 58, y comandante Pignet que estuvieron acuartelados, observando bastante orden; y quedó un destacamento de 30 caballos permanente de los ya referidos Dragones del 12, 16 y 21, a las órdenes de un jefe de escuadrón llamado Campana, que era de buena educación, y su ayudante Palma, sumamente activo, que acudía presuroso a remediar cuantos excesos se le noticiaban, sin ocurrir la más mínima novedad en el vecindario...

La mediación de Antonio de Porras logró, en algunas ocasiones, evitar castigos y penas mayores a los ciudadanos juzgados:

... seguían causa criminal sobre la muerte alevosa causada... solo la actividad y política del juez Don Antonio Porras pudieron evitar fuesen fusilados algunos inocentes presos para descubrir el verdadero delincuente, (las autoridades francesas pidieron se iniciase el proceso, ya que)... decían con serenidad, que sobraba mérito para que hubiese Baile de Balcón[5]. Salváronse varios encausados, y uno continuó en prisión... (Joaquín Gómez)

Mas, la actitud de las autoridades militares pretendía ser ejemplo de castigo a los que se opusieran a sus órdenes, o se atentara contra ellos. La convivencia no fue fácil sino considerablemente hostil, dura y ejemplarizante para mantener subyugada y contenida la localidad ocupada.

El dominio de los recursos naturales y los tributos

Debido a las presiones de los invasores y a la violencia ejercida sobre las diversas localidades, durante los años de la hambruna de 1811 y 1812, los franceses controlaron las mayores provisiones de cereales, precisamente cuando había más escasez de alimentos. Para entonces, las contribuciones dinerarias exigidas por el gobierno, tanto ordinarias, decretadas por el gobierno de José I, como extraordinarias, en ocasiones decretadas por los propios generales y mariscales franceses, ya demandaban enormes cantidades. Por ejemplo, para el grupo de provincias en las que incluía Ciudad Real (que abarcaba las prefecturas de Madrid, Toledo, Cuenca, La Mancha, Guadalajara y Segovia) se exigieron, en junio de 1812, unas 560 mil fanegas de trigo, 260 mil de cebada y 63 millones de reales.

Los robos y el saqueo general de los franceses, las exorbitantes contribuciones, la manutención de los numerosos efectivos militares y el abastecimiento, así como de los ejércitos españoles hicieron extensiva la pobreza de los municipios a las tierras de la ciudad y sus alrededores (además de al resto del país). Con frecuencia hallamos escritos de los soldados extranjeros que justificaban los saqueos y la devastación de los pueblos con el argumento de que «la soldadesca tiene que procurarse alimentos...».

En la mentalidad de los oficiales estaba la idea de proveerse por cualquier medio para consolidar la usurpación. Los comerciantes, obligados o de buen grado, abastecían a los franceses asentados en la ciudad artículos de alimentación y materias primas necesarias para sus usos militares; también, los fabricantes hacían contratas; y otras profesiones al servicio de los soldados: carpinteros, herreros, armeros, herradores, productores de albardas y otros útiles de las caballerías, curtidores, zapateros y sastres, artesanos y obreros... todos, trabajaban para el ejército.

Las exigencias eran desorbitadas en la mayoría de las ocasiones, como se puede apreciar en la relación que, a los pocos días de la invasión, se exigió perentoriamente al municipio por el comisario ordenador del Ejército, Cipriano de Echevarría:

El Exmo. Señor D. Horacio Sebastiani, General Comandante en jefe del 4º cuerpo de ejército acaba de pasarme en este instante la nota de los efectos que sin demora alguna debe remitir a este Cuartel General la Justicia (del) Ayuntamiento de esa ciudad y es a saber

–500 pares de zapatos –500 carneros u ovejas –50 arrobas de arroz –100 id. (arrobas) de garbanzos –300 id. (arrobas) de aguardiente –25 mulas o machos aderezados para tiro –40.000 raciones de galleta.

Espero que para cumplir en un todo los deseos de S. E. esa Justicia tomará las medidas más eficaces y prontas, pues que como vms. (vuesas mercedes) no ignoran (que) S. E. fue quien libertó a ese pueblo de un saqueo que las leyes de la guerra parecían hacer inevitable; demuestren vms. su agradecimiento cumpliendo exactamente esta mi orden, pues de lo contrario exponen vms. a todo el vecindario, quien sin duda se resentiría de su enojo. Yo puedo asegurar a vms. de su protección especial si contribuyen por medio de estos socorros al bien estar del ejército que manda.

Dios gue. a vms. ms. ss. (guarde a vuesas mercedes muchos años). Daimiel 5 de abril de 1809.

El Comisario ordenador de Exto. (ejército)
Oficial de la Sria. (secretaría) de Hacienda

Cipriano M. de Echevarría (rúbrica)
Visto y aprobado
por mi General comandante
en Gefe del 4º cuerpo de Exto.

(Ilegible) ¿comandante? general en chef
Le General chef d'Etat Mayor
General du 4º Corps. (rúbrica ilegible)

¿«Donación popular» o extorsión económica?

La convivencia, sobre todo durante las primeras semanas, debió resultar especialmente onerosa para los habitantes de Ciudad Real. No tuvo que ser nada sencillo ser vecino del enemigo, exigente y hostil. De hecho, ya en los momentos iniciales de la invasión necesitaban estimar de forma real el número de «vecinos contribuyentes», con una finalidad más recaudatoria que de un censo numérico de habitantes. Así, en otro documento del Archivo Municipal de Ciudad Real se puede leer: tiene tres «lugares pedáneos sujetos» a jurisdicción, con una cifra de 120 vecinos contribuyentes, por lo que era prácticamente irrealizable la exigencia de los repuestos que se demandaban.

Apunta el profesor Cayuela acerca de los impuestos recaudados por el gobierno intruso, o en su nombre por los generales en sus respectivos territorios de ocupación, que el término «donación popular» aparece en pocas ocasiones en la documentación, pero hay que considerar que, en ocasiones el saqueo y la extorsión se disfrazaba de legalidad bajo los término «impuesto», «empréstito obligatorio» o «tributo de guerra».

En tal época tenía Sebastiani su cuartel general en La Membrilla, desde cuyo punto mandó exigir a Ciudad Real 214.884 re. (reales) que se repartieron como cupo de los seis millones del que llamaban Empréstito Obligatorio, impuesto de Real Orden a la provincia. Viéndose el Ayuntamiento y la Junta auxiliar en semejante conflicto estimó conveniente mandar una Diputación para exponer el lamentable estado de la capital y pueblos, y la ausencia de los poderosos, y no tubo favorables resultas; antes por el contrario, intimar se realizase en el término de tercero día, pues de otro modo mandaría tropa que entrase a discreción. Aquí fueron los apuros para proporcionar lo pedido, y no realizándolo, consideraban la desolación de la ciudad. Se nombraron comisionados para los tres barrios, sin admitir escusas, mostrando lo crítico de la situación, y amenazando al que no obedeciese. Por fin, se vendió aceite, se tomaron a cuenta alhajas de plata, y reunió en metálico 158.402 re. y en piezas de plata hasta 14.484 re. todo lo que se remitió a La Membrilla el día 20 de mayo con cuatro diputados que hicieron presente al General en jefe los multiplicados afanes que había costado reunir aquella suma, pidiendo perdón de lo restante, o mayor plazo para cobrar. Consiguieron tres días, al cabo de los cuales se presentarían sin falta a completar.

Se juzgaba absolutamente imposible por muchos motivos cumplir la orden del empréstito, y el día 24 de mayo salió la Comisión conduciendo con el mayor desconsuelo una suma que tantas miserias podría socorrer; y lo que más enervaba sus reflexiones era entregarla a enemigos que la convertirían en medios para destruir nuestra independencia. (Joaquín Gómez)

¿Consolidando la ocupación?: se quedaron en Ciudad Real un tiempo

... una de las constantes en la estrategia bélica francesa es la movilidad de sus ejércitos que sólo quedan fijados en el terreno el tiempo preciso para obtener un éxito militar y forzar la solución política... (Bahamonde y Martínez)

Y es, precisamente, todo lo contrario a lo previsto en esa estrategia del sistema galo lo que sucedió en la ocupación de Ciudad Real, con entradas y salidas continuas, ocupar y salir, regresar y volver a partir. La respuesta a esta cuestión es que a pesar del éxito militar, no lograron la solución política ni el control de la provincia.

Sobre la teoría de la invasión,
ideas de aquel tiempo

Una idea del dominio, la conquista, la invasión y la ocupación, ya entendida en aquellos años de guerra en España, es la que expresaba Reinoso en su defensa de los españoles afrancesados y liberales, en el *Examen*...

Se mezcla el asombro del pueblo por tan cruel agresión y la demanda de control y justicia con el temor de los que ven amenazados sus privilegios, junto a los que ven oportunidades de sortear a su favor los peligros de la nueva situación. Un tiempo cargado de contradicciones que oscila entre la protección de la autoridad y la truculencia de unos supuestos libertadores, que traían en sus mochilas y petates los ideales y conquistas de la Revolución francesa.

Se pueden recordar las palabras del filósofo suizo Rousseau en el *Contrato social*, cuando explica que un pueblo que es obligado a obedecer, no hace mal, pero que es mucho mejor cuando quiere librarse de la opresión, pues lo que desea es conseguir, de nuevo, lo que había perdido: la libertad, ese derecho del que fue privado, y sobre el que «tiene argumentos sobrados para recobrarla, o no los tenían para arrebatársela...».

En este orden de cosas, frente a la autoridad del conquistador los habitantes sometidos tienen la legítima demanda de seguridad, para no dejarse robar sus bienes ni saquear sus haciendas, pidiendo protección. Y es aquí donde viene la complicada relación de convivencia y, posteriormente, el difícil retorno de los que huyeron, pues unos y otros se acusaron mutuamente, unos de colaboracionistas y otros de fuga y abandono de sus cargos (Reinoso).

También argumenta este autor lo ya comentado sobre el derecho a que los vecinos de una localidad invadida y ocupada sean administrados por gente del país. No tanto nativos, pero sí al menos naturales. Reinoso, buscando la justificación, o la justa medida de los posibles castigos a los colaboracionistas por afrancesados, o buscando la exención y descargo de culpa a los mismos individuos, razona sobre la necesidad de un gobierno y «ministerio por los naturales (que) es un bien para la sociedad» que, además de los provechos que pueden traer a la administración, aunque al mando estén los invasores, se puede ejercer con inteligencia y esmero. Estas autoridades, ya anteriores a la invasión (que no es el caso de Ciudad Real, pues los cargos municipales huyeron), o ya designados desde la dirección del gobierno intruso (el caso de Ciudad Real), fueron los que mediaron con acierto entre los vecinos sometidos y la autoridad militar.

NOTAS Capítulo 4

1 Trisagio: himno en honor de la Santísima Trinidad, en el cual se repite tres veces la palabra santo. Dicc. RAE.

2 Fiel de fechos: sujeto habilitado para ejercer de escribano. Dicc. Panhispánico de Dudas. RAE. Procurador del común, puede ser una acepción entendida como «defensor de los intereses del pueblo».

3 Hoja de peral: utilizado aquí como sinónimo de espada.

4 Doctor en teología. No se sabe cuándo nació, pudo ser mediados del siglo XVIII, tampoco se conoce dónde cursó sus estudios, ni la universidad en que se doctoró. Desempeñó el primer cargo como párroco en la iglesia de Santiago de Ciudad Real desde diciembre de 1775. Sus virtudes y cualidades personales parece que le granjearon envidias, que no pararon hasta su destierro. Por su forma de ser, por su cortesía, su prudencia y corrección del trato agradó a los mandos franceses cuando entraron en la ciudad tras la batalla de marzo de 1809. A este cura, asiduo aficionado al estudio y a la investigación histórica, debemos una obra sobre la historia de Ciudad Real escrita en verso que, obviamente, solo llega hasta el reinado de Carlos IV, pues la guerra, su destierro y su muerte en 1811 le impidieron culminarla tal y como él mismo había pensado.

5 Baile de balcón: sinónimo de escarmiento, ahorcar y exhibir durante días al ahorcado. Dicc. histórico de la lengua española. En: https://www.rae.es/tdhle/baile.

1. CIUDAD REAL — Puerta de Toledo

La puerta de Toledo un siglo después de la contienda. Tarjeta postal, El Arca de Noé-Ángel Mur (entre 1905 y 1920). CECLM, POS 3559

5 | La ocupación (1)
El ir y venir de los ocupantes
De D'Alkemade a la llegada de Chambergo

... para la mayoría de la población, la guerra significó una constante inseguridad debido al truncamiento de la rutina diaria y a los sobresaltos producidos por la circulación de las tropas...
(Rubí i Casals, *La supervivencia cotidiana durante la Guerra de la Independencia*)

La ocupación:
fases versus momentos
Justificación de la estructura aquí seguida

Inicialmente pensamos estructurar esta exposición en diversas fases (tal vez sería el término más exacto), pero, visto el continuo ir y venir, el permanente vaivén de tropas galas por la localidad, aunque quedará una pequeña parte de tropa acuartelada (y más asustada que otra cosa) en la Casa de la Misericordia, había tiempos en que se solapaban los acontecimientos dentro y fuera de la población, entre unos cuerpos del Ejército que iban a un pueblo de la comarca y otro grupo militar que entraba al poco tiempo, o a la vez de la salida del anterior. Por ello, hemos decidido no hablar de fases, sino de los diversos «momentos destacables de la ocupación», entre el 27 de marzo de 1809 y agosto de 1812, fecha de la salida de las tropas de Ciudad Real. Momentos de los que estimamos interesante resaltar en ese flujo y reflujo de tropas extranjeras, y momentos intermedios en el huir y volver de algunos lugareños de la ciudad. Aunque veremos la ocupación de la ciudad como un todo, se ha de advertir que esta se produjo en distintos periodos a lo largo de los años propuestos –1809-1812–. Y hemos constatado que, en las circunstancias que los invasores «desocupaban» la ciudad o se refugiaban en la Casa de la Misericordia, había periodos, algunos muy breves, de restablecimiento de la vida local y de recuperación de cierta normalidad.

Los evadidos regresaban, aunque al poco volvían a ocultarse o huir de nuevo.

Para hacer más inteligible el proceso global fijamos diversos momentos, con sus respectivos intervalos. Entre idas y venidas de la tropa invasora, aunque hubo momentos en los que quedaba una pequeña guarnición, hemos podido establecer once momentos con sus períodos intermedios.

Recordamos, antes de ir al asunto local, que Cassinello Pérez estableció ocho fases para el conjunto de la Guerra de la Independencia en España, ligeramente distintas a las que trajimos aquí de Cabanes –capítulo 2–. Mientras Cabanes propone un estudio, más o menos anual, de las campañas, siguiendo principalmente criterios de objetivos y consecuciones militares, Cassinello argumenta con criterios basados en los aspectos sociales, estableciendo las siguientes etapas:

1.ª Mayo-julio de 1808. Levantamiento de las provincias.

2.ª Julio-diciembre de 1808. Desde la batalla de Bailén, un avance lento de los ejércitos españoles.

3.ª Diciembre de 1808-marzo de 1809. A pesar de las derrotas hispanas los habitantes demuestran tenacidad y voluntad de vencer al invasor.

4.ª Marzo de 1809-febrero de 1810. La guerra se extiende a todo el territorio peninsular, se incrementan las acciones bélicas en el territorio portugués.

5.ª Febrero de 1810-enero de 1811. Incremento de la guerra en Portugal, apoyo británico y penetración en el territorio español.

6.ª Enero de 1811-enero de 1812. Aumento de las acciones bélicas. Se desconoce del número de bajas de soldados de ambos bandos, solo se pueden establecer hipótesis aproximadas.

7.ª 1812. Evidente debilitamiento de las fuerzas francesas, devastación del territorio a su paso. Napoleón se lleva parte de l'armée d'Espagne hacia Moscú, mientras las tropas españolas siguen ocupando la llanura manchega.

8.ª 1813-1814. Hacia el final de la guerra; el enemigo camino de los Pirineos; pesadilla para el ejército francés. El protagonismo de la guerra es asumido por los ingleses, los ejércitos españoles, exhaustos y sin medios, solamente llegaron hasta la frontera. Las batallas finales contra Napoleón, que se llevaron a cabo en suelo francés, fueron asumidas principalmente por el ejército británico a cuyo frente estaba el duque de Wellington.

En esta fase de la guerra el segundo ejército español, cuyo cuartel general se hallaba en la ciudad de Valencia, se desplazó por algún tiempo a las tierras de La Mancha, desocupadas ya por los franceses. Aunque, comprobada la tranquilidad del territorio, volvieron a sus cuarteles en el levante hispano.

Un razonable argumento nos afirma el paralelismo de esta estructura de la ocupación francesa con lo sucedido en la ciudad en diversos momentos. Es el propio Joaquín Gómez que, como ya hemos repetido, fue testigo directo de aquellos acontecimientos, el que escribió que «muchas veces fue conveniente libertar al pueblo de continuos alojamientos, y que la fuerza estuviese en un punto aislado de la ciudad». Ese punto aislado fue la Casa de la Misericordia, antes hospicio y casa de asilo de indigentes, pobres y mujeres, convertido en cuartel desde antes de la batalla de Ciudad Real y, tras la ocupación, en cuartel, albergue y refugio de la poca tropa francesa que quedase acantonada mientras hacían sus correrías por La Mancha.

Entre tanto, ¿acaso se podría hablar de gobiernos paralelos en la provincia de La Mancha? Había un desajuste de los límites administrativos. Por un lado, el gobierno josefino propuso una serie de nombres y cargos y, más adelante, una división en prefecturas y subprefecturas, con sus respectivos empleados y representantes. Mientras, las Juntas soberanas de defensa mantenían la división administrativa en las provincias de finales del siglo XVIII, y, por lo tanto, las autoridades y cargos del Antiguo Régimen, aunque estos últimos se desempeñaron en alguna ocasión desde lejos, pues muchos habían optado por ausentarse ante la llegada de los franceses; en nuestro caso desde Elche de la Sierra o Almodóvar del Campo, donde también se asentó la Junta de Ciudad Real.

... la Junta ha establecido su residencia de resultas de la ocupación de la capital por los franceses el día 29 del pasado.

Estos mismos individuos, que son Don Diego Muñoz y Pereyro, Cavallero Maestrante de la Real de Granada; el Dr. Don

179

Josef Salomé García, Fiscal Eclesiástico y Vicario Interino de la ciudad de Ciudad Real y su Partido; el Licenciado Don José Ángel González abogado de los Reales Consejos, y Alcalde Mayor, nombrado por el General Don Francisco Venegas, de la misma ciudad, y Don Rafael Gascón, oficial de la Superintendencia Gral. de Azogues, y Secretario 2.º; que con riesgo de sus personas y pérdida de sus bienes, los tres últimos pudieron escapar de la ciudad en el momento de la entrada del enemigo en ella, apenas notaron la retirada de este y se insinuó por la Junta de defensa y armamento la urgencia de reunirse esta en un punto más proporcionado para continuar en las tareas de su instituto con el vigor y celo que la distingue, acordaron su establecimiento en esta villa, no obstante de su poca seguridad por la indefensión local, y sin pérdida de momento, posponiendo toda otra consideración, se situaron en ella dando desde luego principio a sus sesiones. (Archivo Histórico Nacional. Estado, 65, 215)

Una hipótesis de trabajo, que requiere un más profundo análisis documental de diversos archivos, sería la revisión de los documentos que nos hablan del regreso de las antiguas autoridades en los periodos de ausencia de la tropa francesa en Ciudad Real, estudiando si convivieron, y cómo, gobiernos paralelos. Parece que en esas ocasiones, que hemos denominado «intermedios», se produjo el regreso de algunos de los empleados anteriores y que estos querían volver a desempeñar sus cargos. Sería una situación de choque entre ambas concepciones administrativas: la del Antiguo Régimen con las reformas propuestas por los liberales. La puesta en práctica de los cambios de los gobiernos municipales no se hizo esperar en la ciudad.

Entre las instituciones que surgieron al amparo del reinado de José I, la más importante por la relevancia que tuvo sobre el control social, el orden público y la prevención de delitos, militares o de carácter civil, fue el Tribunal o Comisión Criminal, que actuaba en todas las localidades de la provincia, aunque su sede principal estuvo en Manzanares. Los cargos designados para este tribunal fueron ocupados por ilustres ciudadrealeños, acreditados en la función de ser freno, prevenir y aplicar los castigos de una manera menos brutal, pues recordemos que algunos de los vecinos intentaron, aunque fuera colaborando con los invasores, amortiguar la represión.

Entre los personajes que se distinguieron en esta institución encontramos a Antonio de Porras (de quien sabemos que fue mediador en las acusaciones de vecinos de Ciudad Real, que los franceses querían castigar con penas elevadas) y a Fernando Camborda (abogado que actuó con dureza contra los guerrilleros en el Tribunal Criminal de la provincia); Raimundo Quirós (abogado de Ciudad Real, miembro de la Junta popular de Ciudad Real); Antonio Orozco (oficial de la contaduría de Ciudad Real...) que fueron las autoridades municipales y, de alguna forma, pudieron hacer frente a los desmanes que el ejército de ocupación practicaba contra los ciudadanos.

1.ER Momento
27 marzo - 11 junio
Discordia y organización de una vida invadida

Hemos visto en el capítulo anterior que, bruscamente, se interrumpieron los actos religiosos del primer domingo de Semana Santa y los avatares de la batalla del día 26 de marzo. Fue el día 27, Lunes Santo, cuando las vanguardias de la tropa francesa, posiblemente los *voltigeurs*, entraron en la ciudad por diversas puertas, principalmente por la de Toledo. En su despliegue táctico, el general Sebastiani, según apuntan López y Montero, esperó «en la puerta de Calatrava, hasta que los pocos vecinos que quedaban salieron a cumplimentarle y pedir por la ciudad...».

Al margen de los disparos y caos de la invasión, se puso de manifiesto en esos primeros momentos la perturbación y la confusión de habitantes e invasores. No se entendían y el desconocimiento del idioma aumentó la tensión entre los soldados y los vecinos. Tras lo cual llegaron las órdenes y bandos para la efectiva y ordenada ocupación extranjera de la ciudad.

Los soldados que componían la tropa invasora se alojaron en la Casa de la Misericordia. Pertenecían al regimiento de húsares de Holanda, y estaban bajo las órdenes del herido coronel D'Alkemade que, según cuenta Don Kajetan, fue el único oficial lastimado por arma de fuego en la batalla. Para restablecerse de sus heridas se alojó en la casa de Treviño mientras el general Sebastiani partía hacia Daimiel.

Los documentos y bandos de los primeros días de la invasión fueron para exigir cobijo y alojamiento, atención sanitaria a los heridos, proporcionar todo lo necesario a los soldados y suministrar víveres para evitar desórdenes públicos. Así quedó reflejado en los papeles enviados a las autoridades municipales por Roest D'Alkemade, designado por Sebastiani comandante de la plaza, desde su convalecencia, sirviéndose de su ayudante van D'Oorn.

Desde las altas instancias militares de aquel momento en la ciudad se intentó cambiar e imponer otros representantes del pueblo. De hecho, no se permitió la réplica para elegir la autoridad local que intermediaría con los mandos del ejército ocupante. La Corporación remitió el día 30 de marzo, en respuesta al escrito de este comandante, la composición de los nuevos representantes elegidos para el Ayuntamiento. Publicando el siguiente bando para general conocimiento de los vecinos de la ciudad, que se custodia en el Archivo municipal:

Consiguiente a lo que se ordena en la anterior quedan elegidos... En clase de personas de probidad que actualmente residen en esta población, el dicho D. José García, Presidente y Regente de la Real Jurisdicción, y Vocales de la Junta Municipal D. Ramón Muñiz, D. Nicolás Villavaso, D. José Antonio Aguilera, D. Antonio Toral, D. Manuel García Rouna. El licenciado Antonio Porras y el licenciado D. Joaquín Gómez, vocal, secretario, a quienes convocados, comparecieron, y enterados dijeron estar prontos a auxiliar las operaciones, como terminantes* a la quietud y bienestar de la ciudad, de cuyo ayuntamiento son miembros tres de los nombrados. Entendiéndose (que) es una elección interina y hasta que regresen los demás miembros del Ilustre Ayuntamiento, sobre lo que acordará lo que estime oportuno el Exmo. Sr. General en jefe, o sus comisionados y lo firmaron en Ciudad Real a 30 de marzo de 1809.

Licenciado García (rúbrica); Muñiz (rúbrica); Aguilera (rúbrica); García y Rouna (rúbrica); Villavaso (rúbrica); Toral (rúbrica); Gómez (rúbrica); Vocal-secretario

> Ciudad Real 30 de marzo de 1809.
>
> Acuerdo
>
> Inmediatamente acordó la Junta se publicase un Bando del tenor siguiente:
>
> La Junta Municipal de Gobierno de esta ciudad creada interinamente por el Sr. Roest d'Alkemade, caballero de la orden Real de Holanda, Coronel en Xefe del 2º Regimiento de Húsares holandeses, y Comandante de esta plaza, y toda su jurisdicción &ª (etcétera).
>
> (* terminante, como sinónimo de decisivo, determinante)

Entre los toques de queda nocturnos, los lesionados en la batalla atendidos en casas particulares o en los hospitales de la ciudad, la obediencia a los pactos de Sebastiani, la rigurosa disciplina y conducta durante los primeros días de la ocupación, pasó el tiempo con algunos destacamentos acuartelados en la Casa de la Caridad, mientras que el ejército continuaba su ruta hacia Miguelturra.

El trasiego de tropas francesas por las cercanías de la ciudad fue constante, así, el día 31 de marzo llegó una unidad de caballería ligera, que tras pernoctar marchó, pues no se le pudo proporcionar un carro para conducir un enfermo, como pretendió el oficial al mando. Para Joaquín Gómez, aun incomodado por este hecho, este militar respetó la decisión del general Sebastiani de no atentar contra los vecinos ni la ciudad, pues se hallaba bajo su protección, y se mantuvo tranquila la situación «que con fina política y persuasiva disculpaban, dando el ayudante... las raciones... para evitar el robo y otras escenas...». De esta manera, la tropa ocupante se iban relevando de tiempo en tiempo.

Al entrar y ocupar los franceses Ciudad Real, no tardaron en dejar en ella, al menos, una guarnición que asegurase el dominio de la ciudad para el gobierno de José Bonaparte. Los invasores fueron fortificando las dependencias del acuartelamiento, las tahonas, capilla, enfermería y las casas de los alrededores en un amplio espacio protegiendo con guardias y parapetos el terreno ocupado, aunque el resto de la ciudad no estuviera bajo su control sino en momentos puntuales. Así, se refugiaban en la provisional fortaleza cuando hacían escala en la población destacamentos y regimientos numerosos. También patrullaban por el resto de la muralla intentando cerrar los accesos que ellos no pudieran controlar. En este sentido, Ramírez de Arellano escribió que el destacamento francés se acuarteló

> ... e hizo un fuerte en la real casa de caridad, construyendo torreones, fosos, rastrillo, caballos de frisia, estacadas, tribunas de observación, troneras y antepechos y dentro almacenes y tahonas para que no les faltasen víveres caso de que fuesen atacados. Constituía esta fortaleza inexpugnable, al decir de los narradores, un recinto muy grande que comprendía parte de la calle de Toledo, plazuela de San Antón y calle de Pedrera, con las huertas inmediatas y algunas casas que demolieron para mayor ensanche...

El 2 de abril el movimiento de destacamentos fue intenso en la ciudad. El coronel D'Alkemade, al parecer recuperado de sus heridas, tal vez gracias a la denominada «cura española»[1], marchó de la ciudad con su regimiento de húsares holandeses. Quedó al mando de la plaza el capitán del escuadrón número 16 de dragones, Amédée Charles Lenoury.

En los primeros días del mes de abril se organizó la vida cotidiana local, diversos bandos y requerimientos, como la adecuación de la destruida Casa de Correos, que se ubicaba en la calle de Calatrava, por si llegaban a la ciudad envíos postales desde Manzanares, población en la que se encontraba el grueso del ejército francés. También se rehabilitó este organismo para recibir las misivas que se enviaran desde Madrid con nuevas órdenes.

Exigencias a los vecinos

Ya en los primeros momentos las exigencias fueron de diverso tipo, desde la ayuda para reparar los enseres rotos hasta el surtido de productos de lujo. Reclamaron, en primer lugar, el nombramiento de un veterinario (albéitar) para cuidado y atención de los caballos y acémilas de carga, así como artesanos para reparar el material dañado durante la contienda, como un adobasillas para la caballería y zapateros, como se observa en la respuesta inmediata, el mismo día 31 de marzo, a la carta enviada al corregidor de la ciudad (Archivo Municipal de Ciudad Real):

Monsieur J. García
Corregidor de Ciudad Real
Por ordenanza
(ilegible): y resultando por la traducción castellana el me(ilegible)
El nombramiento de un maestro albéitar, un sillero*, y dos zapateros, se dejan al efecto del mariscal Manuel de la Orden, del sillero Juan Fulgencio Aranda, y de zapateros Pedro Ruiz Vence, y su hijo, a quienes se les hará saber para que se presenten a disposición del Sr. Comandante de la Plaza y estén prontos a las obras que se les ordenen respectivamente cuidando de recoger recibo.
Ciudad Real 31 de marzo de 1809.
García (rúbrica);
Gómez (rúbrica) vocal secretario

Ciudad Real 31 de marzo de 1809, en la noche.
Se contestó al Sr. Comandante por oficio expresivo del nombramiento anterior y notificar.

Gómez (rúbrica) Vocal secretario
(* se entiende que el adobasillas que exigen los franceses sea, posiblemente, de sillas de montar a caballo)

Los asuntos relacionados con el gobierno y la administración municipales se fueron regulando durante el mes de abril; aunque a lo largo de la ocupación habrá nuevos bandos, instrucciones y más órdenes para mantener el control social, o bien relacionadas con las reformas que emanaban del nuevo gobierno del país, encabezado por el rey José I.

La transmisión de las órdenes y mandatos, que procedían fundamentalmente del estado mayor del Cuarto Ejército, bajo el mando del general Sebastiani, era comunicada a las autoridades municipales y a los ciudadanos a través de los empleados elegidos por los militares franceses. Como ocurriría con los nombramientos de Antonio Porras, primero como asesor, después como corregidor y posteriormente como intendente, o la designación de Florentino Sarachaga como intendente de La Mancha.

Diversos documentos, entre los que hay bandos, edictos, proclamas y mandatos, organizaron a nivel administrativo la gestión municipal. Por ejemplo, en varios escritos del día 5 de abril, entre otras órdenes francesas están la demanda del regreso de las autoridades huidas. Se emitió un precepto municipal para la vuelta de los cargos locales, que requirió después la aprobación expresa de los mandos invasores. En este edicto se comunicaba, a su vez, a los pueblos circundantes de Ciudad Real, que dar cobijo a los que se fugaron de la ciudad podría tener severas consecuencias y castigos. Ese mismo día se regulaban también cuestiones vinculadas con el orden público y la entrega de suministros y vituallas que se requerían para el ejército.

Las exigencias de los conquistadores demandaban, incluso, la adecuación de dependencias, los abastos y provisiones, no solamente para la tropa ocupante sino, además, la continuación de la vida cotidiana de los ciudadanos sometidos. En concreto, el día 11 de abril se expidió la orden de permanecer en los empleos públicos de todos los responsables, para que la ciudad siguiera con su actividad normal, eso sí, bajo el mando de los dirigentes militares: «A todos los dichos empleados se les hará saber de orden del Ministro de Hacienda del Ejército francés, que deben continuar en el Servicio de sus respetivos empleos con el goce de sus sueldos...» (Archivo Histórico Municipal de Ciudad Real). Era el deseo normalizar la invasión de la ciudad, el acostumbrado funcionamiento del comercio, de la administración pública y la seguridad de la villa.

En esta documentación se observa que a lo largo de las primeras semanas de ocupación se fueron nombrando los cargos municipales y de representación, por ejemplo, el 20 de abril se nombró corregidor a Antonio de Porras, que ya era vocal de la Junta municipal, y a Villavaso y a Gómez responsables de correos:

Estando en las Casas Consistoriales y Sala Capitular los Sres. Josef de Torres, regidor perpetuo y regente de la real jurisdicción, Ramón Muñiz, regidor perpetuo, Antonio Toral, Josef Antonio

Aguilera y Josef Hidalgo, Diputados del común, y Julián García, jurado perpetuo, en presencia de Antonio de Porras, abogado de los reales consejos, Nicolás de Villavaso y Joaquín Gómez Merino... se mandó leer las órdenes del... comisario ordenador del ejército en diez y nueve del corriente por las que nombra por corregidor interino al citado Antonio de Porras, por administrador e interventor interino de la Estafeta de Correos en esta ciudad a Nicolás Villavaso, y a Joaquín Gómez...

Se sucedían las reuniones del Ayuntamiento en las que se daba aviso de las órdenes, bandos y requisitorias sobre variados temas de los ocupantes, como no dar cobijo, delatar guerrilleros (*brigands*, como decían los franceses) y cumplir las demandas de los invasores.

En estos primeros días de la invasión, intentando organizar la gestión de la vida municipal, tal vez se podría entender el juramento al rey como un acto administrativo dentro de las actividades de la Junta local. De hecho, el 3 de abril envió Sebastiani este mandato de juramento de fidelidad al nuevo monarca a todos los pueblos.

Con el hilo conductor del relato de Joaquín Gómez conocemos que en Ciudad Real, una vez instaurado el orden público, se organizó por «el comandante jefe del escuadrón llamado Lenouri... dispuso la fiesta titulada, del Juramento de Fidelidad... con manifiesto (expreso de) asistencia de una compañía de granaderos, Ayuntamiento, religiosos, y el poco vecindario» que quedaba. Incluso se llegó a engalanar la ciudad para el magno acontecimiento que se llevaría a cabo en días posteriores. «Se convocó por bando el día anterior, mandando poner iluminación aquella noche; y el no obedecer, como siempre, ocasionó una fuerte reprensión (amonestación) de Sebastiani».

Se hace preciso pase V. S. la orden correspondiente a los Sres. Alcalde, Justicia y Ayuntamiento de los diferentes pueblos de la Mancha para que inmediatamente nombren Diputados que sin demora, pasen a Madrid a prestar el debido juramento de fidelidad al Rey nuestro señor Dn. José Napoleón 1.º
Quartel General de Daymiel 3 de abril de 1809.

El General comandante en jefe del 4.º cuerpo de Ejército.

Horacio Sebastiani (firma y rúbrica)

Comisario ordenador de S. M. C. (Su Majestad Católica)

(Juramento de fidelidad a José I. Orden del general Sebastiani)

ESPAÑA.

Madrid 17 de abril.

Ayer tuvieron el honor de presentarse al REI nuestro Señor las diputaciones de las ciudades de Lugo, Ciudad Real y Almagro, y de las villas de Daimiel, Carrion de Calatrava, Granatula, Villarubia de los Ojos de Guadiana, Aldea del Rei, Torre Alba de Calatrava, Calzada de Calatrava, Membrilla de Calatrava, Solana, Manzanares, Moral de Calatrava, Corral de Calatrava, Villamayor y Alcázar de san Juan, y los cabildos eclesiásticos y comunidades religiosas de ellas. Todas manifestaron á S. M. el gusto con que habian prestado el juramento de fidelidad y obediencia á su augusta Persona, á la constitucion y á las leyes, los pueblos y cuerpos que los enviaban para que reiterasen á sus reales pies sus mas sinceros homenages.

Gazeta de Madrid, n.º 107, 17 de abril de 1809

En la reunión del día 7 de abril, de la Junta municipal de Ciudad Real para la elección de los representantes, se decretó:

Y de consiguiente quedaron nombrados para la Diputación que a nombre de esta ciudad ha de rendir el dicho homenaje a S. M. C. Del estado eclesiástico el Sr. cura de san Pedro Bartolomé del Moral. Del estado de hijosdalgo Juan Regis Hidalgo. Y de los Individuos del Ayuntamiento Pedro Martínez. Los cuales quedaron elegidos por pluralidad de votos, y el primero presente aceptó el encargo;

mandándose que sin pérdida de momento se llamen a los ausentes Juan Regis Hidalgo y Pedro Martínez. Encargándose estrechamente a los religiosos que asistieron de los conventos de esta ciudad, que inmediatamente avisen a sus respectivos Prelados para su presentación luego. Determinándose al mismo tiempo que la prestación del juramento de fidelidad en esta ciudad se hará en la Iglesia de Santa María del Prado el domingo próximo nueve estando Su Majestad patente[2], y conociendo y firmando cuantos sepan escribir. Para lo que se darán las disposiciones oportunas de acuerdo con el Comandante.

El acto del juramento se llevó a cabo el 17 de abril en Madrid, como se refleja en la *Gazeta*. Además, en este texto, el rey comunica, a los que acudieron a esta ceremonia, la posibilidad de una nueva configuración administrativa de las provincias. Unas reformas que se verían plasmadas en las leyes del año siguiente con la división en prefecturas y subprefecturas, aunque su aplicación práctica no llegó a hacerse efectiva.

El control del erario público de la ciudad

El máximo militar al mando en la ciudad dio instrucciones al Ayuntamiento para que «se le habilite para el manejo de los caudales que pertenezcan a la Real Hacienda y demás que correspondan recaudarse por la Tesorería de esta capital para encargarse en ella», por tanto ejercer el control económico de la ciudad: inversión, libramientos, despacho, contaduría. Además de la exigencia de que se «busquen los papeles correspondientes y necesarios para formar un estado de toda la provincia, de los descubiertos y existencias de los pueblos y partidos de su comprehensión a favor de la Real Hacienda...».

Este es otro de los asuntos importantes que se pretenden controlar desde los primeros momentos de la ocupación, el referido a la economía de guerra, mediante empréstitos forzosos, con una parte muy específica para la provincia de La Mancha, mediante un real decreto que fue publicado el 7 de abril, con la obligación de hacerlo cumplir el general en jefe del Cuarto Cuerpo del Ejército francés, el general Sebastiani. Disposición que dado a conocer al pueblo en los días posteriores, comenzó a hacerse el reparto correspondiente a cada municipio el día 23, con algunos retardos y excusas para ampliar el plazo de pago de este oneroso gravamen.

Ciudad Real

(Sello real, papel timbrado oficial) Quarenta maravedís (impreso)

El Sr. Dn. Cipriano María Echevarría comisario ordenador de S. M. C. (Su Majestad Católica) y al lado del Exmo. Sr. Gral. Dn. Horacio Sevastiani, comandte. en Gefe del Quarto Cuerpo del Ejército francés me ha pasado con fecha 16 del corriente el Real Decreto que a la letra dice así: Dn. Josef Napoleón por la Gracia de dios y por la Constitución del Estado Rey de las Españas y de las Indias. Habemos decretado y decretamos lo siguiente:

Artº. 1.º La provincia de la Mancha pagará un empréstito extraordinario hasta en cantidad de seis millones de reales que se satisfarán después con bienes nacionales.

Artº. 2.º Este empréstito se cobraría a cargo de nuestro Comisario General cerca del Cuarto Cuerpo del Ejército, y para ello le dará su ayuda y favor el General en jefe de él.

Artº. 3.º Nuestro Ministro de Hacienda queda encargado en la ejecución del presente Decreto y nuestro Ministro Secretario de Estado imviará (enviará) la expedición de él a nuestro Mayor General.

Dado en nuestro Palacio de Madrid a 7 de abril de 1809.

Firmado, Yo el Rey, por S. M. (Su Majestad) su ministro Secretario de Estado. Mariano Luis de Urquijo.

(Transcripción del decreto)[3]

Hubo un trasiego de comunicaciones entre los miembros de la Junta municipal y la autoridad josefina, esta última amparada en la fuerza de las armas, que intentaban controlar las finanzas, la fiscalidad y el depósito de caudales. Este impuesto tan elevado se repartió entre los pueblos de la provincia, que debían aportar la cantidad asignada a cada uno. A los vecinos de Ciudad Real les tocó «colaborar» obligatoriamente con 214.884 reales:

En su consecuencia habiendo procedido al reparto entre todos los pueblos de esta provincia de los referidos seis millones de reales, corresponde a esta ciudad la cantidad de doscientos y catorce mil ochocientos ochenta y cuatro reales de vellón, que deberían repartirse entre los vecinos teniendo en consideración a los más pudientes en la inteligencia de que en el término de ocho días contados desde el recibo de esta orden debería usted entregar los citados doscientos catorce mil ochocientos ochenta y cuatro reales de vellón al Tesorero de esta provincia en el Cuartel General del Cuarto Cuerpo de Ejército a las órdenes del Exmo. Sr. Gral. Sebastiani. Se confirma a los contribuyentes la seguridad de que los recibos de estas cuotas serán admitidos en pago de las fincas que enajenase el Estado y de los dichos y contribuciones reales. Dios guarde a usted muchos años Daimiel y abril 23 de 1809.

La obligación de hacer frente al empréstito forzoso se intentaba dilatar por las autoridades locales, mediante la petición de reducir la cuota de los 214.884 reales de vellón, debido a la triste coyuntura, pues se carecía de suficiente capital. Se argumentó que en otros pueblos había más riqueza. Las exigencias de los invasores se hicieron más imperiosas hasta que, tras las amenazas, en el ayuntamiento de la ciudad se llegó al acuerdo de nombrar a cinco personas que se encargarían de graduar el reparto de manera cabal y evitando perjuicios entre los vecinos «excluyendo los más pobres de solemnidad, jornaleros y demás personas exceptuadas de toda contribución».

El mismo día 23 de abril se les dio un plazo de ocho días para hacer efectivo el abono del impuesto. Con algunas triquiñuelas se fue retrasando el pago, lo que obligó a los invasores a exigir el adeudo mediante amenazas de incremento del impuesto y la acción punitiva del ejército, en caso de no cumplirse los plazos establecidos:

... si al contrario (que no lo creo) manifestase lentitud y mala voluntad y no hiciese la entrega en el término prescripto los cuatro próximos días de retraso se aumentará el empréstito en una cuarta parte más, y a los otros cuatro en la mitad de aumento. A los quince días se enviará un batallón para que viva a discreción y hará sufrir a este pueblo en una ejecución militar.

Triste imposición tributaria para los vecinos de Ciudad Real que no pudieron cumplir ni con el plazo ni la cantidad estipulados. De manera que a finales del mes de mayo se le exige al municipio que abone el resto de la cantidad que le correspondió en el reparto, pues solamente entregaron 197.114 reales y 32 maravedís de vellón. Así mismo se acusa recibo, por parte del comisario ordenador, Cipriano Echevarría, de haber completado la cantidad exigida con «plata labrada», con un valor tasado de 20 reales de vellón la onza, lo que daba una cantidad de 17.769 reales y 2 maravedís de vellón, con lo cual quedaba completada la suma exigida a los habitantes de Ciudad Real.

El orden público y la represión

Indudablemente el orden público, el control de las algaradas, fijar las normas de convivencia y la seguridad ciudadana fueron temas de los que se ocuparon los invasores desde los momentos iniciales de la ocupación. De los primeros días de abril se ha recogido uno de los documentos, intentando tranquilizar a los lugareños o amenazándolos en sus vidas y en sus bienes; los conquistadores pretendían manejar y dirigir la vida en la ciudad.

Obviamente, hubo desórdenes que tuvieron que ser investigados y atajados, como el atraco a la Casa de la Administración y la Tesorería. El día 2 de abril, en una inspección rutinaria, se hallaron «las oficinas abiertas y descerrajadas... las puertas de la tercena (almacén del Estado para vender al por mayor tabaco y otros efectos), tesorería... y contaduría quebrantadas...» y deterioradas las arcas; saquearon los fondos allí custodiados, dejando una pequeña cantidad; se robaron papeles y otros documentos. Todo en perjuicio de la municipalidad que tomó medidas de protección.

En el intento de tranquilizar a las poblaciones, entre ellas la ciudad, se sucedieron una serie de bandos exigiendo la entrega de armas en las casas consistoriales de los pueblos para la «buena armonía que el paisanaje debe guardar con las tropas», y formar un depósito para su custodia. Considerando, además, que hay que dar aviso al comandante de la plaza de cualquier alboroto o desorden que perturbe la calma, pues el mando dará

Á LA NACION ESPAÑOLA. DIA DOS DE MAYO DE 1808. EN MADRID

Provocan los franceses la ira del pueblo. Señalado este día para la del horrible atentado que la atroz política de Bonaparte había encargado al sanguinario Murat: dispone este que a las diez de la mañana salga para Francia la Reyna de Etruria, divulgando que los franceses se llevaban al Infante D. Francisco. Alarmado el pueblo corre tumultuariamente al palacio real, donde cortando los tirantes del coche, se esfuerzan por oponerse a su salida. Los soldados prevenidos al intento, hacen fuego sobre la inerme muchedumbre, que irritada a vista de tanta iniquidad acomete furiosa a los viles satélites del tirano y difundiéndose en un momento el ardiente deseo de una justa venganza, se convierte todo Madrid en un sangriento campo de batalla.

Con Rl. Privilegio. T. L. Enguidanos invt.

Tomás López de Enguídanos - Biblioteca Digital Memoriademadrid, Spain - CC BY-NC. https://www.europeana.eu/item/2022711/5583

«las más activas providencias para conservar la pública tranquilidad».

Un tema perentorio del orden público era el asilo y cobijo a los guerrilleros (*brigands*), en este asunto insisten una y otra vez en la delación, el arresto y el castigo a los vecinos. En la «real orden» a las justicias de los pueblos expresaba el general Sebastiani que prohibía a todos los distritos de La Mancha recibir y acoger a los contrabandistas, estando obligados a capturarlos rápidamente. «Todo habitante que dé asilo y aloje en su casa a cualquier contrabandista será mirado como cómplice de asesinato, y castigado de muerte...». También, el vecino que hubiese avistado por los caminos «u otra parte cerca de los pueblos partidas de contrabandistas está obligado a declararlo al instante a los comandantes de las plazas y a los alcaldes...». Además, el suministro de víveres a estos grupos de bandidos (guerrilleros), sería castigado y objeto de una fuerte multa: «pagarán a las veinte y cuatro horas cincuenta mil reales... si el distrito tiene más de dos mil almas; y aquel que no las hubiere pagará veinte y cinco mil. So pena de ejecución militar». También habría compensación para los cumplidores de estos mandatos, no vayamos a pensar que los franceses no eran generosos con las delaciones, pues «se recompensará con la mitad de la contribución a aquel que denuncie la llegada y la recepción de los contrabandistas en los distritos».

El Exmo. Señor General en Jefe del cuarto cuerpo de Ejército francés en España.

A los Señores Corregidores, Alcaldes mayores, Regidores, y Justicia de los Pueblos. Sabed

Que mi intención es proteger a los habitantes de la Mancha, y mis más sinceros deseos ver renacer el orden en esta provincia. En consecuencia mando vuelvan a sus hogares todas las personas, que por temor u otra causa los hayan abandonado, restitúyanse los habitantes a sus pueblos, y cuenten con mi amparo. Si le reusasen, quedándose aun esperados en diferentes puntos confiscaré los bienes de los propietarios ausentes, arrestaré a toda persona que sin un pasaporte se halle en el campo, y castigaré de muerte a el hombre armado.

Cuartel General de Daimiel 15 de abril de 1809. El general comandante en jefe del 4º Cuerpo, Horacio Sebastiani.

Concuerda con su original.

El Comisario ordenador del Ejército de S.M.C.
Cipriano M. de Echevarría (rúbrica)

Señores Justicia de Ciudad Real

Halago y amenaza del general Sebastiani, «protector de La Mancha»

Colgados en la puerta de Granada (Miguelturra) en una horca de veinticinco pies de altura. (Archivo Histórico Municipal, Ms. 417-088)

A día siguiente del envío a los ciudadanos de esta orden de Sebastiani, llegó a la Junta de la ciudad un nuevo mandato para arrestar con rapidez a los que comprometan la seguridad pública de la provincia o del ejército, informando al intendente de la medidas tomadas contra los que alteraron el orden público.

Aleccionar, acogotar, ejemplarizar y amedrentar a los habitantes conquistados fueron las prácticas usuales, a pesar de las promesas y la protección a la ciudad del general Sebastiani. En la situación de guerra que estaban viviendo los ciudadanos era el vencedor el que impuso las terribles normas. La despiadada y violenta represión era un asunto demasiado habitual en el proceder de los invasores.

Un triste ejemplo del castigo aplicado a quien se saltase las reglas impuestas por los invasores, para aviso y general escarmiento de la población, fue llevado a cabo por el comandante de la plaza Amadée Ch. Lenoury: el «baile del balcón».

Se ejecutó a dos delincuentes y, después, se les exhibió con escarnio para atemorizar a los viajeros que entraran o salieran de la ciudad:

Señores

Siendo la intención de el Señor General en jefe que los dos hombres que han sido ejecutados hoy sean colgados en una horca y deseando conformarme con sus intenciones convido a vmd. (vuesa merced) Señores a que luego se haga, y para las dos de la tarde a más tardar, una horca de veinte y cinco pies (7'62 m) a lo menos de altura y de colocarla a cien pasos más allá de la puerta que va a Miguelturra (puerta de Granada).

Tengo el honor de saludar a vmd. (vuesa merced) con la más perfecta consideración.

El Comandante de la Plaza. Lenoury

Sres. Individuos del Ayuntamiento.

(Transcripción)

Vituallas exigidas:
cacao, tabaco y aguardiente a la cebada y otros alimentos

El avituallamiento exigido a la población de Ciudad Real durante la ocupación francesa fue de lo más variado, y hasta me atrevería a decir que incluso exótico, pues entre otros víveres y alimentos requieren con urgencia, el día 2 de abril, «cuarenta y cinco sacos de azúcar..., dos de cacao..., un saco de azúcar que se trasladó a la casa del Sr. Comandante de la plaza para su consumo y servicio...».

Las necesidades del ejército de Sebastiani eran enormes, así nos dice Gómez que el general cada tres días enviaba treinta o más galerones (carros grandes de cuatro ruedas para transportar personas, ordinariamente con cubierta o toldo de lienzo fuerte), desde Daimiel para avituallarse de «cebada, trigo y todo el tocino que la Junta Soberana había almacenado en el convento de san Francisco, con muy distinto objeto». De hecho, en la respuesta que el cabildo de Ciudad Real da a las exigencias de este general, se afirma el envío al requerimiento del día 5 de abril, alegando las dificultades de algunos de los encargos, la solución prevista de los mismos y la imposibilidad de alguna demanda, como la fabricación de «40.000 raciones de galleta», pues en la ciudad no hay nadie que pueda elaborar este producto, aunque sí se pueden proporcionar los ingredientes necesarios para que fueran expertos franceses en el ejército los que hicieran el artículo reclamado.

La ciudad puso todo el empeño en satisfacer las demandas del general francés sin demora, incluso redoblando el esfuerzo si era necesario para atender las peticiones: para los zapatos, se mandó a los zapateros trabajar día y noche, incluso solicitando ayuda a los pueblos cercanos; los quinientos carneros u ovejas estarían prontos para su envío; sobre las cincuenta arrobas de arroz, el Ayuntamiento respondió que este alimento no se encuentra en la ciudad, pero pasará la petición a los municipios cercanos; las cien arrobas de garbanzos se enviarían puntualmente; las «300 arrobas de aguardiente» no faltarán. Pero, respecto a la exigencia de veinticinco mulas y carruajes para tiro se darían las disposiciones para entregarlas lo antes posible, pues el número de estos animales era escaso en la localidad.

Cumplir las exigencias de los invasores era complicado, pues, en ocasiones, se produjo un abuso de autoridad. Recordemos el saqueo de las dependencias de la Casa de Administración de Rentas, donde se guardaban libras de tabaco y otros efectos de la Real Hacienda.

> Se descerrajó (la puerta al no encontrarse las llaves)... sacando tabacos para surtir la tercena (almacén del Estado) y estancos de la ciudad, se introdujeron varios señores oficiales franceses, y tomaron los que les acomodaron, sin embargo de los que en el acto mandó sacar el señor comandante de la plaza para surtir a sus tropas de que dio recibos sin poder puntualizar el número de libras que sacaron y surtidos los citados estancos se cerró dicho almacén con las dos llaves explicadas; dando orden Su Señoría para que se volviese a colocar la cerradura que se había levantado...

La necesidad de la Junta municipal de Ciudad Real de pedir ayuda a los pueblos y aldeas de su alrededor queda patente en el caso de la exigencia de cebada y trigo; en un documento de fecha 4 de mayo, que requirieron 180 fanegas de cebada (equivalente a 5.760 kg.) y una cantidad indeterminada de trigo, de las que se pudieron recoger en la ciudad 26, precisando la aportación de los pueblos de Picón y de Alcolea, donde se guardaba en los depósitos cebada y trigo. Pensamos que tal cantidad de grano, que se debía trasladar a los depósitos municipales, no eran solamente para la tropa sino, además, para poder abastecer a los habitantes de la ciudad una vez controlados los abastos por los franceses.

La gestión de las autoridades locales

Durante este primer momento las actividades municipales, mal que bien, continuaron, pues ese era uno de los intereses principales de las tropas invasoras. En el constante ir y venir de las tropas galas, los cargos municipales huidos fueron regresando, motivo por el que la municipalidad interina solicitó a las autoridades militares su relevo y la restitución en sus puestos de los empleados anteriores. Precisamente en un documento de 2 de abril se comunicó al comandante en jefe de las tropas ocupantes el regreso de algunos regidores, diputados, el procurador síndico[4], jurados y otros cargos «que se hallaban fuera» (los que escaparon):

> Respecto a hallarse ya en esta ciudad los regidores D. Josef Torres, y D. Ramón Muñoz, los diputados D. José Antonio Aguilera, D. Antonio Toral, y D. José Hidalgo, el Procurador síndico D. Gerónimo Alcázar y los jurados D. Francisco Sabariegos y D. Julián García, que es casi todo el número que componen el Ayuntamiento de esta ciudad, estima esta Junta debe cesar en sus funciones interinas, devolviendo a las legítimas autoridades todas sus facultades, uso, y ejercicio de justicia, ramos de Gobierno, administración, &ª (etcétera) y por lo tanto resuelve se les haga entender, previo el conocimiento y aprobación del Sr. Coronel, Comandante de esta plaza...
>
> Licenciado García (rúbrica); Muñiz (rúbrica); García y Rouna (rúbrica); Villavosa (rúbrica); Porras (rúbrica); Ydalgo (rúbrica); Toral (rúbrica); Gómez (rúbrica) Vocal secretario
>
> Ciudad Real 2 de abril de 1809.

Hemos de llamar la atención sobre la singularidad de este hecho porque, a pesar de la reaparición de las autoridades legítimas, que fueron restituidas con la aprobación del comandante de la plaza, y que la Junta provisional interina no continuó sus funciones, fueron designadas algunos cargos de corte afrancesado para ejercer una especie de control de la gestión municipal por los antiguos ediles, como se verá con el nombramiento de intendente Antonio de Porras. Aceptando las nuevas autoridades municipales dicho control, como se ve en el siguiente documento de 3 de abril:

> Mediante a que se necesita con precisión de un asesor en ciencia e instrucción en los muchos negocios que ocurren con motivo del acantonamiento de las tropas francesas, representantes al Exmo. Señor General en jefe, al Sr. Comandante de esta Plaza, oficios a las Justicias de los pueblos de la provincia tanto por

lo respectivo a los ramos de la Real Hacienda por residir en Su Señoría las funciones de la Intendencia, cuanto por los muchos negocios pertenecientes al corregimiento, y otros que puedan ocurrir, no versados; deseando Su Señoría cumplir exactamente con los deberes de su encargo, y adornando a el Licenciado Dn. Antonio de Porras, Abogado de los Reales Consejos cuantas circunstancias de patriotismo, instrucción, suficiencia, celo, amor a la Patria, y despejo[5] para el pronto despacho de todos los negocios, lo nombra Su Señoría por su Asesor General: Lo que se le hará entender para que se sirva ocupar dicho nombramiento y que diariamente asista a este Ayuntamiento para con su acuerdo desempeñar los referidos negocios.

José de Torres (rúbrica)

Presente fui Juan Lorenzo Arenas (rúbrica)

Supieron los acantonados en Ciudad Real la presencia de una división española, al mando del mariscal de campo Tomás Terán, en Puertollano. El comandante Lenoury, que había relevado a Campana con igual número de dragones, pidió refuerzos de infantería. El 11 de junio salía hacia esta población, esperando acampado en las inmediaciones de Corral de Calatrava a los 450 infantes que le auxiliarían en sus operaciones. Entre tanto, escaseó considerablemente la presencia francesa en la ciudad, aunque se mantuvo la guarnición en la Casa de la Caridad.

Entre exigencias, nuevos gobiernos locales, extorsiones, saqueos y violencias, el pueblo soportó agresiones y juicios. Este lapso se le tuvo que hacer, además de muy triste y duro, muy, muy largo. En este ínterin desde antes de la salida de Lenoury de la ciudad se seguía una causa criminal por una muerte causada semanas antes, durante los primeros días de la ocupación, el día 28 de marzo. El juicio, que hubiera sido sumarísimo, contó con el buen hacer, como juez, de Antonio Porras, que impidió que fuesen ejecutados algunos inocentes que habían sido apresados hasta que se descubriera al verdadero asesino. El anterior comandante y su asistente «pidieron muchas veces el proceso, y decían... que sobraba mérito para que hubiese (otra vez) baile de balcón...» (Joaquín Gómez). Mas, gracias a la actividad y política de Porras, se salvaron varios de los encausados, aunque uno continuó preso y, cuando se supo la verdad, el comandante de la plaza se hallaba en la expedición militar contra las tropas españolas en Puertollano.

Lenta e inexorablemente se fue consolidando la ocupación de los franceses de Ciudad Real y otras poblaciones de la provincia de La Mancha. Durante esos primeros 76 días (27 de marzo a 11 de junio) la tropa que entraba y salía de la ciudad, aunque también con una permanencia constante en la fortaleza que construyeron en torno a la Casa de la Misericordia, comieron bien, bebieron aguardiente bien, fumaron o masticaron tabaco bien, gracias al pueblo más obligado que sumiso, reprimido, acosado. Un pueblo cuyo ejército vencido se intentaba reagrupar al sur de la provincia.

Hemos hablado brevemente, hace unas páginas, de las «tonterías del pueblo». En este sentido habría que recordar los «errores tácticos y estratégicos» del general Cartaojal. Y, hacia el final de este primer momento, que hemos señalado, de la ocupación de Ciudad Real, habría que hablar de esfuerzo sereno y firme, y de la «paciencia del pueblo» ante el ocupante de su ciudad.

1.ᴱᴿ Intermedio
entre el 11 y el 29 de junio
«la venida de emigrados» y «surgió algo maléfico»

Al marcharse Lenoury la ciudad quedó relativamente tranquila. Los escondidos abandonaron sus refugios y volvieron, pero muy pronto la desconfianza hizo mella en el ánimo de unos y otros, los huidos tachaban a los que quedaron de colaboracionistas con el enemigo. Surgieron discordias entre los que se fueron y los que se quedaron.

En aquella mañana se franquearon las puertas de las habitaciones más recónditas; las gentes se abanderizaban[6] en calles y plazas, dándose alegres parabienes. No se oía más que voces de contento, Gracias a Dios, sea en hora buena, ya respiramos, y otras semejantes. Tanto era el placer que algunos se olvidaban de cuanto habían sufrido al verse con libertad para visitar sus amigos, reconocer sus haciendas, y pasear por el campo. En pocos días se iba poblando la ciudad con la venida de emigrados, a los que contaban lo ocurrido. Los puestos públicos se abrieron, proporcionándose regulares surtidos; cada cual se ocupaba en sus respectivos destinos, y solo amargaba las conversaciones la censura de varios, que por haber estado ausentes, caracterizaban de traidores a españoles verdaderos, desinteresados, y menos egoístas que ellos. ¿Es patriotismo abandonar las poblaciones en el mayor peligro, cuando no se contribuye al exterminio del enemigo...? ¿Es caridad cristiana dejar los enfermos y heridos que perezcan por falta de prontos socorros? ¿Es lealtad contribuir a la pérdida de haciendas, y desolación de los pueblos? ¿Es celo patriótico huir a distantes villas para disfrutar buenos sueldos, asistir a cazas, tener tertulias, juegos, y toda clase de diversiones, sin ocuparse en nada útil a la nación? ¿Semejante conducta se llamará sacrificarse por el bien público, único fin de todo sistema político bien dirigido? ¿Deben así premiarse tanta aflicción, tan incesantes riesgos de perder la vida? Muy oportuno parece recordar que Catón[7] era inflexible, y su estoicismo fue muchas veces perjudicial, y casi siempre inútil a Roma, y al paso que Cicerón con su elocuencia y racional constancia supo salvarla más de una vez. El país jamás agradecerá ver consumido el erario para pagar sueldos de empleados que sin trabajar, ni destinarse a la subsistencia del ejército, ni querer ocupar lugar en él, han sabido ostentar patriotismo, muy divertidos en punto seguro; mientras sus hermanos lloraban abrumados por inmensidad de males. De este modo fomentaban las discordias, los que se titulaban amantes de la patria, desterrando la confraternidad, e introduciendo el odio, guerra más terrible que la que hacían los franceses con la fuerza de las armas. (Joaquín Gómez)

Apareció el fantasma de la censura, el reproche y la desconfianza hacia el vecino, tachando de colaboracionistas con el enemigo a los que aquí quedaron. Vemos, igualmente, en las preguntas y en algunos de los asertos de Gómez, una defensa de los afrancesados, en contra de la actitud de las autoridades locales y vecinos que huyeron. Y es, precisamente en este texto donde extrañan y sorprenden estas cuestiones que hace Gómez, pues él mismo fue designado por el marqués de la Romana «juez de infidentes para castigar a cuantos seguían el partido francés», tras su salida de Ciudad Real. Incluso emplea términos que después serían utilizados por los defensores de los liberales, josefinos y afrancesados, como fue el caso de Reinoso en su libro *Examen de los delitos de infidelidad al a patria, imputados a los españoles sometidos baxo la dominación francesa.*

En este asunto de los huidos que luego regresaron «surgió algo maléfico: la desunión, la desconfianza, el odio, incluso: los que emigraron, que fueron los más, acusaron a los restantes de colaboracionista con el enemigo», y la reacción de los que quedaron fue defenderse de los insultos de los serviles, «echándoles en cara su comodidad... mientras ellos arriesgaban a diario su vida entre los invasores tratando de proteger en lo posible las haciendas de todos y a los ancianos, a los enfermos, a las mujeres...» (Antonio Ballester).

Durante este periodo de tranquilidad, que hemos denominado 1.er Intermedio sin el dominio de los invasores, es cierto que llegaron noticias y decretos de la Junta Suprema Gubernativa, al menos con fecha de 25 de junio, en los que, apropiándose las funciones del monarca «cautivo», Fernando VII, entre la mucha parafernalia lingüística y verborrea, esta Junta Suprema, desde su sede provisional en Sevilla, explica asuntos de la estructura del gobierno de la nación en guerra, pues era un tema que no dejaba de ser importante, pero nada dice sobre la manera de afrontar la invasión y la ocupación de las poblaciones del reino, sino de cargos, empleos y de las dignidades que se seguirán manteniendo en los antiguos Consejos, Chancillerías, dependencias y otras instituciones nacionales. Comunicando cuánto personal habrá en algunos casos, y de los sueldos, emolumentos y uniformes que llevarán en sus puestos, así se expresa una de las órdenes de la Junta:

> Habrá cuatro porteros de cámara con honores y uniformes de porteros del rey, y uno de ellos tendrá a su cargo el cuidado, custodia y limpieza de los muebles y casa del Consejo, que reglará sus salarios, emolumentos y policía, y servirá en las juntas, o comisiones de consultas. Dos agentes fiscales letrados ayudarán a los fiscales, y serán propuestos por ellos, mas por ahora se elegirán de los que sin destino gozan sueldo del Real Erario, sin perjuicio

de otras providencias en lo sucesivo; y lo mismo se hará con tres relatores, que nombrará el Consejo por oposición.

Un triste apoyo de las autoridades nacionales hacia los habitantes invadidos que se verán pronto nuevamente asediados. Algunas de estas invasiones y ocupaciones serán más breves en el tiempo, pero igual de crueles y onerosas para los vecinos de Ciudad Real. «Así transcurrieron diez y ocho días...», escribió Gómez.

2.º Momento
29 junio – 3 de julio
Parecía más bien una era que población habitada por racionales

A lo lejos se vislumbraba la polvareda levantada por los cascos de decenas, tal vez cientos de caballos, pero la gran distancia no permitía distinguir si eran amigos o enemigos. Las suposiciones de unos contrastaban con las conjeturas y deseos de otros. «... y el 29 de junio de 1809, fiesta de San Pedro por la mañana se esparce la voz de que se acercan tropas de caballería en gran número; unos decían ser españoles, hasta asegurar era el regimiento nuevo de Fernán Núñez[8] y otros porfiaban que eran enemigas» (Joaquín Gómez). Al fin, resultó que eran tropas enemigas de regreso a la ciudad, marcando así un nuevo momento en la ocupación, un segundo momento del asentamiento galo en el cuartel de la Misericordia (todavía era la Casa de la Caridad), para ejercer contra los ciudadanos acciones inmisericordes y carentes de piedad.

Autores como López y Montero, que hacen referencia al cronista antes citado, Antonio Ballester, hablan de la entrada del regimiento llamado Westfalia, además de dragones de la caballería, otros polacos practicando la rapiña y que el 29 de junio fue día cruel y noche fatal, en los que se derribaron puertas y se asaltaron viviendas. Y estos soldados franceses, con sus oficiales al frente, dejaron de considerar a las autoridades que quedaron, tras la huida de otros empleados municipales y parte del vecindario. Así, el regidor decano perpetuo José de Torres no fue respetado como representante de la ciudad:

... por la puerta de Calatrava principiaron a entrar unos dos mil caballos de polacos lanceros, regimientos de Westfalia, del ejército de Víctor, duque de Vellune (Bellune), general en jefe del primer cuerpo, comandados por el General de División, llamado Merlín. El pueblo quedó con pocos habitantes, y la tropa derribando cuantas puertas veían cerradas, se hicieron prontamente el alojamiento. No es fácil mostrar el terror que causaba ver la ciudad por todas partes ocupada de caballos y lanzas. Los soldados, presumiendo no habría provisión de cebada, traían cada uno dos o tres haces de mieses recién segadas, que extendidas por las calles y plazas parecía más bien una era que población habitada por racionales. El estrepitoso ruido de los caballos por sus pesadas herraduras; el mucho número, y la rabia y desesperación que manifestaban en sus expresiones soldados, oficiales y jefes por haber sido sorprendidos en Torralba aquella noche por un corto número de intrépidos Guerreros Españoles al mando del General Laci, todo intimidaba aún a los varones constantes; contribuyendo no poco la desconfianza que tenían de los paisanos, a quienes culpaban de lo ocurrido en la villa de Torralba, diciendo con el mayor enfado que lo mismo ejecutarían los de aquí... se suspendieron los oficios divinos en algunas iglesias, y siendo tan celebrado el apóstol san Pedro, fue un día cruel, y una noche la más fatal; porque en toda ella no se oyeron más que caballos cruzar a cualquiera hora, derribar puertas, ventanas, tabiques, y cometer excesos de robos, violaciones, y la muerte del cuñado de Barragán. Pudiendo asegurarse sin aventurar la verdad, que ningún paisano durmió una sola hora en tan tremenda noche. (Joaquín Gómez)

Las fuentes nos dicen que en las semanas que mediaron desde la acción bélica de los días finales de marzo hasta estos primeros días de julio, la ocupación de la ciudad era un constante ir y venir de la tropa invasora, a la vez que los vecinos eran requeridos continuamente por la autoridad municipal interina a entregar todos aquellos bienes y enseres que hubieran sido «recogidos o hallados en las casas desamparadas», (buen eufemismo, o sea las casas que fueron saqueadas), ya por los invasores como, también, por la rapiña de algunos que quedaron en la ciudad. Pues, a pesar del bando y del edicto municipal, todavía vigentes, que emitieron por los responsables del Ayuntamiento los días 1 y 5 de abril para general conocimiento de los vecinos, con la orden de juicios sumarísimos y pena de muerte. Como decimos estas acciones de «recoger lo que se halla en las casas desamparadas» continuaban en la ciudad en el mes de julio.

2.º Intermedio
HASTA LA VIRGEN DE AGOSTO
Así transcurrió el mes de julio

Es, cuanto menos, raro. Gómez dice en su relato que «transcurrió el mes de julio de 1809», sin indicar ninguna alteración. Pero, encontramos que, por ejemplo, el 22 de julio «llegó a la ciudad la 5.ª división de nuestro ejército al mando de don Tomás de Coraín...», según señala López Navas; pero, sinceramente, no sabemos qué pensar, estamos más por lo que dice Joaquín Gómez en su memoria, pues él mismo estaba en la ciudad, de la que, en ese momento, era secretario municipal, como lo atestiguan diversos documentos con su rúbrica. Además, esta quinta división que mandaba el mariscal Coraín coincide con la quinta división que acampó en la ciudad de Puertollano semanas antes y contra la que fue el comandante Lenoury.

Los ciudadrealeños siempre permanecían atentos al constante movimiento del ejército francés por La Mancha y el inminente regreso de los invasores producía cada vez máxima alerta y la consiguiente fuga de vecinos. De hecho, hubo algunas falsas alarmas como una que se produjo el 8 de julio, cuando se avisó del regreso del ejército francés, y de que, posiblemente, fueran desertores alemanes, ante lo cual fue mayor el temor, aunque se estimó que fue algo infundado.

Tocaba reconstruir otra vez la ciudad e intentar volver a la vida alterada por la invasión francesa. Fue una tregua, unos días de libertad hasta mediado agosto. Recordemos que actualmente el día 9 de agosto se baja la imagen de la virgen del Prado desde el camarín hasta su trono (carroza), pues, aquel día de 1809, se hizo lo mismo: bajar la imagen del camarín. Se preveía en la ciudad una pequeña celebración, como siempre, pero el día 15, justamente el día de la asunción de la virgen, cuando comenzaban la festividad, se alarmó a la gente con la nueva llegada del contumaz enemigo, que penetró en sus muros el día 18.

Con todo, como decimos, se inauguró un periodo de tranquilidad para los vecinos de Ciudad Real, se alegraron los ánimos, salieron los que estaban escondidos, regresaron los que estaban huidos, los vecinos se echaron a la calle...

> ... atropellándose en contar las tristes aventuras de sus respectivas casas. Se cerraron muchas puertas, abiertas a golpazos, y con hachas; y entonces fue cuando las salas y habitaciones bajas sirvieron de cuadras, sin respetarse más sitios que las parroquias y conventos. (Joaquín Gómez)

Los movimientos en la ciudad de los soldados galos aquel fin de semana, sábado 1 y domingo 2 de julio, fueron momentos de respiro. Y, aunque este último día volvieron a la ciudad, no hubo altercados; además, poco les duró el descanso, pues la mañana del lunes marcharon camino de Carrión de Calatrava, según las órdenes recibidas. Lo que extraña es que esta retirada, según relata Joaquín Gómez, fue «evacuar toda la provincia de La Mancha»:

> El enemigo desocupó la provincia, y los pueblos en poco tiempo volvieron a ser habitados completamente, trabajándose en los talleres de todas artes y oficios; las casas fueron tomando otro aspecto, limpiándolas de tanta inmundicia. Los correos habilitados proporcionaban noticias de los amigos ausentes; y los papeles públicos instruían del estado de la nación.
>
> El labrador deseoso de coger el fruto de su sudor se entregó con libertad a la recolección de mieses. Los empleados atendían a sus destinos, y los tribunales ejercían sus funciones con tranquilidad. Circulaba el comercio, y el continuo tránsito de arrieros proporcionaba buenos y equitativos géneros de la industriosa Inglaterra, nuestra aliada constante en tan ominosa guerra.

Y así transcurrió el mes de julio de 1809, hasta el 15 de agosto, cuando comenzó a difundirse entre los vecinos la próxima llegada de los franceses, que se acercaban por Urda y Villarrubia. No obstante, aunque algunos ««principiaron a emigrar nue-vamente» hubo la procesión de ese día, «bastante concurrida por los muchos devotos de Miguelturra, aunque bien se notaba en el Prado la ausencia de vecinos que jamás faltaban a estos religio-sos obsequios». Los días siguientes fueron de gran inquietud en los ánimos de los ciudadrealeños, pues llegaron hasta la plaza, el día 18, un pequeño contingente de caballería, y otros 48 drago-nes, que esperaron a ser agasajados en la puerta de Calatrava. Y, aunque permanecieron solamente esa tarde, se apoderó el temor de la vida de la ciudad.

3.ᴱᴿ Momento
Entre el 18 y el 25 de agosto
Una semana ¿tranquila?

Sabemos que fue una semana tranquila por lo que nos relata Gómez en sus escritos: «Al siguiente 19, a la propia hora entraron 265 Dragones de los números 14 y 26, entre ellos granaderos del ejército de Victor, y estuvieron pacíficos, marchándose el 25 a las diez de la noche». Traigo a colación este breve momento de la ocupación francesa por la novedad que escribe esta fuente. Lo cierto es que no se ha encontrado, hasta ahora, otra referencia documental para este momento y lo destacable es que este autor escribe de oídas, pues él salió de la ciudad, dejó la Junta munici-pal en la que ejercía como secretario, y comenzó su periplo por la península, siendo, como hemos visto anteriormente, «juez contra infidentes», designado por el marqués de la Romana. Por eso, a partir de aquí sus reflexiones han de ser no solo contrastadas, como hasta ahora, sino comparadas con otras fuentes.

–Reflexión, comentario y cita literal de los escritos de Joa-quín Gómez:
Hay una errata en la propia redacción del manuscrito, cuan-do Gómez escribe en el folio 260v. que dejó la ciudad el 9 de agosto de 1810, cuando su redacción se interrumpió, como testigo directo y vocal secretario del Ayuntamiento, en agos-to de 1809. Y lo extraño es que él mismo dice que recoge escrupulosamente toda su actividad de esos años. Además,

tuvo algunas tareas durante el año 1810, por ejemplo que comió en mayo de ese año con el «embajador inglés, Wellesley, hermano de Wellington» (fol. 263v.) lo que no pudo haber hecho si no hubiera salido de Ciudad Real en 1809. Aun así, dejamos aquí lo que él mismo escribió:

... porque viéndome oprimido con nombramientos y órdenes directas del gobierno intruso... tuve que aparentar con despedidas y otras indicaciones que obedecía; y el 9 de agosto de aquel año 1810 para no sucumbir a lo que tanto repugnaba mi corazón, disfrazando la salida, la efectué entre centinelas por la puerta de Calatrava a la vista de un carro de minutas (cargado de documentos y papeles), panaderos de Carrión, en compañía de mi condiscípulo Don Ramón Velasco, torciendo la ruta atravesando campos para dirigirnos a Piedrabuena, seguir en busca del marqués de la Romana, que decían hallarse hacia Badajoz con su ejército, y de todas nuestras operaciones, peligros, viajes, gastos, honoríficos nombramientos, en el año 1810, 1811, 1812, tengo el diario original muy importante que he puesto en limpio en mi vida.

3.ᴱᴿ INTERMEDIO
DEL 25 DE AGOSTO AL 19 DE OCTUBRE
Tregua «con la nueva libertad...»

Con la nueva libertad se repitieron las escenas peculiares a tan envidiable estado, corriendo lisonjeras noticias que animaban el espíritu patriótico (Gómez, J. *Historia de la ciudad de Ciudad Real...*)

Aunque como fuente secundaria, pues Gómez ya nos escribe según la información que le han dado, no deja de tener mucha importancia la historia que relata este autor, que participó muy activamente en los hechos que estamos comentando. Así, vía Alcolea, Piedrabuena y Luciana, llegó a Extremadura para encontrarse con el ejército emplazado en esa tierra al mando del marqués de la Romana, que había regresado de Dinamarca, donde se hallaba en misión bélica de ayuda a Napoleón. Obviamente, al conocer los sucesos en España regresó con sus tropas para formar parte del ejército español que se oponía a la invasión francesa.

Cuenta Gómez que durante la aproximación a La Mancha, el ejército de Extremadura llegó hasta la propia capital, Ciudad Real, donde fue generosamente abastecido de víveres de los que habían carecido en aquel territorio. Un ejército que fue hábilmente conducido por el marqués para «consolar su madre España, apenas por aquellas heladas regiones llegó la noticia de estar afligida y atacada con la más cruel persecución».

A pesar de que, en teoría, nos encontrábamos en un periodo de calma por la desocupación de los franceses de la ciudad, el historiador Hervás y Buendía apunta, citando un documento del Archivo Histórico Nacional, que el día 4 de septiembre

> ... a las dos de la tarde llegó una avanzada francesa de 40 soldados y un comandante, que entró con 10 de ellos y no encontró autoridad a quien dirigirse por haberse fugado el Corregidor, Alcalde Mayor, Regidores, Síndico y Alguaciles: algunos vecinos, viendo el riesgo de la anarquía, compusieron con el Comandante, que no se hiciese daño al vecindario, dándole para ello jamones, vino, pan y cebada...

Por cierto, este documento del AHN viene a ser un breve resumen de todo lo acaecido en la ciudad desde la batalla de Ciudad Real hasta la fecha indicada más arriba, con notas curiosas de los acontecimientos que venimos estudiando y que ayudarán a consolidar un conocimiento más profundo de la historia acaecida en esta tierra manchega.

A lo largo de toda la guerra, ambos contendientes se sirvieron de servicios secretos, o sea espías. Así, según informaba uno de estos agentes, Andrew Leith Hay, el ejército español avanzaba hacia Ciudad Real e iba a ser sustituido por el ejército inglés, que iba a intentar el paso por el Puente del Arzobispo y Almaraz. Estas aseveraciones las hace el general Jourdan al mariscal Victor el 20 de septiembre cuando le escribe sobre la situación en las tierras circundantes de La Mancha: «*l'armée espagnole était en marche pour se porter sur Ciudad-Réal; que cette armée allait être remplacée dans ses positions par l'armée anglaise, et qu'où disait que cette dernière armée devait tenter le passage à l'Arzobispo et à Almaraz»* (Du Casse).

En este sentido se podría aventurar la idea de que ambos ejércitos, aliado y francés, se estaban reordenando en el espacio que circundaba la provincia de La Mancha. Los aliados de Extremadura se estaban reorganizando por el oeste de la provincia, mientras que el ejército mandado por Sebastiani lo hacía en el sur, en los alrededores de Santa Cruz de Mudela; eso sí, con la mirada puesta en las desbaratadas armas de Cartaojal y observando las tierras manchegas con su Cuarto Cuerpo de l'armée d'Espagne. En ese control que se tiene sobre las tierras de Ciudad Real y la provincia de La Mancha se comprometió la seguridad de las comunicaciones. El rey José Bonaparte dio instrucciones para que se estableciera una línea de postas desde la localidad de Talavera hasta Santa Cruz asegurando las comunicaciones –*«Sa Majesté me charge de vous renouveler que ses intentions sont que vous établissiez une ligne de postes depuis Talavera jusqu'à Santa-Cruz compris...»* (Du Casse)–.

Mientras esto sucedía en los contornos de la tierra manchega los habitantes de Ciudad Real confiaban haberse sacudido el yugo francés. Pero «fue alegría de corta duración... empezaron a correr rumores de aproximarse el enemigo, y ya los vecinos volvían a esconder muebles y alhajas, y a emprender la fuga... llevábamos ya siete u ocho emigraciones...» (Joaquín Gómez).

4.º Momento
Del 19 de octubre hasta San Antón, 17 enero 1810
Guarnición permanente

El ir y venir por la provincia obligó a dejar una guarnición más o menos permanente en Ciudad Real, que se mantenía aislada en su fuerte de la Casa de la Caridad. Mas, algunos ciudadanos, emprendieron otra vez la huida, pues, efectivamente, el día 19 de octubre irrumpió la caballería del 2.º regimiento de húsares al mando del general Octave Beaumont. Se alojaron en diversas casas de las calles de Toledo, Calatrava y Caballeros, con el consiguiente deterioro de viviendas y enseres. Los días 20 y 21 salieron nuevamente las tropas del Primer Cuerpo que mandaba el general Claude-Victor Perrin, duque de Bellune.

Al decir de las fuentes apenas hubo novedad entre los ocupantes extranjeros y los vecinos. Incluso al día siguiente entraron diversos regimientos de dragones que, alojados en las posadas de la plaza y de la calle Caballeros, mantuvieron con la población una relación distendida y «hablando cariñosamente a los conocidos». Al parecer las calles señaladas anteriormente, o mejor dicho, las viviendas de esas calles, fueron del agrado de los oficiales y soldados de caballería, pues «entrando en la mañana y mediodía 700 caballos al mando del referido general Beaumont. Se acomodaron en las tres calles expresadas y casi todos los Cazadores en la parroquia de Santa María...» (Joaquín Gómez).

Poco duró la tranquilidad, tanto de los vecinos como de los invasores. Entretanto, creemos que se estaban preparando las tropas francesas para algún fuerte enfrentamiento, pues el movimiento en casi toda la geografía manchega entre los ríos Guadiana y Tajo no dejaba de fluir: planes y reuniones de jefes y oficiales. De hecho, no llegaron a aposentarse en la ciudad esos días, sino solamente para descansar un poco, ya que los que habían llegado la mañana del día 24 «recibieron contra-orden, e inmediatamente se pusieron en camino los 100 infantes, coronel, oficiales, aposentador, y los 48 dragones, quedando solamente los Húsares y Cazadores» (Joaquín Gómez).

Hasta aquí hemos visto que, durante estos primeros días del otoño de 1809, la relación entre los invasores y los habitantes de la ciudad no es que digamos que fue afable, sino, al menos, no violenta. Y hemos apreciado que, aunque fuera a su modo, se organizó un tanto la ocupación, por descontado con la incomodidad y temor de los vecinos. Pero con haber tanto movimiento de tropas las labores de policía quedaron un poco relegadas, si bien es cierto que no hubo desórdenes públicos que condujeran a acciones enérgicas contra la población nativa.

Esos movimientos de tropas de Ciudad Real hacia el norte y tanta reunión de jefes y oficiales franceses eran la antesala de la batalla de Ocaña del día 19 de noviembre. Muchos de los integrantes de la tropa extranjera que campaban por las tierras de Ciudad Real y la llanura manchega fueron reuniéndose en la provincia de Toledo. El ejército español, al mando del general

Voyage pittoresque..., tomo 4.º, Alexandre de Laborde

Juan Carlos Areizaga, apoyado por los generales Lacy y Vigodet, entre otros jefes y mariscales, reunió en la meseta de Ocaña entre 50.000 y 60.000 efectivos. El ejército francés, comandando por los generales Soult, Sebastiani, Milhaud y Mortier y demás mariscales, concentró entre 30.000 y 50.000 soldados de diversas armas (dependiendo de las fuentes que se manejen).

En ese intento de controlar totalmente y asegurar las comunicaciones entre el norte y el sur, Horacio Sebastiani deambuló por la llanura manchega y participó activamente en esta célebre batalla de Ocaña. Algunas fuentes indican que fue él quien inició el ataque contra la caballería del ejército español por el flanco derecho, y que de esa acción resultó herido. No obstante, estimamos que dichas heridas no revistieron gravedad y fueron de poca consideración, pues se sabe que a comienzos del año 1810 se desplazó con su cuerpo de ejército, el IV, por tierras de La Mancha, camino de Tomelloso, junto a Louis Amour de Bouillé, que formaba parte del Estado Mayor del IV Cuerpo de Ejército, rumbo a Andalucía; de hecho son conocidas sus acciones bélicas en la provincia de Granada.

La situación después de la batalla fue desgarradora:

... secó hasta las raíces el nunca bastantemente llorado acaeci-
miento del 19 de noviembre del 1809 en las mesas (mesetas) de
Ocaña. Por todas partes se veían caballos exánimes, soldados estropeados y heridos, restos de equipajes, y objetos de dolor y desconsuelo, que anunciaban nuevas y terribles fatalidades, y cuyo
recuerdo me llena de sentimientos... (Joaquín Gómez)

Un nuevo desastre del ejército español para el dominio del
centro de la península que, desde meses atrás, estaba en poder
del ejército invasor. No entraremos en el análisis pormenorizado
de esta batalla, pues no es nuestro objetivo, pero sí diremos que
el resultado fue nefasto para las armas españolas. Tras esta victoria francesa la Junta Central Suprema, representante en España
del rey Fernando VII, fue destituida.

4º INTERMEDIO
HASTA EL 12 DE DICIEMBRE
¿Tranquilidad?

La guarnición que quedó en la ciudad, posiblemente, recibió la
noticia del triunfo en la batalla de Ocaña con regocijo, pero no
salieron de su escondite. Se piensa que mantenían la posición sin
ningún tipo de altercado con la población civil. Y, tras la salida de
las tropas hacia el norte camino de las tierras toledanas, podemos
intuir un periodo de reposo en Ciudad Real. Pero, tras conocerse
la derrota, los lugareños, deseosos de ayudar al ejército hispano
que se dirigía a La Mancha, aun con la tristeza en el ánimo y la
congoja en el corazón, guardaban

> ... melancólicas reflexiones, y los hombres de genio más alegre
> eran fiel imagen del filósofo efesio, el famoso Heráclito, que toda
> su vida estuvo llorando las desgracias humanas. Los tristes habi-
> tantes sufrían crueles ratos, y el día 12 de diciembre a la una de
> la tarde llegaron 700 dragones del 14 y 16, que se acomodaron en
> las mismas tres calles que el mes de agosto, permaneciendo con
> una quietud que parecía haberse estacionado. (Joaquín Gómez)

NOTAS Capítulo 5

1 Según informa Alfredo Ballester Fernández, la llamada «cura española del tratamiento de las heridas», sobre todo por las armas de fuego, terminó siendo adaptada por los cirujanos de otros ejércitos al obtenerse mejores resultados. Lo esencial del método, sistematizado y difundido por el cirujano José Queraltó, era que trataba de ser conservador, realizar pocas incisiones, evitar bálsamos y pomadas, así como cambiar los apósitos lo menos posible.

2 Patente: testimonio que acredita una cualidad o mérito. Dicc. RAE; como sinónimo de «enterado».

3 Archivo Histórico Municipal de Ciudad Real; sign. 417-313. Apéndice doc. Núm. 43.
Mariano Luis de Urquijo y Murga. Político español entre finales del siglo XVIII y principios del siglo XIX. Afrancesado. Destacamos entre sus labores el nombramiento de Francisco de Goya como pintor de cámara del Rey Carlos IV; acogió la llegada y el viaje a Sudamérica de Alexander von Humboldt; abolió la esclavitud y favoreció la introducción de la vacuna en España; fue protector de la Real Academia de San Fernando.

4 Procurador síndico general: en los ayuntamientos o concejos, encargado de promover los intereses de los pueblos, defender sus derechos y quejarse de los agravios que se les hacían. Dicc. RAE.

5 Despejo: claro entendimiento, talento. Dicc. RAE.

6 Abanderizar: aquí utilizado como sinónimo de agruparse; Dicc. RAE: dividir en banderías.

7 Catón: sabio; referido a Marcio Porcio Catón, Catón el Viejo, censor romano.

8 Posiblemente Gómez se refiere a Carlos José Francisco de Paula Gutiérrez de los Ríos y Sarmiento de Sotomayor, VII conde de Fernán Núñez, y I duque del mismo nombre.

El sueño de la razón produce monstruos (1799).
Francisco de Goya, *Los Caprichos*, n.º 43

6

La ocupación (2)
De la represión y la guerrilla a la desocupación

De 1810 a agosto de 1812

... recorrían todos los pueblos de La Mancha, obligando a los imperiales a permanecer encerrados en las villas que ocupaban con numerosas guarniciones...
(Rodríguez-Solís, *Los guerrilleros, 1808*)

Ya en los primeros días de enero de 1810 la violencia, los destrozos y las profanaciones fueron la seña de identidad de los nuevos regimientos franceses que llegaron a la ciudad en estos momentos. Se nos vino encima un tiempo convulso, unos momentos de difícil convivencia entre invasores e invadidos. Año de elecciones a Cortes para unos, muy bien normativizadas, y de elecciones municipales para el gobierno intruso.

De estos años conocemos algunas actividades guerrilleras en la ciudad; la guerrilla y la contraguerrilla, que también la hubo, aunque esta última actuó en Ciudad Real de manera breve. Las partidas guerrilleras afrancesadas de nuestra ciudad fueron creadas por personajes vinculados a Ciudad Real, Antonio de Porras, el corregidor, y Félix Mejía, oriundo del barrio del Perchel.

Las partidas, o cuerpos francos, hábilmente reglamentadas desde la Junta Suprema Central, abrumaban e inquietaban a los franceses diseminadas por el terreno, y lograban inmovilizar a los regimientos en sus posiciones en la provincia de La Mancha, como apuntó en sus memorias Farias, citando a Fantin, otro autor francés.

Las primeras partidas de guerrilleros manchegos aparecieron mucho antes, ya en 1808, y, como hemos visto en capítulos anteriores, la actividad guerrillera se fue incrementando en 1809 y aumentó de manera notable, con acciones más generalizadas, en 1810 en las tierras de La Mancha y territorios circundantes.

Era la guerra del pueblo, la guerra defensiva que llamó Karl von Clausewitz en su libro *De la guerra* (*Vom Kriege*), allá por

1832. En esta clase de guerra, según este teórico, para que sea eficaz, tienen que darse unas condiciones específicas: en primer lugar, que la extensión del país sea considerable, como sucede en el caso de España y en La Mancha en concreto, y en segundo lugar, que el terreno sea accidentado, de difícil acceso, ya por causa de que sea montañoso, o con abundantes bosques o pantanos, circunstancia esta que se da un poco menos en la llanura manchega.

Pero lo que más destaca Clausewitz en su libro, publicado después de las guerras napoleónicas, es que «una población pobre, acostumbrada al trabajo duro y pesado y a las privaciones, se muestra más vigorosa y se adapta mejor a la guerra». Así ocurrió con la guerrilla española contra l'armée d'Espagne, cuando la mayoría de las partidas surgieron de estos grupos de población, aunque no de manera exclusiva pues en algunas facciones y grupos encontramos nobles, militares o religiosos.

El análisis que hace este autor de la teoría de la guerrilla y, por tanto, de la guerra defensiva, se completa con el estudio del terreno como algo siempre favorable a las acciones guerrilleras y de los partisanos; a lo que hay que añadir el apoyo de la población y las ventajas de conocer el territorio y poder esperar agazapados y ocultos la llegada del enemigo para asestarle el golpe que se pretende con una rápida acción de hostigamiento.

Escribieron respecto a la guerrilla Bahamonde y Martínez, que «esta respuesta popular inauguró un modelo de enfrentamiento en la época contemporánea...», que esta manera de guerrear anulaba los cánones de las ideas y conceptos bélicos de Napoleón, pues aquí l'armée combatía contra una nueva forma de lucha para la que no servían sus tácticas: la guerrilla. Para estos historiadores, los pequeños éxitos de las tropas francesas y la invasión de los pueblos y, a veces, también las ciudades, no tenía ninguna efectividad y a veces ni sentido.

Posiblemente, fuera este el caso de Ciudad Real, pues, aunque pudiera servir un poco de protección a la sede de los mandos del IV Cuerpo de Ejército que se ubicó en los municipios de Daimiel, Almagro, Manzanares y Ciudad Real, ciertamente, era un amplio territorio que carecía del dominio y control francés. Tal vez sí fuera importante el asentamiento y ocupación de poblaciones significativas, pero el hostigamiento permanente de las partidas guerrilleras evitó, precisamente, ese dominio y control.

Nos adentramos en un periodo un tanto complejo pues, tras la batalla de Ocaña, parece que se cerró la fase de las grandes batallas y comenzó lo que Farias denominó «la edad de hierro de las guerrillas».

«No permanecieron ociosos los guerrilleros en La Mancha». (Rodríguez-Solís, II)

Francisco Sánchez (Francisquete); Camilo Gómez (de Ávila); Manuel Pastrana (Chambergo); Juan Gómez; Juan Bautista; Mendieta (el Capuchino); Ventura Jiménez; Tomasillo; Juan Vicente Rugeros (Palillos); Pedro Velasco; León de Eguía; Fernando Cañizares (Cura); Manuel Hernández (el Abuelo); Manuel Adame (el Locho); Juan Antonio Orovio; Francisco Laso de la Vega; Juan Paláréa (el Médico); Julián Alonso; Francisco Pareja; Miguel Díaz; Alejandro Fernández; Martín Almarza; José Velasco; Juan León Vezares (el Cura Calao); León Llácer·...

Guerrilleros que actuaron por las tierras de la Mancha (Elaboración a partir de varias fuentes)

5.º Momento

12 DE DICIEMBRE – 17 DE ENERO

De la tranquila convivencia al dolor del pueblo: violencia, el «sorteo para el fusilamiento», represalias y escarmientos

Se sabe que el día 12 de diciembre de 1809 se detectó una nueva aproximación de los franceses por la puerta de Calatrava. Para evitar agresiones, atropellos y adelantándose a otro saqueo de la ciudad, se acordó que representantes del Ayuntamiento salieran en paz a recibir a las tropas y proponer la asistencia que precisasen, víveres y albergue sin que se ocasionase mal a los vecinos, «con dicha propuesta se manifestó grato el comandante francés, prometiendo desde ese momento la seguridad de los vecinos y sus propiedades...» (López y Montero), al igual que hiciera

Sebastiani ofreciendo protección a los civiles y, por descontado, se prestara auxilio a los militares. No obstante, con demasiada frecuencia los soldados cometían tropelías y vejaciones a los lugareños, especialmente a los que huían de la ciudad. Del Archivo Histórico Nacional hemos extraído el siguiente testimonio:

> En la tarde del martes 12 del corriente se verificó la entrada de los enemigos en la capital de Ciudad Real, y en la misma hora y con evidente peligro de su vida... salieron de ella los individuos Don Gaspar Monrroy y Don José Ángel González, habiendo sido robados, porque intentando detenerse algún tanto en su aldea de Ciruela, distante legua y media de la ciudad, para proporcionar algún descanso a sus familias fueron sorprendidos sin arbitrio y robados de todas sus ropas, alhajas, y dinero, por una partida de más de cuarenta y dos hombres enemigos... con cuyo acaecimiento son ya cuatro los individuos de esta Junta que han padecido igual desgracia a saber los dos mencionados, el otro vocal Don José Salomé García, y el secretario Don Rafael Gascón...

Las nuevas autoridades josefinas no supieron hacerse con el control, se fueron llevando a efecto los decretos de abolición de monasterios y conventos. A los habitantes de la ciudad se les requirió la presentación de títulos, acreditaciones y dignidades para ir conformando nuevos servicios municipales, y así alterar la composición de los ayuntamientos con otros personajes.

Nos preguntamos si en esta nueva fase de la ocupación, que fue bastante violenta, se fueron asentando las ideas del gobierno de José I, pues, las órdenes que dimanaban del Ayuntamiento «incomodaban más y más», alterando el ánimo de los regidores josefinos del municipio. Aunque para su alivio llegaron varios regimientos el día 7 de enero de 1810, «que se acuartelaron en los suprimidos conventos de Santo Domingo, San Francisco y el Carmen, haciendo en ellos grandes destrozos, y profanaciones en las imágenes. Como los males caminan siempre acompañados ocurrió la muerte violenta de un Dragón» (Joaquín Gómez).

La investigación y las pesquisas para descubrir al atacante comenzaron de inmediato, al igual que los interrogatorios y ordenar encarcelamiento. Se acusó al presbítero León Llácer, que se había fugado. Nos relató Joaquín Gómez las pesquisas y advertencias que las autoridades militares exigieron al Ayuntamiento para apresar a dicho clérigo que, en caso de no aparecer, a las veinticuatro horas se sortearían dos eclesiásticos y dos regulares para ser cuatro los fusilados. De manera urgente se presentaron ante el comandante una representación del clero local: el vicario y párrocos, para mediar y persuadirle. Lo convencieron, en parte, pues ávidos por dar un escarmiento «fusilaron en la tarde del día 8 de enero de 1810 a Ventura Campos», pues se dijo que este hombre visitaba la casa del presbítero Llácer, que fue donde mataron al referido soldado de dragones.

La pesadumbre y turbación del pueblo se acrecentaron hasta la mayor aflicción pues al día siguiente expusieron públicamente en la plaza a dos mujeres que, acusadas de colaborar en la muerte del soldado francés, fueron castigadas a la «pena de argolla».

Y «en medio de estas lúgubres circunstancias» se anunció la visita del rey José. Pero es, como señaló Gómez, difícil definir el estado de ánimo de los vecinos ante estos acontecimientos. Sin pudor ninguno la ciudadanía fue prácticamente obligada a preparar la visita del monarca Bonaparte y

> ... se oyó un pregón para que todos dispusieran barrer las calles, poner colgaduras en balcones y ventanas, e iluminar con el motivo de que desde Almagro iba el rey José I a visitar a Ciudad Real con toda su corte. Se barrieron las calles, y no hubo necesidad de cumplir lo demás porque afortunadamente no se verificó la venida...

La visita del rey José Bonaparte por tierras manchegas, a pesar del despliegue de limpieza urbana y adornos para festejar el evento, no llegó a materializarse en Ciudad Real, aunque sí fue cumplimentado militarmente en otros lugares de la provincia; por ello, los días 11 y 13 de enero fueron saliendo diversos contingentes a rendir honores al rey, quedando solo unos pocos hasta el día 17.

Pronto regresaron las autoridades municipales a la ciudad de aclamar y vitorear el periplo real, para, sin interrupción, continuar con un nuevo momento en la ocupación de la ciudad.

6.º Momento
Inquietud josefina en Ciudad Real ante la guerrilla

Ante los continuos rumores de la liberación de la ciudad, gracias a las acciones de los guerrilleros de Ventura Jiménez, quedó de manifiesto el temor de las autoridades intrusas a la fama de brutalidad que esta partida desplegaba por tierras manchegas. Tal era el miedo al guerrillero que, solamente dejando un retén de custodia en Ciudad Real, el intendente y los empleados franceses salieron «a media noche a caballos y en galeras sin entoldar, cuando en aquel día 20 de enero no había cesado de nevar, mas el miedo cerval a Don Ventura no les permitió preparar comodidades, ni temer tan fría estación...». Una vez encontrada protección suficiente regresaron a la ciudad las autoridades, custodiadas por «cien franceses de infantería y caballería». De forma que pudieron continuar con su labor administrativa en la localidad, aunque preparados ante los ataques de las partidas guerrilleras.

Pronto recibieron los miembros de la Junta municipal aviso de la llegada de «La 1.ª partida de La Mancha», grupo de gente armada comandada por Ventura Jiménez[1]. Con esta información, apresuradamente marcharon a Daimiel el día 2 de febrero de ese 1810, con la protección que habían traído anteriormente. Pero los guerrilleros de Ventura Jiménez no llegaron todavía a Ciudad Real. No sabríamos bien decir quién estaba más acobardado, si los vecinos de la ciudad por los ocupantes franceses o el gobierno municipal intruso ante la inminente llegada de la partida de Jiménez. El caso es que el día 5 de febrero «volvió el intendente y comparsas» protegidos por la división del general Jean Barthélemy D'Armagnac, con quinientos infantes y cincuenta a caballo.

El movimiento de tropas francesas, como escolta, se volvió a hacer necesario por las tierras de La Mancha cada vez que los dirigentes josefinos se tenían que desplazar. Se puede decir que el temor que despertaba la guerrilla obligaba a moverse siempre con la protección de numerosos efectivos militares. De hecho, como relatara Joaquín Gómez, el gobernador para desplazarse de Ciudad Real a Manzanares, Almagro y Corral tuvo que ser acompañado por cuatrocientos soldados; quedando en la ciudad cien infantes acuartelados en las taonas del Hospicio (las panaderías –

tahonas– de la Casa de la Caridad) «... con guardia en la plaza que se retiraba a las ocho de la noche... permanecía... un centinela en la torre de San Pedro, que solía alarmarlos ante cualquier bulto que notaba y se refugiaban a su cuartel...».

Rodríguez Solís escribió en su libro de la guerrilla que el miedo entre los militares extranjeros era patente. De entre las frases que circulaban con terror en su tropa, el general Françoise E. Kellermann manifestó a Napoleón que «las guerrillas son la imagen de la hidra, y sería necesario un Hércules que las arrancase simultáneamente sus infinitas cabezas».

¿Un día de paréntesis en la ocupación?:
Ventura Jiménez en Ciudad Real (entre el 6.º y 7.º momento)

En estos momentos, en el intento de liberar de las manos francesas esta ciudad, se sucedieron varias acciones guerrilleras. Tal vez la imposibilidad de esta liberación viniese marcada por el carácter individualista que cada partida aplicaba en sus acciones, con una total descoordinación de unas con otras, incluso, sin ajustar las acciones partisanas con las actuaciones del ejército regular.

Jiménez, «fundador de guerrillas», con todos sus hombres llegó a la ciudad el 23 de febrero ocupando diversos edificios en los que se apropiaron de enseres y efectos «y tomaron muchos y ricos muebles en la casa de Don Antonio Porras donde vivía el Intendente intruso Sarachaga... administrador de bienes nacionales, y en la tesorería...». Capturaron personajes de la ciudad, liberaron a los presos y apresaron varios franceses que custodiaban la cárcel. También aplicaron la deplorable violencia, al igual que lo hacían los enemigos; así, dieron muerte en un calabozo a «un sargento de dragones, y un polaco, cuyos uniformes y morrión traían puesto unos partidarios...» (Joaquín Gómez).

Continúa este autor su crónica hablándonos de la llegada en este momento de la partida de Jiménez dio al traste con una fiesta que preparaban los afrancesados, aún no sabemos con qué motivo, para el día 25 de febrero, día en que tenían previstas «fiestas de toros, gran baile con ambigú[2] que a toda costa disponían para el próximo domingo 25. La plaza estaba barreada[3], y enarenada; todo preparado y se aguó la fiesta».

A lo largo del año 1810 tuvo más preponderancia, a nivel bélico, la acción guerrillera. Desde la derrota de Ocaña (19 de noviembre de 1809), en la provincia de La Mancha serán destacables las incursiones y las actividades guerrilleras contra las tropas enemigas. En detalle se ha estudiado el fenómeno de la guerrilla en La Mancha y Delgado Bedmar nos ilustra de que

> La actividad de la guerrilla, en suma, será determinante para que los franceses se vean obligados a fortalecer sus guarniciones y a escoltar fuertemente a sus convoyes de aprovisionamiento, dispersando sus fuerzas e influyendo notablemente en el desarrollo de la guerra hasta la total evacuación de nuestro territorio, que se produce a mediados de 1813.

La guerra fue mantenida por las facciones guerrilleras. Entre las diversas partidas que intervinieron en el campo y el territorio manchegos, algunas de ellas llegaron a penetrar en Ciudad Real; destacamos las que señala Delgado Bedmar: el «Escuadrón volante de Fernando VII», mandado por Miguel Díaz, con 150 hombres, 80 de ellos jinetes; los «Cruzados de la Mancha», grupo guerrillero creado por el cura Francisco Ureña, que en una ocasión, cortando el avance de una columna francesa, la obligó a retroceder y refugiarse en la Casa de la Caridad –esta partida de Ureña, el día 28 de julio causó más de 120 bajas a una columna francesa cerca de Puertollano–; una de las más numerosas partidas de guerrilleros fue la llamada «Los húsares de La Mancha» que, mandada por Francisco Abad –Chaleco–, contaba con más de 400 jinetes; la partida de Manuel Pastrana, –Chambergo–; al mando de Francisco Lasso de la Vega estaban «Los leones manchegos de la Romana» cuyos 80 jinetes actuaron en torno a Almodóvar; también la partida de Juan Velasco Negrillo, que actuaría por el pueblo y las tierras Agudo, al oeste de la provincia; y la partida de Alejandro Fernández. Estas últimas hostigaban «en pequeños grupos a los franceses en todo el campo de Calatrava y acabarán integrándose finalmente en la partida de Chaleco».

7.ᵉ Momento
24 febrero y el 8 de abril
Entre la salida de Jiménez y la llegada del Capuchino

La guerrilla acosaba continuamente los suministros de los franceses. Ventura Jiménez con sus rápidas acciones de hostigamiento dejó la ciudad ante la inminente llegada de la fuerza enemiga. Al día siguiente, 24 de febrero, se presentó en Ciudad Real un fuerte contingente compuesto por doscientos infantes, a los que se sumó, el día 25, la caballería con 100 cazadores, que venían protegiendo al nuevo corregidor y al intendente Sarachaga.

Con los grandes movimientos de tropa por las áreas circundantes de la ciudad se fue produciendo lentamente un mayor expolio de bienes. Tranquilamente dormitaba la tropa extranjera a costa de los apesadumbrados vecinos, que soportaron con serenidad, y esperanza en la guerrilla, la insolencia de los ocupantes de sus viviendas. Con pesar nos informa Joaquín Gómez de la actitud de resignación con la que resistía el pueblo la invasión hasta que fechas después, a un año vista de la primera ocupación, se volvieron a concentrar en la ciudad un número considerable de tropas:

> El 21 de marzo llegaron 70 infantes, y se marchó igual número; más el 24 se presentaron 600 infantes del número 3 y el 27 por la tarde, el dicho general gobernador de La Mancha D'Armagnac, un nuevo corregidor, el Intendente Sarachaga, asesor y escolta de 600 hombres del mismo n.º 32 y 160 caballos, la mayor parte alemanes.

El desasosiego volvió a ocupar el ánimo del pueblo. No sabemos el tipo de justicia, rápido y contundente, sin juicio previo que aplicaban indiscriminadamente los franceses, pues el día 27 de marzo se produjo el luctuoso fusilamiento de un vecino que, según argumentaban los franceses, había asesinado a otra persona.

A veces se podría pensar que la labor de la tropa más que guerrear era exclusivamente de protección de los desplazamientos de las autoridades josefinas por la provincia. Y, ciertamente, se dio esta situación, pues, salvo las partidas guerrilleras, que eran bastante provocadoras, incluso agresivas, a las que los franceses hacían frente con bastante temor, el trabajo que desarrolló el ejército en las tierras de La Mancha se encaminaba más al objetivo de controlar el territorio de la vasta llanura manchega. En esas labores de acompañamiento y tutela durante los viajes el día 28 de marzo salió un amplio grupo de soldados franceses hacia Corral de Calatrava, permaneciendo una pequeña guarnición para la custodia de los munícipes intrusos que quedaban en la ciudad.

Teniendo noticias de movimientos guerrilleros próximos a la capital, el día 6 de abril de 1810 se llevaron a Almagro las arcas reales, con escoltas acompañando a los empleados del gobierno josefino, ya que ante la imposibilidad de proteger con más efectivos militares dichos cofres de la tesorería, se intentó la custodia en el pueblo más protegido en esos momentos.

La llegada del guerrillero el Capuchino a la ciudad

A pesar de estar advertidos, alguno descuidó la alerta. De manera que el día 8 de abril apareció la partida guerrillera del fraile Juan Bautista Mendieta, el Capuchino. Llegados a la plaza por diversas calles, sorprendieron a un soldado de dragones y a dos húsares polacos que, raudos, de refugiaron. En la refriega por las calles cogieron a otros dos y mataron a uno que se resistía en la calle del Refugio. Ninguna baja se produjo en la facción guerrillera, y en conjunto salieron de la ciudad, posiblemente con las vituallas que requerían. A los pocos días regresaron las fuerzas francesas en la ciudad.

8.º Momento
Reformas, guerrilleros y represión

Fue un tiempo de poca ocupación de tropas francesas en la ciudad, con únicamente la guarnición, aunque numerosa, de la Casa de la Caridad. Empezaron a manifestarse las intenciones del gobierno central josefino de llevar a cabo una amplia reforma de las estructuras del viejo reino borbónico en la Corona española bajo la autoridad de los Bonaparte. El día 10 llegó a la ciudad el regimiento de infantería núm. 32, con 160 soldados, para dar relevo a la guarnición que protegía las acciones del gobierno municipal afecto. Los que estaban en Ciudad Real recibieron órdenes de marchar hacia Almagro. Poco duró la tranquilidad.

Fue entonces cuando la administración josefina comenzó a estructurar, aunque a pequeña escala, la política, la economía y la sociedad «siguiendo las cláusulas previstas en Bayona», que eran un simulacro de lo experimentado en Francia. José I pretendió instaurar un reformado reino en España y trajo sus propias normas regeneradoras de los caducos gobiernos borbones del Antiguo Régimen. Hasta tal punto se intentó reformar la vieja estructura de la administración que, incluso, «con el nombre de ministerio de policía concibió el gobierno de José I Bonaparte en Madrid, por decreto de 6 de febrero de 1809, todo un centro de inteligencia y espionaje...». Hernández Enviz nos informa de la creación de un organismo nuevo que entre sus funciones específicas de orden público, estaba atrapar delincuentes, labores de seguridad y cumplimiento de las leyes, y fue, a su vez, auxilio de otros organismos del gobierno de José I, por ejemplo, «el control de la requisición de plata llevada a cabo por el Departamento de bienes nacionales», tanto de los monasterios e iglesias, como las incautadas a particulares.

Unos días después a la guardia francesa de Ciudad Real la reemplazó un regimiento de españoles, del rey José I, al mando del comandante Francisco Osorno, el cual viendo lo ruinoso de la fortificación del cuartel de la Casa de la Caridad se propuso, según las palabras de Joaquín Gómez,

> ... fortificar el Hospicio, haciendo parapetos, fosos en la puerta de Toledo, a la entrada de la calle de este nombre, en la de San Antón, y precisando a cerrar toda la muralla, quedando solamente francas las puertas de Calatrava, y Alarcos que se cerraban al anochecer. Obligó al ayuntamiento a que hubiese rondas de paisanos que le comunicasen cualquier novedad. Pidió confesionarios que sirvieran de garitas a los centinelas de lo alto de la puerta de Toledo, y de los parapetos.

Plano del edificio de la casa de Misericordia

de Cavalleria para un Regimien[to]

Esplicacion.

Lo dado de negro manifiesta el estado del edificir, lo de carmin lo echo por el Ayuntam[iento]
de amarillo lo que falta segun el proyecto

a. Cuerpo de guardia p.ª el oficial
b. Id. p.ª la tropa
c. Calabozo
d. Habitacion p.ª el conserge
1 Dormitorio p.ª una compañia
2. Id. p.ª id.
3. Id. p.ª id.
e. Patio p.ª las cocinas
f. Cocinas
5 Dormitorio p.ª una compañia
6. Id. p.ª id.
7. Id. p.ª id.
8. Id. p.ª id.

4. Id.
9. Cuartos p.ª Sargentos
r. Comunes
s. Estancia p.ª baño de Cavallos.
M. N. Debajo de la parte M. N. hay un sotano
x. Cuadras.
Las paredes que estan marcadas entre las cuadras
y el edificio deben destruirse.

Planta ba[ja]

V.º B.º
Ant.º Fernz. Veiguela

Plano del edificio de la casa de Misericordia de Ciudad Real con el
proyecto de un Cuartel de Caballería para un regimiento completo...
Planta baja. Madrid, 31 de marzo de 1842

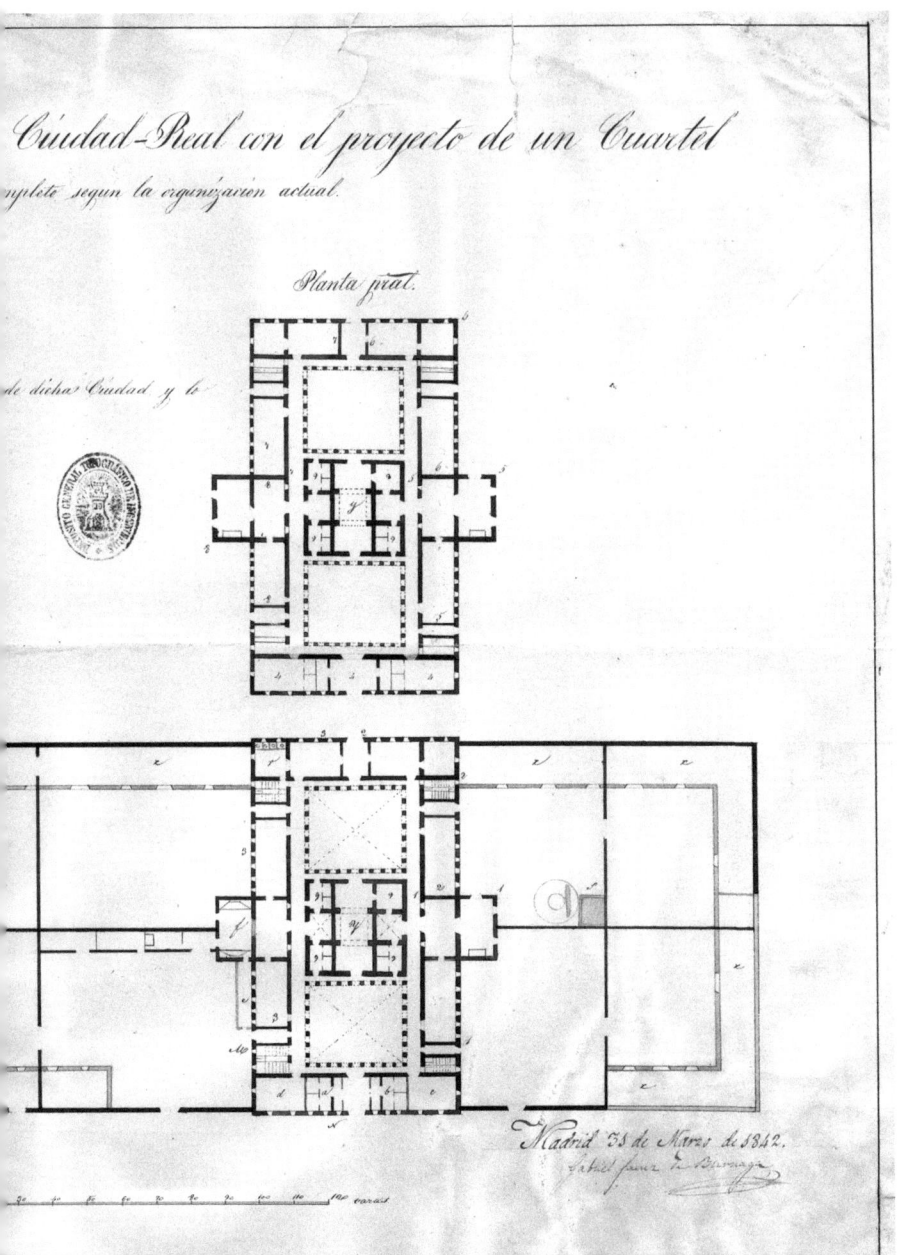

Ciudad-Real con el proyecto de un Cuartel nplete segun la organizacion actual.

Planta prat.

de dicha Ciudad y lo

Madrid 58 de Marzo de 1842.

Esplicacion.   Piso bajo.   1.er

1.... Zaguan.................................... "
2.... Cuerpo de Guardia del Oficial.......... "
3.... Idem que puede serlo de la tropa........ "
4.... Dormitorio para........................ 25. hombres.
5.... Idem para.............................. 20. idem.
6.... Calabozo............................... "
7.... Dormitorio para........................ 21. idem.
8.... Caja de Escalera p.ª el 1.er piso. total para...... 66. hombres.
9.... Horno q.e están hundidos y q.e se pueden habilitar.
10... Cuadra para............................ 40. Caballos.
11... Idem para.............................. 17.
                              Total para........ 57. Caballos.

11.

10. 20. 30. 40.

Plano del edificio de las Tahonas... según está en el día y que puede
destinarse a Cuartel de Infantería. Planta baja. Madrid, 07.02.1849

á en el día y que puede destinarse para Cuartel de Infantería.

Esplicacion   Primer piso.

1... Dormitorio para................... 60. hombres en 3 filas.
2... Idem....para...................... 40. idem en 2 idem.
3... Cuarto para Sargentos............"
            total para.......100.....hombres.

2.   3.

Piso bajo.

8   7.   7.   7.   6.

9.   4.

5.   5.   2.   1.   3.

60. 70. 80. 90. 100. 110. 120. 130. 140. 150. 160. 170. 180. 190. 200. Pies.
Escala de 1/200 del pie de Burgos.

Mad.ᵈ 7 de Jul.ᵒ de 1845.
Ant.ᵒ Fernz. Vizuela

V.º B.º
Antonio Fernandez

C. 10.

Chambergo en Ciudad Real, y Osorno contra los vecinos

Durante la gestión de la ciudad por el gobierno de los intrusos llegó, el día 21 de abril, el guerrillero Juan Pastrana, más conocido por el sobrenombre de Chambergo con unos cuantos hombres de su partida, buscando a los alguaciles mayores, que lo eran bajo la autoridad de los josefinos. Con sigilo apresó a uno de ellos, Manuel Brieva, y lo sacó de la ciudad. Algunas fuentes relatan que lo ejecutó estando en Miguelturra, extremo aún por corroborar. Lo cierto es que el comandante de la guardia que custodiaba la ciudad, Osorno, enfurecido, tras dar parte al general de lo ocurrido, comenzó las represalias. Por sorteo se apresó a cuatro ciudadanos principales para trasladarlos como rehenes a Manzanares. La desgracia, como señaló Gómez, recayó en el abogado Juan Cabello, el regidor José Torres, el profesor «preceptor de Latinidad» Francisco Carrillo y Gerónimo Alcázar; siendo trasladados bajo la consternación del pueblo de Ciudad Real, en la madrugada del día 29 de abril. Los vecinos soportaban con gran tristeza el dolor del arresto de inocentes, sin saber el porqué eran objetivo de unos y de otros.

A las pocas horas del traslado, esa misma mañana irrumpió rápidamente una partida «de los nuestros, como entonces se decía, y alcanzando a un juramentado... le mataron de orden del Chambergo...», marchándose inmediatamente de la ciudad. El escarmiento y la venganza del comandante Osorno no se hicieron esperar, pues ordenó bajo pena capital «se encerrasen todos los paisanos al momento de llegar una partida; y exigió a los habitantes de la manzana donde ocurrió la muerte 10, 20, 40 re. (reales) según los caudales...».

Poco les duró el duelo a los ocupantes, que en este caso, como se ha apreciado, eran españoles, aunque partidarios de los franceses. El mismo comandante Osorno quería una celebración y exigió a la ciudad «festejar y congratularse por el matrimonio del emperador»:

El propio comandante Osorno dispuso el 6 de mayo se celebrase en Santa María del Prado una solemne función con manifiesto y

personas más notables de la ciudad, y una compañía de la guarnición, publicando era en celebración del matrimonio del emperador Napoleón con María Luisa, archiduquesa de Austria...

El temor, no ya del pueblo sino, además, de las autoridades afrancesadas, era patente incluso en las acciones municipales cuando a los pocos días, el 8 de mayo, un destacamento de caballería, compuesto por 2 oficiales y 29 cazadores a caballo, espada en mano y sin motivo aparente amenazaron al corregidor. Al día siguiente, llegó un regimiento de infantería, compuesto por 150 soldados de nacionalidad holandesa, para dar el relevo a la guarnición de la Casa de la Caridad.

5.º INTERMEDIO
DEL 9 AL 25 DE MAYO
Andanzas y peligros de Ventura Jiménez en Ciudad Real

Resguardados y atrincherados estaban los franceses, desde el día 9 de mayo, en su fortaleza de la Casa de la Caridad. A poco más se atrevían, ni siquiera hacían incursiones rápidas por los alrededores de sus baluartes y defensas, solo la observación desde lejos.

Durante esta tensa calma de soldados vigilando a ciudadrealeños, continúa informado Gómez, llegó a media mañana del día 13 de mayo una avanzadilla de la partida de Ventura Jiménez. Hacia el mediodía entró Jiménez en la ciudad con parte de sus hombres.

> Estuvo en la plaza; corrió algunas calles; mandó quemar la puerta de Alarcos... franqueó la puerta de Santa María, intimando (exigiendo) que no volviesen a cerrarla.
> Los holandeses de la guarnición... viéndose fuertemente atacados, cerraron la puerta (de Alarcos), y corrieron a su fuerte, que era el Hospicio. Por estas causas consideraron les era muy útil impedir las repentinas entradas y sorpresas, mandaron se lodasen las puertas de Alarcos y Santa María...

Ya andaban unos días por la ciudad los hombres de Jiménez cuando el 22 «entró toda la partida de Don Ventura Ximénez compuesta de 400 caballos, y 100 infantes», que llegados algunos al ayuntamiento, otros en la casa del corregidor, causaron destrozos; otro numeroso grupo se apropió de «todos los efectos, libros, etc., que había en la llamada junta de subsistencias, establecida en la Merced»; mientras que otra cuadrilla, requisó todo el material ecuestre que localizaron por la ciudad: sillas de montar, bridas y frenos para los caballos, incluso algunos animales.

El mismo Jiménez determinó cómo situar la vigilancia, «que sin peligro pudiesen dar vistas al fuerte», cuartel y guarida de los franceses; mientras que el grueso de la tropa guerrillera quedaba acampada en la era del Cerrillo, o cerrillo del Cristo, que así lo llama el historiador Ramírez de Arellano. Instó el jefe guerrillero a la rendición de los resguardados en la Casa de la Caridad mediante un mensajero,

> Jaime Marot, de nación francesa, vecino de esta ciudad, a que llevase un parte al Hospicio... caminó por la calle de Toledo con un pañuelo blanco, el cual visto por los holandeses, suspendieron el fuego; y enterados del oficio... sobre rendición, contestaron al instante que no.

No habiendo atendido los albergados en la fortaleza está primera amenaza de ser pasados a cuchillo, Jiménez volvió a enviar a Marot invitando a la rendición y recibiendo la misma respuesta. Entonces decidió construir un parapeto de madera con ruedas para poder llegar a la muralla de piedras que defendía el fuerte por la calle de Toledo, lo situó en la plaza de Muñoz, junto a la iglesia de la Merced. Ocurrió que estudiando el director de este artificio la manera de aproximarse al foso que habían construido para obstaculizar el acceso a la Casa de la Caridad, en la esquina de la calle de Delgado (probablemente la que hoy es la calle de la Rosa) un soldado le mató de un tiro. Siendo complementarios los discursos de Ramírez de Arellano y Gómez, este último dice:

> Mandó Don Ventura que se fabricase un parapeto de madera con ruedas para acercarse al Hospicio, colocándose en él muchos colchones que sacaban de las casas y cestos de mimbre con basura, que además de la madera sirvieron de resguardo a los soldados que detrás habían de marchar. En la plaza de Muñoz se trabajaba,

y se suspendió por la muerte del ayudante, director de la empresa, el cual asomándose a una esquina calle de Toledo... recibió un balazo en términos de espirar en el instante. Causó mucho sentimiento al comandante Don Ventura este fatal suceso, y a las nueve de la noche publicó un bando... para que pena de la vida se presentasen todos los paisanos armados con fusiles, bayonetas, chuzos, palos, azadones y cualquier instrumento.

La ira se desató en el corazón del afligido jefe de la guerrilla. Por lo que, según relata Ramírez de Arellano, apremió a sus hombres para pregonar un bando y reclutar vecinos de la ciudad. La enérgica y urgente demanda de Jiménez obligaba a reunirse los vecinos con los guerrilleros y así asaltar el fuerte de la Caridad «y degollar la guarnición». Todo apuntaba al asalto aquella misma noche. En la oscuridad resonaba el ronco sonido del tambor junto a las palabras del pregonero convocando a la lucha bajo «la amenaza de la muerte para el que no lo cumpliera». Los temerosos habitantes de la ciudad concurrían afligidos y lamentándose ante la orden del guerrillero. Se presentaron en el campamento de la era del cerrillo del Cristo no tanto para combatir sino a implorar al guerrillero que aplazase el ataque a los franceses del fuerte de la Caridad

> ... porque la confusión de la gente y la oscuridad de la noche, no haría más que derramar sangre sin resultado positivo. Convencieron a Ventura por entonces pero, apenas amanecido todo fue alarma y al cerrillo del Cristo acudió todo hombre en estado de moverse... mientras dentro de la ciudad seguían los lamentos...

Esa tregua que los asustados moradores consiguieron de Ventura Jiménez permitió a los compañeros del guerrillero abatido el día anterior una solemne despedida. Y lleno de rabia, nos escribe Joaquín Gómez, que ese

> ... día 24, pasó Don Ventura a la casa de Administraciones, y tomó plomo en barras, tabaco, barajas, cueros de corachas[4]; quemó el papel sellado del rey José y se llevó cuantos, efectos existían. Se incorporaron a la partida muchos jóvenes de esta ciudad, y pue-

blos inmediatos; y se equiparon de cuanto necesitaban. Nada se trató en todo el día del parapeto portátil, y continuando el orden de centinelas, y campamento, hubo una noche más tranquila que la anterior; estando francas todas las puertas; y permaneciendo la tropa en el dicho campamento.

Durante la estancia del guerrillero con su partida en la era del cerrillo del Cristo, además de hostigar a los galos acuartelados en la Casa de la Caridad con ayuda de algunos paisanos, se cortaron las comunicaciones y los correos que se despachaban diariamente al cuartel general en Almagro. El mando francés envió un destacamento fuertemente armado y pertrechado: caballería, infantería, artilleros y cañones con la determinación de castigar a los habitantes, incendiar las casas y refrenar la insurrección.

Al día siguiente, 25 de mayo, Ventura Jiménez repitió el bando para reclutar mozos en la plaza «pena de vida». Llegaron a «reunirse unos ciento con garrotes y palos, en los que enarbolaban los pañuelos con grande algazara». Parte de los hombres, 120, de la partida fueron enviados hacia Almagro contra los franceses que se acercaban a la ciudad. En Miguelturra se encontraron a tiros haciendo retroceder a los franceses hasta un altozano (el Puertecillo, lo llama Gómez), en que los galos habían colocado una pieza de su artillería. Pero, enterado Ventura Jiménez de que llegarían otros tres cañones y un considerable número de soldados enemigos

> ... determinó retirarse, dando las órdenes para quitar las centinelas, y reunirse todos. ¡He aquí una de las ocasiones más críticas en que el espíritu padeció lo que no es decible! Por una parte venía al parecer mucha tropa enemiga, haciendo fuego de cañón; por otra salían los de la tahona y Hospicio y precisamente iracundos. (Joaquín Gómez)

Una vez que la partida de Ventura Jiménez partió preveían los ciudadrealeños que los daños vendrían por los dos lados, los franceses que llegaban desde Almagro y los que salían del escondite de la Casa de la Caridad. Es curioso el discurso patriotero del cronista Ramírez de Arellano cuando, al escribir sobre este asunto de la estancia y abandono de Jiménez, llama a los vecinos de la ciudad «primates del pueblo... acudieron al campamento, no dispuestos a combatir sino a suplicar al guerrillero que demorase hasta el día siguiente» el asalto al Hospicio. Estas ideas permiten, a nuestro modo de ver, esa oscilación que se dio entre «susto y miedo». Susto por la exigencia del guerrillero a los habitantes de Ciudad Real y miedo a la posterior reacción de los franceses atrincherados en la Caridad.

Este cronista acusa al pueblo de cobarde y acomodaticio, conformista y complaciente, y dice «que los naturales de Ciudad Real no estuvieron a la altura de las circunstancias. No demostraron amor patrio, pues no favorecieron a los guerrilleros más que obligados por la violencia, ni se pusieron del lado de los franceses». Para Ramírez de Arellano solo demostraron «un miedo invencible... y el entusiasmo por la vuelta del destierro de Fernando VII a la terminación de la guerra...». Pues, al conocer el pueblo, fuera voluntario u obligado por Jiménez, la noticia de la próxima llegada del ejército francés «desaparecieron como por encanto... refugiándose en la parroquia de la virgen del Prado...». Se aprecia en el discurso de Arellano la típica sentencia de: ¡o patriota o traidor!

Afortunadamente, antes de que los galos pasaran a cuchillo a los lugareños, Antonio de Porras se entrevistó con los mandos del destacamento francés para buscar el perdón de sus vecinos. Se consiguió la clemencia y condonación del castigo a cambio de una fuerte contribución en metálico. Tras la reunión de las autoridades locales y suspendidas las hostilidades, «una buena suma de maravedís» fue la obligada multa al pueblo. Así como la nueva llegada de más efectivos militares franceses a la ciudad con la finalidad de disuadir a las partidas de guerrilleros.

9.º Momento
El francés de Ciudad Real, enviado para la paz

Otra vez fue enviado el francés que residía en Ciudad Real, Jaime Marot, que enarbolaba una bandera blanca, encabezando la delegación para pedir paz, como ya hiciera Ventura Jiménez unos días antes para la rendición de los acuartelados en el fuerte de la Casa de Caridad. Desde aquel 25 de mayo, el temor a las represalias, la consternación y el abatimiento provocaron el abandono de la ciudad de mucha gente, mientras que los representantes municipales junto a otros ciudadanos trataban de razonar la mejor manera de evitar la venganza y el castigo por la desobediencia de las órdenes y los insultos a los franceses.

> Ya venían los Holandeses por la calle de Toledo no cesando en las descargas y en estos angustiosos momentos, se resolvió marchar a encontrarlos, con Jaime por delante, ondeando un pañuelo blanco. Hicieron alto en la plazuela de la Merced, y aunque el comandante dio sus justas quejas muy enfadado cedió a las súplicas del corregidor, ayuntamiento, y sacerdotes que enérgicamente exponían la inculpabilidad del vecindario. (Joaquín Gómez)

Con cortesía se acercaron los munícipes junto con algunos del regimiento holandés a la era del Cerrillo, a acordar la entrada en la ciudad. El comandante, de forma agradable y con buenas maneras recibió y parlamentó con la delegación de la ciudad y exigió las raciones de comida necesarias, que no se habían entregado durante varios días:

> ... fueron con los Holandeses a la era del Cerrillo, donde ya estaba la tropa referida. Aquel comandante no se comprende porqué se manifestó agradable; y sin ofender a nadie entraron ... 300 franceses de infantería, 34 de caballería, un cañón, y dos cajas de municiones dirigiéndose a su fuerte del Hospicio. (Joaquín Gómez)

Sin apenas descansar marcharon los franceses hacia Almagro, que así lo tenían mandado la caballería, la infantería y los artilleros con su pesado armamento y munición. Fueron pocos días, pero sí algunos más de alivio para los lugareños.

6.º INTERMEDIO
HASTA EL DÍA 30 DE MAYO
Poco duró la alegría

Los vecinos quedaron contentos al ver marchar de la ciudad el grueso de la tropa con sus detestables uniformes azules y por haber evitado el peligro. El pueblo daba gracias a Dios y a la Virgen del Prado; también se reunieron, para celebrar este hecho, en el pozuelo seco (parece ser, según relata Joaquín Gómez, que aún existía, en 1810, este lugar en la ciudad).

> ... sin descansar retrocedieron los de caballería, el cañón, y los de infantería, excepto unos 150 que relevaron a los Holandeses (quedaron de guardia en el fuerte de la Casa de la Caridad)... Ya los vecinos se daban mutuos parabienes por haber escapado felizmente de la pasada tormenta... tributaban fervorosas gracias a Dios, y a la patrona del Prado..., no es posible dar una exacta idea de tan angustiosas circunstancias. Todos estaban consternados por muy fundados motivos...

Hubo quietud y cierta calma durante unos días, pero, como expresa del dicho popular: «poco duró la alegría en la casa del pobre», pues en las primeras horas del día 29 ya se anunciaba la llegada a la ciudad de un importante contingente de soldados franceses reforzados con artillería.

10.º Momento
Del 30 mayo al 9 de agosto
Entre la calma y el sobresalto

Advertido el regreso a Ciudad Real de un muy numeroso contingente francés con artillería, comenzaron «los apuros y emigraciones». Algunos vecinos, una vez más, volvían a dejar sus haciendas y casas para evitar el dominio de los invasores y buscando refugios fuera de la villa.

Joaquín Gómez recoge con detalle la intendencia que portaba este destacamento: 36 a caballo, 400 infantes al mando de un general de brigada y, como se ha dicho, fuertemente armado: «un obús, un cañón, cinco cajas de municiones, una fragua...», que es un pequeño taller para trabajar los metales cuando necesiten una reparación; además de dos galeras cubiertas, berlina o coche de caballos cerrado «y bastantes paisanos de Miguelturra...» que, unidos a la gente de Ciudad Real, fueron obligados a reparar las fortificaciones del cuartel, cerrar las puertas y portillos de acceso a la ciudad. Los trabajadores eran relevados diariamente, venían así grupos distintos para evitar el conocimiento de los detalles de las defensas francesas.

A su llegada, el día 30, el general saludó educadamente al corregidor y autoridades municipales. El mariscal, coronel y oficiales fueron alojados en las casas de los principales de la ciudad, el resto de la tropa fue acantonado en las dependencias habilitadas en la Casa de la Caridad.

Pensamos que, con buen criterio, manifestó el general desconfianza hacia los paisanos que había obligado a traer desde Miguelturra; algunos se fugaron, y envió tras ellos una patrulla de caballería que apresó a algunos fugitivos. Tomó el mando de la plaza e, inmediatamente, publicó un bando exhortando a conservar la paz y la tranquilidad a la población y a desempeñar cada uno su oficio y su trabajo. Pues su única misión era buscar y apresar las partidas de guerrilleros que actuaban por la llanura manchega.

Además de las excesivas demandas de los primeros momentos, que fueron «700 raciones y miles cosas para la mesa de general y oficiales, extendiéndose en lo posible a continuas exigencias para evitar mayores males... Impuso el general verbalmente una contribución, que invertiría en lo que estimase». Tal vez podamos imaginar el objetivo final de esa exigencia tributaria, pues hay que pensar que, al igual que vimos en capítulos anteriores, la presión fiscal y los impuestos para la guerra los exigía el monarca intruso y también los generales franceses que estaban a su servicio.

11.ª Momento
Alternancia en la ocupación y regreso de Gómez a la ciudad

Hasta ya entrado el año 1812, cuando se produjo la paulatina salida de las tropas galas de La Mancha y, posteriormente, de España, se fue sucediendo un encadenamiento de llegadas y salidas de soldados franceses para la guardia y defensa del fuerte en la ciudad.

En el relato de Joaquín Gómez vamos percibiendo cierta imprecisión en los detalles, de manera que es él mismo el que expresa a este respecto:

Según supe, Ciudad Real prosiguió con la alternativa de estar ocupada la mayor parte del tiempo, algunos días, libre, y en otros sorprendida por partidas de guerrilleros como el citado Don Ventura Ximénez, y por su muerte, de la que informó Don Juan Gómez, por las del Capuchino, del Chambergo referido, de Giraldo, Don Isidro Mir, Don Alejandro Fernández, con sus compañeros del resguardo de Hacienda, y de Manuel Adame, el Locho, que a toda hora aparecía frente de la muralla, franqueando puertas; hasta una (partida) de Castilla de Don Gerónimo Saornil.

De otra fuente, Rodríguez Solis, nos llega información de la acción del guerrillero abulense Camilo Gómez, que entró por sorpresa en Ciudad Real. Con presteza se encerraron los enemigos en la Casa de la Misericordia. La gente de esta partida consiguió herir o matar a un número considerable «merced a la hábil puntería y a los certeros disparos de sus guerrilleros...».

Fue un tiempo agitado, de mucho movimiento de tropas que iban y venían, entraban en la ciudad y salían. Gente que volvía y se marchaba, incluso los propios dirigentes intrusos, como señala Gómez: «personándose las autoridades unas veces, y fugándose otras». Así, pasó con el mismísimo narrador de estos hechos, Joaquín Gómez, que había salido de la ciudad un año atrás, regresó sin especificar a qué volvió, y no aclaró nada más, ni con quién se relacionó durante tan breve estancia, pues, se desprende de sus palabras cierto arrepentimiento:

Con mucho riesgo entré yo alguna noche en Ciudad Real, donde había destacamento permanente, y en la del 24 de septiembre lo verifiqué por un agujero de la muralla, a la inmediación de la puerta cerrada de la Mata, y no obstante haber centinelas francesas en la próxima de Calatrava. No solo por esto era una locura el entrar, sino por haber sido ya buscado diferentes veces con órdenes severas y estar entonces nombrado en Mérida por el marqués de la Romana el 16 de este mes Juez de Infidencia para castigar a cuantos seguían el partido francés.

Fijémonos en que Gómez fue nombrado por el marqués de la Romana «juez de infidencia». Hasta ese momento la lectura de sus memorias o, por mejor decir, su relato de la historia de Ciudad Real, que quería legar no solo a sus hijos sino a los conciudadanos para que conocieran la verdad de lo ocurrido, y por la documentación que habíamos consultado en los diversos archivos, se podía pensar que Joaquín Gómez podría haber sido el contrapeso de la presión francesa sobre los ciudadrealeños, al ser vocal secretario de la Junta municipal, no que fuera «colaboracionista» o miembro de un gobierno intruso, pero sorprende que fuera «juez para castigar a cuantos siguieran el partido francés». Tampoco esta designación condiciona nuestro trabajo de investigación, pero sí que lo sitúa en su lugar, a pesar de lo observado en la primera parte de la ocupación en la que, posiblemente ocultando su tendencia absolutista, permaneció sabiendo y conociendo las actuaciones de sus conciudadanos para después, una vez terminada la guerra, al regreso al Antiguo Régimen juzgar a sus convecinos.

> Al amanecer desperté, sabiendo (que) habían entrado las partidas de Lazo[5], y del presbítero Don León Llácer que mataron algunos franceses en la puerta de Alarcos. Estuve escondido todo aquel día, y habiendo proporcionado (puesto en disposición asuntos) me llevasen una jaca al calvario, y registrada la puerta de Alarcos, completamente franca salí por ella; y por barbecho llegué donde me esperaban y marché.

Tal vez quiera mostrar Gómez con estos relatos su disposición hacia el absolutismo y sus hechos como «activista de la guerrilla», eso de entrar encubierto a escondidas, permanecer oculto. Acto seguido nos comenta asuntos relacionados con otros guerrilleros que en esos días andaban también por Ciudad Real, como Laso de la Vega y, al que considera guerrillero, el presbítero León Llácer, buscado y acusado de asesinar a un soldado francés. Narra brevemente cómo salió de la ciudad cuando le proporcionaron la montura en el calvario, lugar que se puede interpretar como las afueras de la población, al sur, pues salió por la puerta de Alarcos.

A finales de 1808 la Junta Central publicó un reglamento de partidas y cuadrillas, dadas las acciones guerrilleras que se estaban llevando a cabo, y posteriormente, en 1812, se decretó el *Reglamento para las partidas de guerrilla*. Mas estos esfuerzos no lograron controlar el conjunto de lo que se ha venido a llamar «guerra irregular» o «guerra partisana».

Los guerrilleros en Ciudad Real
en tiempos de la ocupación francesa

> ... las guerrillas fueron destruidas mil veces y otras tantas renacieron con más bríos que nunca. Los militares que hacían aquí la guerra déjanse llevar de su optimismo y repiten el estribillo de la destrucción al menor triunfo que consiguen sobre ellas... (Farias, *Memorias...*)

Asunto curioso este de los guerrilleros que actuaron por la ciudad en aquel mes de septiembre de 1810, sobre todo porque también hubo contrapropuesta. Hubo contraguerrilla, o guerrilleros afrancesados.

Todavía se ha hablado poco de los movimientos guerrilleros que se dieron en la tierra manchega con las diferentes partidas que se organizaron en esta parte de la submeseta sur. Precisaremos a los que actuaron, específicamente, en Ciudad Real, aunque habrá que hacer alguna incursión por otras tierras u otros conceptos para entender el asunto de la guerrilla en la guerra y sus repercusiones en la ciudad.

En diversos momentos, las partidas guerrilleras asediaron a los ocupantes de la ciudad, a veces desde dentro, como hemos visto en las acciones de Ventura Jiménez o Juan Pastrana -Chambergo-. O bien, en otras acciones en los alrededores de la ciudad.

Antes de entrar a describir con mayor detalle los pocos datos que nos ofrecen las fuentes, tal vez sea conveniente acercarse a la teoría, de manera muy breve, acerca de los diversos procedimientos de hacer la «guerra irregular», o también llamada, «guerra partisana».

GUERRA IRREGULAR:
Modo de combate desigual, inusual y extraño. En forma de acciones militares de manera continua, cuando los métodos, la argucia

y la táctica bélica de erosión se asocian a cierto desgaste psico-
lógico, entre otras acciones que son perniciosas para el ejército
que las sufre.

Guerra partisana:
Cuando los combatientes, partisanos, se enfrentan a un ejército
de ocupación, organizados en partidas de guerrilleros.

Esta forma de guerrear con fuerzas irregulares ya tenía en
el pasado, en España, un significativo conocimiento y tradición
histórica de resistencia espontánea y no organizada. Tal vez cabría solo un apunte para indicar una forma de colectivo armado
irregular que con esa tradición histórica de resistencia actuó en
ayuda de la población invadida, me refiero al somatén que agru-
paba al «paisanaje encuadrado en fuerzas locales, que lo mismo
servían para proteger la comunidad de una amenaza externa,
que para perseguir malhechores o ayudar en casos de desastres
naturales» (Carrasco Álvarez).

La guerra de guerrillas y las propias partidas tuvieron una
evolución durante la Guerra de la Independencia, que se puede
apreciar en partidas grandes y destacadas. No fue un proceso
que se diera de manera uniforme en todas las facciones o bandas
que actuaban por todo el territorio peninsular, pues «este proceso
sólo se produjo en el caso de algunas guerrillas, no de todas, ni
siquiera de la mayoría...» (Carrasco), pues junto a partidas esta-
bles había grupos de voluntarios coincidiendo, además, con otras
acciones de rebeldía no planeadas ni premeditadas, incluso se
pudieron dar «grupos de vecinos que reunían para atacar a un
francés...».

Francisco María Laso de la Vega y León Llácer

Según anotó Gómez, y corrobora García Cano, Laso fue uno de
los guerrilleros que llevó a cabo acciones contra los franceses
acantonados en la ciudad. Esta partida, también llamada «Cuerpo
franco de los húsares de Consuegra», se formó por orden del marqués de la Romana en mayo de 1810, en la comarca de Almodóvar
del Campo, precisamente, cerca de la ya referida Junta provincial
que logró evadirse de Ciudad Real. Desarrolló sus acciones bé-

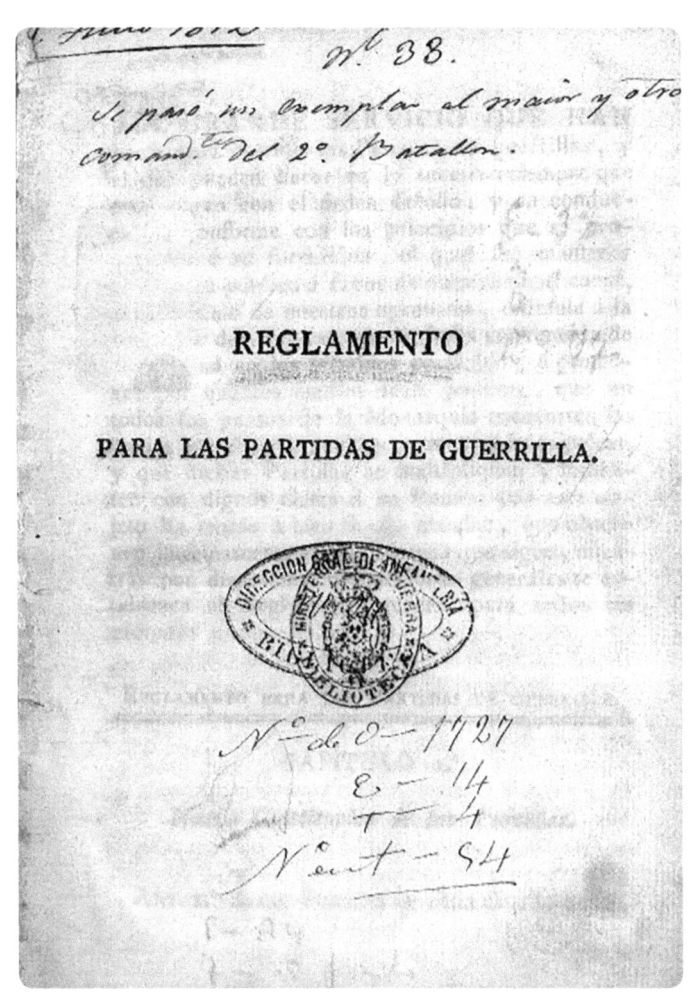

REGLAMENTO

PARA LAS PARTIDAS DE GUERRILLA.

Reglamento para las partidas de guerrilla.
Biblioteca Virtual de Patrimonio Bibliográfico. Guerra de la Independencia

245

Retrato de Juan Palaréa, el Médico

licas por la comarca del valle de Alcudia, aunque, como señala Gómez, hizo incursiones hasta Ciudad Real. Posteriormente, por mandato del general Castaños, sería agregada a la partida del guerrillero Juan Palaréa, el Médico, para formar parte, en 1814, de un regimiento de dragones.

La partida de Laso de la Vega se podría considerar, en principio, lo que Carrasco Álvarez llama partidas regladas, que contaba con autorización oficial para organizar un cuerpo bélico estable, con su documento acreditativo, su estatus de combatiente, aunque los franceses podían ignorarlo o no, así mismo podían tener otros privilegios o beneficios, como «requerir raciones a las justicias y ayuntamientos... suministros de guerra... la recaudación de las rentas reales, alcabalas y otros impuestos de forma legal... formar parte del escalafón del ejército español, con las ventajas... y prestigio social que conllevaba», además podían rehuir las reclutas del ejército regular, permaneciendo en su partida. En contraposición las partidas no regladas no recibían autorización ni documentos actuando sin ningún control por parte de las autoridades civiles o militares.

La partida de León Llácer, los Leones manchegos, junto con la partida de Laso, asediaron a los granaderos acuartelados en la Casa de la Misericordia, o de la Caridad. Cuenta Rodríguez-Solís que:

> en las acciones sostenidas el 25 de este mes en Ciudad Real por el escuadrón Leonés manchegos, que capitaneaba D. León Llácer, y el de Dragones manchegos de la Romana, a las órdenes de D. Francisco Laso de la Vega, murieron gloriosamente... si bien los nuestros, en desquite, mataron 12 granaderos y encerraron a los franceses en el hospicio de aquella población...

Los guerrilleros afrancesados, la contraguerrilla

¿Qué pensamos..., que los guerrilleros eran monopolio hispano? Pues no, también los hubo afrancesados o liberales.

Los soldados franceses no organizaron guerrillas, ni los militares españoles. Ambos partes eran reacias, incluso contrarias, a las acciones de las partidas guerrilleras.

También es cierto que hubo pocas partidas así, y que eran «guerrilleros a sueldo (mercenarios) más que propiamente afrancesados». Se determinó, por los dirigentes galos sin demasiado convencimiento, crear estas partidas de la contraguerrilla, pero los pocos y tristes resultados llevaron a fracasar el intento y abandonar la idea.

Frente a los cuerpos francos hispanos, absolutistas, surgieron partidas guerrilleras liberales, o afrancesadas, formadas y organizadas por españoles; liberales, pero españoles.

> Reunidos con varios destacamentos de Infantes, Almagro y otros... más la partida del infame Antonio de Porras, de 80 caballos montados por juramentados españoles, mandados por el renegado Pe-

dro Velasco, intentaban sorpresa al abrigo de la noche...»... esta «partida o contraguerrilla... conocida con el nombre de su antiguo jefe y fundador, el corregidor Porras fue agregada... a la columna enemiga del barón Kruse, recibiendo el ridículo nombre de Cazadores de Nassau. (Rodríguez Solís)

No fue la única partida afrancesada que actuó en nuestra tierra, también se creó otra, precisamente, por un natural de Ciudad Real, del barrio del Perchel, en concreto. Informa el profesor Ángel Romera que Félix Mejía, liberal y prerromántico, escribió, pues era periodista, sobre el fracaso de la Ilustración en Ciudad Real; «se echó al monte». Realizó numerosas acciones de espionaje y, también, fue ayudante y enlace de la Junta manchega. «Formó un grupo de guerrilleros constituido por empleados de rentas reales, participó en las batallas de Almonacid y Talavera, propició proclamas de guerra por los pueblos manchegos...».

1811-1812,
de la hambruna y la salida de los franceses de Ciudad Real

Lenta e implacablemente pasaron los meses entre la intranquilidad, el resquemor de los vecinos y la renovación, una y otra vez, de las guarniciones francesas que hicieron de la Casa de la Caridad su cuartel y su casa. No se vivió en la ciudad un periodo de calma, aún falta por investigar este tiempo para afinar los detalles del establecimiento galo y la vida cotidiana de la guerra durante estos años. Todo ello acompañado y aderezado con años de malas cosechas desde 1810, penuria por la escasez de alimentos en 1811 y la carestía generalizada en la península que aumentaba la hambruna de 1812, como en una escalada paulatina de la miseria, en la que pareciera que la naturaleza se aliara con la insensatez de la guerra golpeando continuamente al pueblo de Ciudad Real.

Entretanto, con importantes alteraciones de la vida diaria habría que destacar, al menos, tres aspectos en el siguiente orden cronológico: las elecciones municipales, en noviembre de 1811; el acoso del guerrillero Chaleco, a finales de ese año; y la llegada a la ciudad de Pablo Morillo, en enero de 1812.

INSTRUCCION

QUE DEBERÁ OBSERVARSE

PARA LA ELECCION

DE DIPUTADOS DE CORTES.

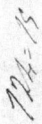

SEVILLA:
EN LA IMPRENTA REAL.
AÑO 1810.

Archivo del Congreso de los Diputados, Madrid

¿Elecciones durante la ocupación?

Pues sí, sufragio, votación, unas elecciones más o menos a escondidas y otras de carácter municipal, menos ocultas a los invasores. Hablamos dentro de la rutina y la vida cotidiana en una población ocupada por un ejército extranjero. Decimos «rutina y vida cotidiana», aunque el hecho de que haya un proceso electoral es no solo algo inaudito sino encomiable dentro de un posible cambio de mentalidad que, de alguna forma, se pudo producir entre los paisanos a comienzos del siglo XIX. Para este último pensamiento se ha de hacer un difícil esfuerzo de optimismo; lo haremos aunque el resultado sea un poco triste, pues se produjo una más de las «tonterías del pueblo»: el retorno a la sumisión y el servilismo que fue evidente con la llegada de Fernando VII.

Quisiéramos subrayar en este asunto de las elecciones dos aspectos: en primer lugar, se trata de las primeras elecciones desde las Cortes medievales, sin ninguna experiencia previa; en segundo lugar, la permanente presencia de la Iglesia católica, íntimamente vinculada al poder, bendiciendo cada acto burocrático en las elecciones.

¿Qué pasó en nuestra ciudad cuando se convocaron las elecciones para elegir representantes en las Cortes de Cádiz? La *Instrucción* electoral, de fecha 1 de enero de 1810, convocaba para la elección de representantes de cada provincia.

Organización de los comicios y del proceso, señala Jiménez Villalta en su estudio sobre «Los manchegos que auparon la Pepa...», de acuerdo con la *Instrucción...* que estuvo a cargo del intendente general de la provincia Juan Erro y Azpiroz. Entre los componentes de la Junta Electoral se encontraban

> ... Gerónimo Salvador de Velasco, secretario; Juan Bautista Erro y Azpiroz, intendente general de la provincia de La Mancha; José Ortiz de Pinedo, vicario del partido de Alcaraz; Luis de Ulloa, teniente coronel de los Reales Ejércitos, gobernador militar y político de la villa y partido de Infantes; y José María García Valladolid, abogado de los Reales Consejos...
>
> Acudieron los representantes de los partidos judiciales de Alcaraz, Infantes y Alcázar de San Juan y faltaron los de Ciudad Real que no pudieron trasladarse por estar ocupadas sus tierras por los franceses...

El pueblo de Ciudad Real estaba continuamente intimidado por la guarnición enemiga; a pesar de encontrarse acuartelados,

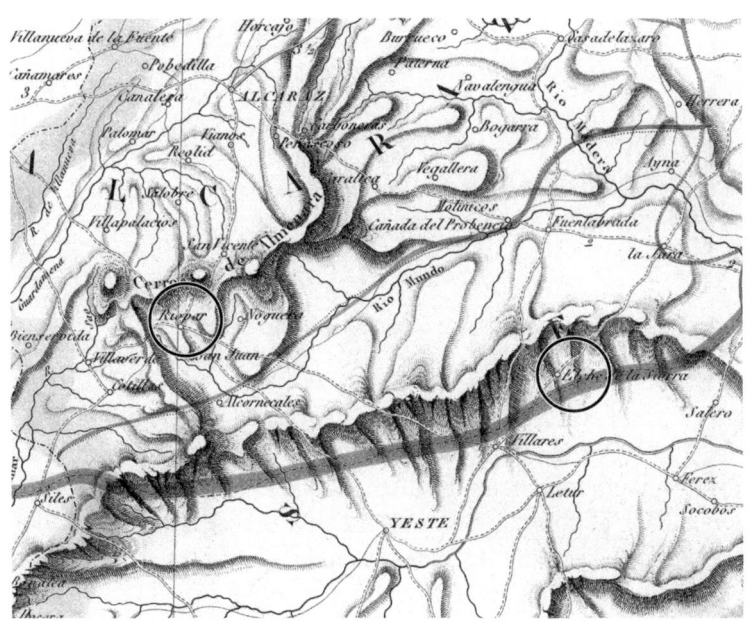

Provincia de Albacete: formada de parte de las antiguas provincias de Castilla la Nva. y Murcia. grabado por R. Alabern y E. Mabon, 1853. CECLM. Resaltados Riópar y Elche de la Sierra

el trasiego de tropas era constante y eso provocaba numerosos incidentes, además del peligro de movimiento de los compromisarios elegidos. En el caso de la provincia de La Mancha, como escribió sobre las primeras elecciones en España Peralta Martínez, tuvieron que desplazarse hasta Riópar y Elche de la Sierra, en la sierra de Alcaraz, que fue el lugar elegido para la reunión de la Junta Electoral provincial.

En la provincia de La Mancha «a pesar de estar su ciudad capital, Ciudad Real, ocupada por los franceses, se votó en tres de los cuatro partidos»: el de Villanueva de los Infantes, Alcázar de San Juan y su priorato, y la comarca de Alcaraz. Según los archivos del Congreso de los Diputados, estudiados por Peralta Martínez, los compromisarios se reunieron para elegir diputado en Riópar «sin celebrar la misa preceptiva, excusándose de ello ante las Cortes por "correr sumo riesgo" al estar siendo persegui-dos por fuerzas invasoras».

Provincias.	Poblacion.	Diputados que corresponden al respecto de uno por cada cincuenta mil almas.	Suplentes.
Madrid.	229101.	5.	2.
Mancha.	205548.	4.	1.
Murcia.	383226.	8.	2.

Imagen seleccionada de la *Instrucción*

La propia *Instrucción* es la que marca en su texto el protocolo a seguir durante el proceso electoral, de forma que en todos los niveles, ya fuera parroquia, distrito, ciudad o provincia, los actos vinculados al sufragio que se pretendía debían ser comenzados y terminados con la celebración de una misa u otro acto religioso

> En el domingo señalado para celebrarla se cantará una misa solemne del Espíritu Santo, a la cual asistirá el Ayuntamiento, y después del Evangelio hará el cura párroco una exhortación enérgica al pueblo, en la que después de recordarle los horrores de la guerra que tan injustamente nos hace el tirano de la Francia, el infeliz cautiverio de nuestro amado rey Fernando VII, la estrecha obligación en que todo español se halla de contribuir a la defensa de la religión y de la patria, le recomendará con la mayor eficacia la madurez y discernimiento con que deberá proceder a las elecciones...

A la provincia de La Mancha, cuyo número de habitantes reflejado en el censo de 1797 ascendía a 205.548, señala Jiménez Villalta que debían serle asignados cuatro diputados, a razón de un procurador por cada 50.000, además de un suplente.

El procedimiento electoral

El complejo y farragoso proceso electoral no estuvo exento de anomalías y dificultades, sobre todo debidas a la ocupación de los franceses en la provincia, así como «por los intentos manipuladores de algunos miembros de la Junta electoral...» (Jiménez Villalta).

1.- Colocados en orden todos los parroquianos, se llegarán uno por uno a la mesa en que estarán las personas que presidan la Junta, y dirán el sujeto que nombran para elector de la parroquia, el cual deberá ser parroquiano de ella, y el escribano lo escribirá en una lista a presencia de los que presiden la Junta (*Instrucción*, p. 7).

2.- Los representantes elegidos en la Junta parroquial pasaban a la Junta de partido que, tras una nueva misa solemne, elegían a los representantes de partido, para elegir en el siguiente nivel territorial, capital y, después, provincia a los correspondientes delegados, cada elección se acompañada de la respectiva acción de gracias en la iglesia oportuna.

3.- Los doce electores nombrados procederán entre sí al nombramiento del elector o electores de aquel partido que han de asistir a la capital del reyno o provincia a nombrar Diputados a Cortes. Podrán estos electores elegir entre sí o a cualesquiera otras personas, naturales y residentes en el partido, aunque no sean individuos de la Junta... (*Instrucción*, p. 11).

4.- Después a la iglesia nuevamente a dar las correspondientes gracias «y la tarde se empleará en los juegos y diversiones de que trata el artículo XIX» (*Instrucción*, p. 11). Las votaciones continúan su ascenso en la, digamos, jerarquía territorial hasta las Juntas provinciales, donde siguiendo las normas estipuladas en la *Instrucción*..., entre rezos y más elecciones, y sorteos, se nombrarán a los diputados o procuradores que «en representación de aquel reyno o provincia deben asistir a las Cortes Generales de la nación» (*Instrucción*, p. 12).

4.- Incluso las Juntas de Defensa tendrán representación con un diputado para las Cortes generales, elegido de la manera establecida para el resto de las circunscripciones territoriales.

5.- Condiciones de las personas, hombres, elegibles a Diputados: Quando ya estuviesen concluidas estas formalidades, el Presidente dará orden para que se empiece la votación; previniendo antes que esta podrá recaer en persona natural de aquel reyno o provincia, aunque no resida ni tenga propiedades en ella, como sea mayor de 25 años, cabeza de casa, soltero, casado o viudo, ya sea noble, plebeyo o eclesiástico secular (que no de las órdenes que siguen cualquier regla), de buena opinión y fama, exento de crímenes y reatos (reo de pecado, incluso después de perdonado); que no haya sido fallido (arruinado), ni sea deudor a los fondos públicos, ni en la actualidad doméstico asalariado de cuerpo o persona particular (*Instrucción*, p. 13).

Estas normas de la *Instrucción* señalan cada una de las «diversiones» y festejos que se debían organizar tras la respectiva elección y la misa, acto religioso o *Te Deum*, para que el ánimo durante esta horrible guerra no decaiga. ¿Son o no son «tonterías del pueblo»? Así se indica en el referido artículo XIX:

La tarde del mismo día a presencia de la Justicia, Ayuntamiento, cura párroco y Diputado elector habrá baile público en sitio descubierto; carreras de a pie y a caballo, se tirará al blanco, y se tendrán aquellos ejercicios acostumbrados, asignando algún premio de honor a los que se hayan distinguido.

Los elegidos por la circunscripción de La Mancha

De todo este proceso que acabamos de leer resultaron unas elecciones en la provincia de La Mancha un tanto raras; finalmente se eligieron a los representantes en las Cortes de Cádiz que, como señala Jiménez Villalta, fueron los que firmaron la Constitución de 1812.

Así, siguiendo los datos que maneja Jiménez Villalta, resultaron elegidos para la representación de la provincia de La Mancha en la elección definitiva llevada a cabo el 16 de agosto de 1810 en Riópar (actual provincia de Albacete) para las Cortes de Cádiz:

–Ramón Giraldo de Arquellada, de Villanueva de los Infantes (Ciudad Real); fue fiscal en el Consejo de Navarra; juró el cargo de Diputado en Cádiz el 4 de febrero de 1811. Y fue presidente de las Cortes en Cádiz durante un periodo de un mes de duración, tal y como se recoge en el informe del Congreso:

Se procede a la elección de los cargos de oficio del mes, como cada día 24 de mes. Se elige para presidente de las Cortes a Ra-

Credencial del Diputado Ramón Giraldo y Arquellada.
Hace 200 años. Diario de las Cortes de Cádiz. Congreso de Diputados

món Giraldo y Arquellada... como vicepresidente a Francisco de
La Serna y Salcedo... y secretario a Juan Valle... Tras la elección,
el residente pronuncia un discurso de salutación, tal y como está
prescrito (*Diario de las Cortes de Cádiz*).

-Fernando Melgarejo de Cameros (liberal), de Villanueva de los
Infantes (Ciudad Real); Magistrado y regente del Consejo de Navarra, tomo posesión en Cádiz el 26 de octubre de 1810.
-Juan de Lera Cano (clérigo liberal), que juró el cargo el 25 de
octubre de 1810; a pesar de su liberalismo moderado «se opuso
al principio de soberanía nacional, negando... la capacidad de la
sociedad para elegir su propia forma de gobierno». Por tanto, es
un defensor del despotismo ilustrado: *todo para el pueblo, pero
sin el pueblo*.

-Mariano Blas Garoz Peñalver (militar absolutista), de Los Yébenes (Toledo) que, elegido el 25 de septiembre, juró su cargo de diputado el 10 de octubre de 1810.

-Como diputado suplente el párroco de Herencia, Manuel González de Salcedo.

-Juan Bautista Erro y Azpiroz, que era en estos momentos Intendente de La Mancha, fue elegido el 16 de agosto mediante el procedimiento, contemplado en la *Instrucción*, para las provincias ocupadas por los franceses.

El profesor Espadas Burgos, señala que en 1811 había una secreta resistencia de los habitantes de la ciudad frente a los gobernantes afrancesados y un velado apoyo al ejército aliado, mandado por Wellington, y, a pesar del control de los franceses, siempre llegaban a la ciudad noticias de lo que ocurría en el resto del territorio y sabían del avance hacia la meseta y las tierras de La Mancha del ejército de Extremadura complementado por ingleses y portugueses. Ese año traería un nuevo proceso electoral.

En noviembre de 1811 hubo elecciones en el municipio de Ciudad Real para constituir un nuevo Consistorio. Fueron elegidos Manuel Messía, Álvaro Maldonado, Manuel García Rouna, Juan Hidalgo, Angel Enríquez, Miguel Recio, Francisco García Calvo, Jerónimo Alcázar, Manuel Forcallo y Tomás Mohíno. Mediado el mes de diciembre, el día 16, los miembros de la corporación juraron su cargo. La documentación consultada indica el número de votos escrutados, con el siguiente balance: «Votan 49 personas, en nombre propio y de la vecindad, hasta un total de 490 votos, que son los únicos vecinos contribuyentes...» (Espadas).

Es importante acentuar el proceso electoral, de uno y otro bando, precisamente por la novedad que supone en el sistema político español que ya empezaba a contemplar, a veces con reticencias y resistencias, el concepto jurídico de la «soberanía nacional». Insistimos, de uno y de otro bando. Unas elecciones en las que a gran parte de los habitantes del país, sobre todo en las poblaciones y ciudades ocupadas, como el caso de Ciudad Real, les fue muy complicado, en ocasiones imposible, ejercer su derecho a voto. Incluso hubo ciudades que no pudieron celebrar ni uno solo de los actos que se prescribían en la *Instrucción*..., que hemos analizado. Y, aunque en el año 1812 se convocarán nuevos comicios desde las Cortes de Cádiz, lo que se resalta es que son las primeras elecciones españolas, «ningún país había tenido en su historia dos elecciones generales consecutivas con derecho de sufragio universal» (Peralta). Si a estas le sumamos las elecciones municipales, resulta que en un periodo bélico de enorme magnitud nuestra ciudad fue de las primeras del mundo que, apresuradamente y casi por obligación, acudió a las urnas. Otra cosa es que fueron un espejismo, ilusión rota por un rey y sus seguidores, que sin escrúpulos actuaron en contra de sus súbditos y ciudadanos. Lo peor de todo fue que, tras la guerra, las «tonterías del pueblo» volvieron a dejar el alma de la comunidad en manos de un rey y unos gobernantes insensibles y contrarios a las reformas que precisaba la sociedad española.

El acoso de Chaleco a la ciudad

El desgaste prolongado y gradual se iba produciendo con el paso de los meses en el ejército invasor, sobre todo debido a la actividad de las partidas guerrilleras que, cada vez mejor organizadas, conseguían sorprender y turbar a los mariscales franceses y al mismísimo emperador.

El célebre guerrillero Chaleco, Francisco Abad Moreno[6], llevó con acierto una acción de acoso a las tropas ocupantes de Ciudad Real el día 31 de diciembre de 1811, causando siete muertos y varios heridos en la guarnición francesa. Según la memoria de Rodríguez-Solís, este guerrillero castigó de manera intensa a los franceses en tierras de Ossa de Montiel, en la actual provincia de Albacete. Pero, además, extendió sus acciones por las poblaciones manchegas como Villanueva de los Infantes, Almagro y Ciudad Real, entre otras villas y comarcas. De tal forma llevaba a cabo el acoso que «los enemigos tenían que conservar en todas ellas puntos fortificados, en los que frecuentemente se veían obligados a encerrarse y a veces aun a rendirse...».

Fue uno de los pocos guerrilleros respetados por el general Castaños y por el brigadier Morillo. Este último mostraba

Detalle del cuadro de Eugenio L. Bonell (1910) en el que representó el asalto de las tropas francesas a la localidad de Valdepeñas, el 6 de junio de 1808. En esta acción encontraron la muerte la madre y un hermano de Chaleco y, tras ella, organizó una fuerza guerrillera. Ayuntamiento de Valepeñas (Museo del Vino)

su confianza, únicamente, en Francisco Abad, Juan Palaréa -el Médico- y unos pocos guerrilleros más, la mayor parte de las partidas no contaban con el apoyo ni la consideración de los generales por la «criminal conducta... (que había) consternado a todos los pueblos de esta parte de Extremadura y La Mancha...» (Moreno Alonso).

El complicado año 1812

También podríamos haber titulado esta entrada como «1812, ese año miserable», como lo llaman algunos, pero, en nuestro caso, habría que unirle «y la liberación de la ciudad»; en consecuencia no sería tan miserable, sino solo un poco desdichado. En verdad 1812 fue un año complicado.

A comienzos de 1812 los galos ocupaban Almagro, Infantes y Manzanares de manera continua. En esta última población se hallaba acuartelada una parte de la División de la Confederación del Rhin, cuyo mando lo ostentaba el general Treilhard. Apunta la profesora Eva M.ª Jesús que se inició ese año el debilitamiento de l'armée d'Espagne, «debido al envío de la mayor parte de los efectivos de la Grande Armée a Rusia».

El brigadier Pablo Morillo, el Pacificador, en Ciudad Real

Recibiendo la orden del general Castaños, el brigadier Morillo pasó a tierras de La Mancha, con la finalidad de distraer a las tropas enemigas y para avituallarse en la zona. Como hemos comentado repetidamente la llanura manchega abastecía, por igual y por obligación, a ambos ejércitos –francés y español– a unos con desgana y a otros con agrado, hubiera o no escasez de alimentos que llevarse a la boca.

Lo más curioso de este asunto es que el antiguo guerrillero, ahora general Pablo Morillo, «salió de su distrito, penetra en La Mancha, arrolla en varios puntos a los imperiales... para tener a raya al invasor» (Rodríguez-Solís). Así que nos encontramos a ¡un marino luchando en tierra adentro, desde la estepa extremeña a la estepa manchega! Su rumbo en estas tierras, sin apenas resistencia de los franceses, es narrado por Agustín Príncipe:

> ... una división de todas armas salió de Montánchez (Cáceres) el 5 de enero con dirección a La Mancha, y llegando el 4 a Agudo, se dirigió en seguida el 12 a atacar la guarnición enemiga de Ciudad Real, que a su misma vista se puso en fuga; y destruyendo los de Morillo las obras de defensa que tenían construidas allí los franceses, marcharon el 16 a atacar la guarnición de Almagro.

Llegó el Pacificador, sobrenombre por el que era conocido, a Ciudad Real el 15 de enero, para aprovisionar a su numerosa tropa, unos 5.000 hombres, de grano y otros alimentos. La noticia de su entrada en la ciudad fue recogida, incluso, en la prensa nacional, en la *Gazeta de la Regencia*, que señalaba que «estas tropas han sido recibidas con el mayor júbilo y alegría en toda La Mancha, regaladas y obsequiadas por los manchegos... a pesar de la opresión en que se hallan con tantas guarniciones en los principales pueblos».

El bienio de la muerte

> Los testimonios sobe la dureza de las crisis de 1812 son muy abundantes dado que ese año se unieron las elevadas contribuciones de guerra con una mala cosecha... (del Valle)

La nómina de investigadores que han reflejado en sus estudios este asunto de la hambruna de 1811 y 1812 es considerable: Cuenca Toribio, Dufour, Agustín Príncipe, Rubí i Casals, incluso es obligado recordar a Francisco de Goya en su serie de grabados *Los desastres de la guerra*. También se le llamó a este par de años «el bienio de la muerte», por lo ya apuntado: escasez de subsistencias, obligaciones tributarias para la guerra, las escasas cosechas de los años 1811 y 1812; sin recursos para hacer frente a las exigencias fiscales o al abastecimiento a los dos ejércitos. Dufour comenta la hambruna de estos años señalando a 1812 como «el año del hambre por antonomasia... la mortalidad por falta de alimentación crece paralelamente al constante aumento de precios del pan o del trigo...».

«... las llanuras de Castilla la Vieja y las de La Mancha, juntamente con los valles inmediatos al Tajo, quedaron cada vez más desiertos...» (Agustín Príncipe).

Más adelante, en la obra de Agustín Príncipe encontramos más elementos que colaboraron a aumentar cualquier acertado calificativo de este nefasto y terrible año. Así escribe que, debido a las malas cosechas, el acopio de grano llevado a cabo por el gobierno intruso para el ejército incrementó notablemente las desdichas del pueblo. A lo que había que sumar, como se ha apuntado y que afecta a Ciudad Real de forma directa:

Gracias a la almorta. Francisco de Goya,
Los desastres de la guerra n.º 51, 1810-1815.

Goya inmortalizó las consecuencias del excesivo consumo de almorta, una legumbre que paliaba el hambre pero provocaba enfermedades que podían desembocar en la muerte. La plancha original se conserva en la Calcografía Nacional (cat. 302). Fundación Goya en Aragón

Las contribuciones, en vez de aminorarse crecían... antes de finalizar junio a las seis prefecturas de Madrid, Cuenca, Guadalajara, Toledo, Ciudad Real y Segovia, que era adonde llegaba su verdadera dominación, que sin demora ni escusa aprontasen 570.000 fanegas de trigo, 275.000 de cebada y 75.000.000 de reales metálico...

Año miserable lo llamaron los coetáneos, según refiere Rubí i Casals, pues durante este tiempo del conflicto bélico se desmontó la economía a todos los niveles, desde el mercado local a la complicada y escasa economía nacional, pasando por las estrecheces comarcales, debido a las correrías de los invasores y de las partidas guerrilleras.

En muchas regiones la escasez de subsistencias llegó a un punto insostenible... a 1812 lo llamaron el «año miserable». En algunas casas, no se encontraba ni una hogaza de pan por todo el dinero del mundo. En las calles de Madrid, a principios de 1812, la gente moría en la calle y a plena luz del día. Ramón de Mesonero Romanos, siendo ya muy anciano, recordaba con estremecimiento en sus memorias «los gemidos de agonía... largos y lastimeros, procedentes de tantos infortunados...»

Sobre la hambruna sabemos que el producto alimenticio por excelencia fue la almorta (*Lathyrus sativus*)[7], con cuya harina se hacían gachas para comer. Esta legumbre, la almorta, sustituyó a otros cereales en este periodo, ya que crecía en situaciones extremas y era de fácil producción.

El consumo excesivo de este alimento en La Mancha durante el siglo XIX provocaba la enfermedad conocida como Latirismo, cuyas consecuencias son: la parálisis de los miembros inferiores, paraplejias y trabas en el desarrollo infantil. Esta afección, en ocasiones, ha sido considerada como una epidemia por su extensión entre las comunidadaes. Los muertos por inanición entre la población civil fueron numerosos debido al hambre que se produjo por las malas cosechas de los años anteriores y el abandono del cultivo de los campos durante el periodo de guerra.

En nuestro caminar por aquel doloroso año, se aprecia el alivio de la liberación de la ciudad, cuando saliendo a escape, las tropas francesas abandonaron la Casa de la Caridad y, al parecer, también la provincia. Si bien es cierto que al año siguiente volvieron a hacer incursiones en las tierras manchegas, pero no en la capital. «A mediados del mes de julio las tropas francesas se retiraron de la provincia de Ciudad Real hacia el este peninsular; volverían en invierno tras la reconquista francesa de Madrid...» (Villar Garrido y Villar Garrido). La profesora Eva M. Jesús explica que las poblaciones estuvieron libres durante cinco meses pero que, «a principios de diciembre los efectivos del mariscal Soult penetraron en La Mancha... (siendo) la última ocupación francesa de la provincia... (dando) señales de su regreso a Francia en el mes de marzo de 1813».

Camino del fin de la ocupación,
conclusión de la guerra y remate del sueño liberal

Mediado el año 1812 los franceses, mal que bien, ya se sentían derrotados y se preparaban para rapiñar, no el botín de guerra, sino saqueando y expoliando todo lo que pudieron antes del fracaso final. Ese nefando y triste año de hambre y guerra, sabemos que la reacción de las autoridades locales ante esta actitud de fracaso de los ocupantes de la ciudad, fue ir reponiendo las cosas como antes de mayo de 1808. De manera que ya nos expresó el profesor Espadas Burgos que el intendente honorario de la provincia, que había designado el Consejo de Regencia para la provincia de La Mancha, en un bando «hace saber a Ciudad Real que la libertad que respira esta provincia de La Mancha por la repentina fuga de los enemigos que la oprimían... exige imperiosamente... liberar a los habitantes...» de las manos de los funcionarios públicos del gobierno intruso.

El Consejo de Regencia nombró un delegado general interino, llamado Ramón Antonio Pico, que ordenó rehabilitar en sus empleos a los que desempeñaban las funciones de gobierno municipal en 1808. De esta forma, en Ciudad Real fueron citados Diego Muñoz (corregidor), Vicente Curruchaga, José Torres, Antonio Hidalgo y Ramón Muñoz (regidores perpetuos del municipio) y a Juan Salcedo (procurador).

En palabras del profesor Espadas «unos hombres que durante años... han estado ocultos, aparecen de nuevo en nuestra ciudad, recuperando los cargos que habían ejercido...», y que, a su juicio, debían ser integrantes de ese grupo de la élite reformista que confiaba en que el Deseado se comprometiera con los avances legislativos y conquistas políticas de las Cortes de Cádiz.

Segundas elecciones a Cortes

Con ese nuevo movimiento de tropas francesas hacia la provincia de La Mancha se convocaron las elecciones a Cortes desde la Junta Suprema Central, para elegir a los diputados que irían a Cádiz. «Las elecciones convocadas en noviembre de 1812 no se pudieron realizar según la Junta Preparatoria Electoral "a causa de la invasión de esta Provincia por los franceses", sobre todo al norte del río Guadiana» (Peralta Martínez).

Efectivamente, en diciembre se volvieron a invadir varias poblaciones cercanas a Ciudad Real y Almagro, no así la capital, como ya se ha apuntado. Las armas del mariscal Soult mantenían incesantes enfrentamientos con el segundo y el tercer ejércitos hispanos. Las elecciones se pudieron llevar a cabo el «16 de mayo... los compromisarios de partido reunidos a puerta abierta en Junta Electoral Provincial en la Iglesia de Nuestra Señora de la Merced de la capital, cumplimentados los requisitos legales previos...» (Ramírez de Arellano).

Espadas apunta esta idea de los reformistas-constitucionalistas de Ciudad Real aportando información de un curioso documento de fecha 6 de octubre de 1812, donde los ediles emplean la terminología revolucionaria y novedosa de las asambleas gaditanas: nación, soberanía nacional, Ayuntamiento constitucional, etcétera. «Conceptos que a partir de 1814 tendrán otra vez que guardar al restablecer el veleidoso Fernando VII el Antiguo Régimen...» (Espadas, carta de Wellington). O como apuntó Peralta Martínez, la duración de esta cámara fue efímera «por causa del golpe de Estado dado por el rey Fernando VII en mayo de 1814».

Tras el final de la ocupación ¿acaso quedó en nuestra ciudad un poco de liberalismo?, ¿aguantó algo del espíritu liberal de los afrancesados manchegos?, ¿resistió escondida alguna de las ideas de progreso? Se publicó pomposamente la Pepa; se presumió de liberalismo.

Después de la guerra volvió a caminar por nuestras calles el servilismo, regresó el absolutismo a las instituciones en una involución que añoraba los tiempos pasados.

NOTAS Capítulo 6

1 Según Joaquín Gómez esta fue la primera partida guerrillera creada en las tierras manchegas. Entendemos, junto al profesor Cayuela, que tal vez fue esta partida la que en «La Mancha vio nacer (esta) forma... de resistencia del conflicto».

2 Ambigú: comida compuesta de alimentos fríos, dispuestos sobre mesas en actos sociales. Dicc. RAE.

3 Barrear: Cerrar, fortificar con maderos o fajinas un sitio abierto. Dicc. RAE.

4 Coracha: Saco de cuero que sirve para llevar tabaco, cacao y otros géneros de América. Dicc. RAE.

5 Lazo. Se refiere al guerrillero Francisco M.ª Laso de la Vega

6 Chaleco se sumó al movimiento liberal en 1820. Héroe de guerra, fue víctima de la represión absolutista, trasladado a Granada y, tras años de permanencia en prisión, ejecutado por el gobierno del rey felón; moriría en la horca el 21 de septiembre de 1827.

7 En la actualidad, es un plato manchego típico, que se complementa con panceta o mesao, chorizo, ajos, tostones de pan, hígado machacado, y hay gente que le pone anís matalauva en grano (el término mesao, para designar la panceta del cerdo, es una palabra que también se usa en La Mancha y en la comarca de La Manchuela).

La Guerra de la Independencia, Tomo 2, (1846).
Miguel Agustín Príncipe. BNE

7 | ¡Ay de los vencidos!
Otra vez *Vae victis* y las «tonterías del pueblo»

Fernando VII *encendió a su vuelta la tea de la discordia...*
(Rodríguez Solís, *Los guerrilleros, 1808*)

Durante el verano de 1812 los franceses fueron perdiendo influencia y territorios al tiempo que se desarrollaba el avance del ejército español sobre las tierras manchegas. El contador principal de la provincia de La Mancha, Ramón Antonio Pico, designado subdelegado del partido de Ciudad Real por el Consejo de la Regencia para el control y gobierno de las localidades de esta tierra, comunicó con otros mandos militares el movimiento del 5.º ejército hispano con la finalidad de ir ocupando el espacio abandonado en La Mancha por las tropas enemigas. Este subdelegado fue quien ordenó la restitución de los empleos municipales que regían la ciudad en mayo de 1808, cuando fueron sustituidos por los cargos nombrados por el gobierno de ocupación. En un bando emitido para la ciudad expresó que

> ... la libertad que respira esta leal provincia de La Mancha por la repentina fuga de los enemigos que la oprimían..., exige imperiosamente..., librar a los habitantes de los males de la anarquía y de ser gobernados por unos funcionarios públicos que sin embargo de que su conducta pública haya sido la más pura, recibieron el mando y la investidura del gobierno intruso que sancionó sus nombramientos, contrayendo un principio vicioso que debe totalmente extinguirse. (Espadas Burgos)

Quedó «Un país atrasado, descabezado políticamente y con unas fuerzas militares mal organizadas... Pero España no solo aguantó la acometida, sino que, además, derrotó al ejército más potente de Europa...» (Ortiz de Ortuño). Y en verdad fue así. Des-

Día dos de mayo de 1808. En Madrid
Biblioteca Digital Memoria de Madrid

pués ¿qué?, ¿qué quedó?, ¿cómo regresó la tranquilidad?, ¿qué legó a las siguientes generaciones este luctuoso hecho?; los que sufrieron a los dos bandos, ¿cómo soportaron la paz?; ¿se puede, acaso, juzgar como serviles a los absolutistas y como traidores a los afrancesados?

Casi al final de nuestro trabajo continuamos haciéndonos preguntas con ánimo de obtener alguna respuesta satisfactoria: ¿hubo algo bueno de aquel luctuoso enjambre de ilusiones perdidas y dolor? Es muy difícil que se cumpla el deseo a esta pregunta, pues, esa mente colectiva que observamos en las pinturas de Goya, como en la «carga de los mamelucos», en la que se ve la rabia de un paisano apuñalando a un soldado egipcio y la saña de otro contra el caballo del mismo mameluco, ¿qué vemos?, ¿el triste heroísmo del pueblo?, ¿la maldad de los extranjeros?...

En las dos páginas anteriores:

Pelean los patriotas con los franceses en la puerta del sol

Acometidos los franceses en este sitio por los patriotas, se trava entre estos y aquellos una sangrienta refriega, en que el valor y la indignación de los otros esculpe a la táctica y disciplina de los otros. No obstante, reforzados los primeros con numerosos cuerpos de infantería y caballería que acuden de todos puntos, y con algunas piezas de artillería, tiene el pueblo que ceder la superioridad después de haber causado gran destrozo en el enemigo. Los franceses para satisfacer su cobarde venganza, asesinan a un número considerable de personas de todas clases y estados que con el fin de huir del tumulto, se habían refugiado al templo del Buensuceso, cuyo sagrado recinto quedó profanado con la inocente sangre de aquellos mártires de la libertad española (texto a pie de la talla dulce).

Estampa que recoge los cruentos enfrentamientos entre una población mal armada y las tropas napoleónicas. Desde ventanas, balcones, tejados y en la calle se lucha contra los organizados soldados franceses, causando un número considerable de bajas entre la población civil. En la imagen, al fondo, se reproduce la fuente conocida como "La Mariblanca" frente a la desaparecida Iglesia del Buen Suceso, lugar que sirvió de refugio a muchos madrileños, que perecieron al ser asaltado por los soldados. (Comentario del Catálogo de la exposición «Madrid 1808: Ciudad y Protagonistas»)

> Esta maldita guerra me ha perdido. Esta maldita guerra de España
> fue la causa primera de todas las desgracias de Francia. Todas las
> circunstancias de mis desastres se relacionan con este nudo fatal:
> destruyó mi autoridad moral en Europa, complicó mis dificulta-
> des..., -Napoleón dijo-. (Arcarazo García, *Las heridas de guerra*...)

Las batallas en el entorno a los montes Pirineos supusieron una
sucesión de victorias del ejército aliado, en las que tuvo una pequeña participación el ejército español. Poco a poco se fue ex-
pulsando a l'armée d'Espagne alejándola de la península ibérica,
asediándola y acosándola en territorio francés.

Mas, antes de la expulsión, la salida de las tropas francesas
de Ciudad Real, en el verano de 1812, fue propiciando el abandono paulatino del resto de las poblaciones de Castilla-La Mancha
(Castilla la Nueva, de entonces). Esta situación se debió, en parte,
a la necesidad de tropas en el este de Europa, pues Napoleón
precisaba muchos más soldados para su campaña en Rusia; y,
por otra parte, a causa de las operaciones del ejército aliado en
la península, moviéndose desde Portugal al mando del duque de
Wellington a principios de mayo de 1813, para liberar a España
del dominio imperial francés.

Mediante el Tratado de Valençay (diciembre de 1813), llamado
curiosamente «de paz y amistad», entre Napoleón y Fernando VII,
el monarca recuperó la corona, volviendo a España en marzo de
1814. El Antiguo Régimen retornó como símbolo de un «tiempo
nuevo». Pero resultó ser un triste intervalo hasta 1820, conocido
como sexenio absolutista. Un nuevo tiempo de desprecio y trans-
gresión de los acuerdos de este tratado. El monarca persiguió,
vilipendió, apresó, juzgó sumariamente y castigó a los que consideró traidores por ser liberales o afrancesados.

El profesor Ruiz Domènec describió el acompañamiento y sostén social de este rey como un «frenético estruendo patriótico»,
del que se vieron algunos ejemplos en Ciudad Real, donde tras
los primeros días de entusiasmo se iniciaría el «tiempo para las
traiciones». La Junta Central sembró la semilla de la discordia
y provocó la animadversión de la población española contra los

afrancesados como traidores a la patria. Aversión e inquina que, en poco tiempo, también fue asumida como labor de asedio y persecución de los liberales. Con la bendición del monarca, el capitán general Eguía disolvió las Cortes el 10 de mayo de 1814, y con similar celo y dureza, acosó a los diputados doceañistas. Fue la «testaruda reverberación española de la venganza hacia el que piensa de forma contraria...». Otra más de las «tonterías del pueblo».

Reverdeció un rasgo muy español, un majestuoso orgullo absolutista que no perdona, seguro de que la verdad es solo la suya. Para esa mentalidad el intento de regenerar el país era una utopía imposible. «... si nos atenemos a lo sucedido en los siguiente cincuenta años, no se puede estar tan seguro de que los afrancesados fuesen los equivocados...» (Ruiz Domènec).

Los afrancesados, en muchas ocasiones, fueron intimidados o, incluso, sometidos a tortura. Los partidarios de la monarquía absolutista de Fernando VII y sus gobiernos tenían la convicción de que sus actos estaban refrendados por la moral y que las medidas coercitivas estaban justificadas. Así ocurrió en nuestra ciudad tras la ocupación y el fin de la guerra.

Sin pausa, la Constitución de Cádiz fue enviada al basurero por Fernando (quien, por cierto, la había jurado). Su camarilla, con el clérigo Escoiquiz a la cabeza y Martín de Garay, en el Ministerio de Hacienda, estaba persuadida de que el país debía retornar a sus antiguas tradiciones. Los organismos creados por el gobierno bonapartista «fueron anulados y en su lugar se pretendió restaurar los consejos y secretarias propias del Antiguo Régimen, con una diferencia: gobernaría el rey directamente, lo que se tradujo en el conocido Gobierno de camarilla...» (Santos Juliá, citado por Ruiz Domènec).

En el gobierno municipal de Ciudad Real se restauraron a los que ocupaban los cargos antes de mayo de 1808. Todas las acciones que ocurrieron a nivel nacional con el regreso del rey Fernando, se dieron igualmente en el ámbito local; los que fueran partidarios de las reformas y del desarrollo social tuvieron que sufrir la ira del pueblo o expatriarse a otras ciudades.

De forma inmediata al terminar la guerra y reponerse en el trono Fernando VII, surgieron notables reacciones contrarias a los preceptos vinculados a las Cortes de Cádiz, a la soberanía nacional y a las reformas sociales y políticas. Se decretaron normas represivas, se instauró la regresión a los gobiernos del pasado, practicado por el monarca y su camarilla, en consonancia con los seguidores que en cada pueblo y lugar tenía este nefasto gobernante.

Debido ello, en el tiempo inmediato al final de la guerra germinaron varios pronunciamientos militares de carácter liberal, que pretendían llamar la atención sobre la etapa de retroceso en la que se hallaba inmerso el país. Un noble y a la vez triste destino de muchos guerrilleros que, después de luchar por su rey y por la libertad frente al invasor, fueron abandonados por un desagradecido monarca. Los defensores de las ideas liberales fueron injustamente sentenciados.

Entre los días 25 y 26 de septiembre de 1814, seis meses después de la llegada del Deseado y tristemente anhelado, rey Fernando, se dio el pronunciamiento del conocido guerrillero Espoz y Mina[1]; el 17 y 18 de septiembre de 1815, la sublevación de Porlier[2]; el 4 de abril de 1817, el alzamiento y rebelión de los generales Milans y Lacy[3] en Cataluña contra las acciones del rey, que traicionó los principios de la Constitución de Cádiz; Juan Martín Díaz, el Empecinado, seguidor del monarca también cayó en desgracia y fue desterrado de la Corte a Valladolid; el sacerdote y diputado en Cádiz, Diego Muñoz Torrero, que colaboró activamente en la elaboración de la Constitución de 1812, fue condenado a 10 años de reclusión conventual; el también clérigo, nacido en Talavera, Antonio Oliveros Sánchez, tuvo 4 años de destierro en el convento de Cabrera; el historiador y clérigo, Joaquín Lorenzo de Villanueva, objeto de la animadversión de Fernando VII, fue condenado a 6 años de destierro y, de forma sucesiva, Rodríguez Solís recoge los nombres de famosos liberales que lucharon en esta contienda y después fueron perseguidos y represaliados.

En nuestra tierra podemos señalar el caso de Francisco Abad Moreno –Chaleco– quien, defendiendo la libertad durante el Sexenio Absolutista (1814-1820), el Trienio Liberal (1820-1823) y la Ominosa Década (1823-1833), fue, como ya hemos señalado, hecho preso y ejecutado, por orden del monarca borbón.

«... he pensado principalmente en mi país y en la libertad, y esto, sin duda, es un crimen para los que no tienen éxito...» (Baroja).

Con estos mimbres agitando la sociedad española tras la guerra, Ruiz Domènec plantea la pregunta que marcó los siglos XIX y XX en España:

> ¿Es que nadie más comprendió que las decisiones de ese rey pusilánime y cobarde eran un grave error histórico y que no solo costarían la sangre y el exilio de muchos disidentes sino que retrasarían muchos años la modernización del país?...

El legado francés ¿y el legado hispano?, el fracaso de las buenas intenciones

El legado que dejaron, tanto uno como otro contendiente, se puede resumir en: dolor y miedo, espejismo de progreso, involución, regreso al rancio pasado...

¿Acaso no venían a traernos lo bueno de la Revolución francesa de años anteriores, o solamente venían a matar, al expolio y a devastar la tierra manchega? Napoleón aprovechó su «máquina de matar» para aconsejar a los países vecinos que el régimen imperial, que dimanó de la Revolución, era mejor que la monarquía borbónica hispana.

La megalomanía imperial de Bonaparte dejó a Ciudad Real anquilosada y atrapada en el pasado; arruinadas las tierras de La Mancha. Tras la guerra quedó deshecho el país y frustrada su política, se retrocedió a tiempos oscuros, se restauró la Inquisición, se abolieron las leyes que dimanaron de la Constitución de Cádiz, reaparecieron los decadentes Consejos y la vieja jurisdicción señorial y se derogó la libertad de prensa. En definitiva, se impuso involución sobre el progreso.

La herencia a la ciudad: ¿algo en positivo a cambio del expolio?

Los franceses tal vez trajeran buenas ideas, pero quedaron las malas acciones. En algún momento hemos estado tentados a comunicar de manera indulgente y buenista la hipótesis de que los soldados franceses portaban en sus mochilas y petates los principios de la Revolución y las conquistas del progreso político y social. Napoleón envió a España a los «hijos castrenses de la Revolución», mariscales y generales que abusaron de su poder en la península ibérica y en Europa, una tropa que no honraba los fundamentos de la Revolución, tampoco el ideal de libertad, de igualdad y de fraternidad. Los asuntos bélicos se superponían al programa civil de la Revolución. Las conquistas y reformas que se pretendían difundir por los estados europeos sucumbían. En España mandaban los generales, no el rey José, a quien ni siquiera respetaban, y «su proyecto civilista desde la perspectiva afrancesada fracasaba a mitad del conflicto ante las exigencias de los mariscales...» (Cayuela).

> Se presentaron como «soldados de la razón», afirmando traer el progreso y la libertad a un pueblo esclavizado por la superstición y la tiranía, pero en la práctica no habían hecho más que sustituir a un tirano por otro, y de paso saquear, matar y violar a sus anchas... (Parrilla Alcaide, C. *La medalla de Marengo*)

El gobierno intruso encabezado por José I, con la autoridad que le dieron las abdicaciones de Bayona y la legitimidad defendida por las armas de Napoleón, pretendió organizar administrativamente España, a imagen de la Francia renovadora. Entre cuyos fundamentos estaban la centralización administrativa, la separación de poderes y un Consejo de Estado con un sistema moderno y renovado de ministerios.

Tal vez este intento de reforma territorial propiciaría que Ciudad Real fuera en el futuro la capital de la provincia, con la reorganización administrativa de Javier de Burgos en 1833, pues se decretó, en mayo de 1810, como capital de la subprefectura, dentro de la prefectura de Ciudad Real. Durante la invasión y ocupación francesa del territorio manchego, en principio, los asuntos administrativos se establecieron en Almagro, entre noviembre de 1809 y enero de 1810, fecha en que los temas de la administración pública se llevaron a Manzanares hasta el repliegue del ejército francés en el verano de 1812.

Pensamos que Ciudad Real, como población importante, comenzó a tener más relevancia a partir de la ocupación francesa, y empezó a despuntar como capitalidad en la división territorial

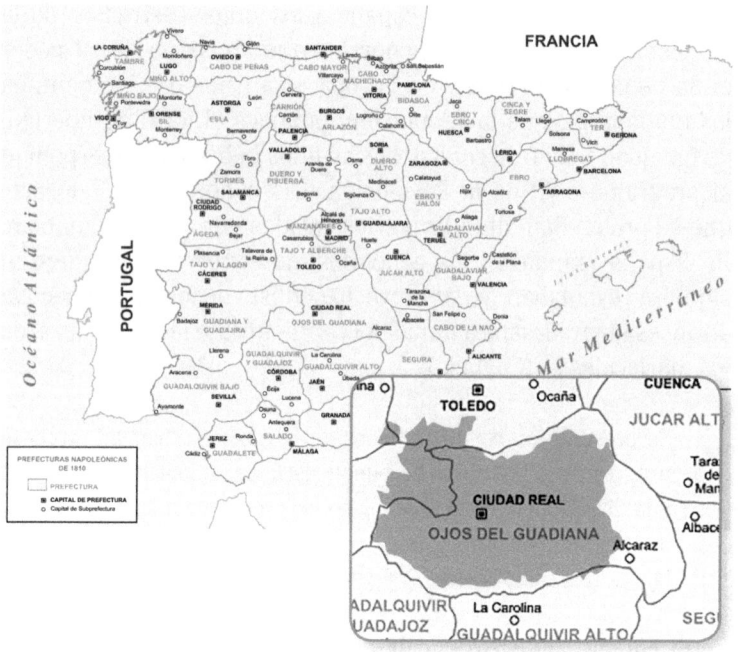

Base: Mapa de la división josefina en prefecturas, 1810, siguiendo el ejemplo de los departamentos franceses (Emilio Gómez Fernández y Darz Mol, Creative Commons). Sobre la división administrativa francesa hemos superpuesto los límites de la actual provincia de Ciudad Real

del gobierno de José I. Si bien, es cierto que en 1691 ya fue capital de la provincia de La Mancha, también se puede reconocer que careció de importancia hasta su designación como capital de la departamento de Ojos del Guadiana, desbancando a poblaciones más tradicionales en ser cabeza de territorio con cierta autoridad, como Almagro, Daimiel o Manzanares. En los diversos proyectos anteriores, incluso en el de 1808, anulado por la llegada de los galos, ya se contemplaba en esta provincia la preeminencia de Ciudad Real para la capitalidad de La Mancha, en lugar de otras poblaciones con más patrimonio y riqueza.

Ciertamente, Ciudad Real carecía de la enjundia de la nobleza y de otras instituciones ancladas en el feudalismo, como lo pudiera ser Almagro; también esta ciudad se hallaba alejada de la riqueza rural que poseían Daimiel o Manzanares; además, estaba un poco al margen de las tradicionales vías de comunicación norte-sur.

Lejos quedaba la villa de realengo que fundara Alfonso X (1255); lejos, también, el nombramiento de ciudad otorgado por Juan II de Castilla (1420); incluso remotos quedaban los años, entre 1496 y 1505, en que fue sede de la Real Chancillería, durante el reinado de los Reyes Católicos.

Fue en estos años iniciales del siglo XIX cuando los reformistas de las tierras manchegas demandaban la necesidad de un cambio en la administración territorial. Así lo recogió unos años después el historiador José de Hosta hablando de la división administrativa:

> Conociendo el gobierno en 1808 que los adelantos de la época exigían una reforma en la administración y gobierno de las provincias... (era) indispensable proceder a una nueva división territorial, (se) nombró una comisión... A principios de 1809 la comisión presentó un proyecto en virtud del cual la España debía subdividirse en departamentos, siendo uno de ellos el llamado 'Ojos del Guadiana', con la capital en Ciudad Real... pero habiendo sobrevenido la invasión francesa, que tantos daños debía acarrear a España, y particularmente a La Mancha... las miras del gobierno no pudieron realizarse, y la división territorial quedó en proyecto, del cual el gobierno intruso de Napoleón se apoderó en 1810, y, cambiando tan solo el nombre de departamentos en el de prefecturas, dando a estas el de sus respectivas capitales, sin alterar en lo más mínimo sus demarcaciones, a la de Ciudad Real le asignaron un prefecto y dos subprefectos, uno en la capital y otro en Alcázar (¿Alcaraz?)... Empero esta organización apenas tuvo lugar de ponerse en planta, porque hecha la paz con Francia, y colocado Fernando VII en el trono, las cosas volvieron a su primitivo ser...

En un estudio sobre *Los orígenes de la división provincial en España*, se habla de las competencias para el Ministerio del Interior (creado en 1809), detentado por el marqués de Almenara, José Martínez Hervás, y entre ellas figuraba la nueva división

GAZETA DE MADRID

DEL VIERNES 4 DE MAYO DE 1810.

ESPAÑA.

Sevilla 22 de abril.

S. M. ha expedido el decreto siguiente :
Extracto de las minutas de la secretaría de Estado
Real alcázar de Sevilla á 17 de abril de 1810.

Don Josef Napoleon por la gracia de Dios y por la constitucion del estado, REI de las Españas y de las Indias.

,, Queriendo establecer de un modo uniforme el gobierno civil de los pueblos del reino; visto el informe de nuestro ministro de lo Interior, y oido nuestro consejo de Estado, hemos decretado y decretamos lo que sigue :

TITULO PRIMERO.

Division del reino.

ARTICULO I. Se dividirá la España para el gobierno civil en 38 prefecturas, cuyas capitales serán Alicante, Astorga, Barcelona, Bůrgos, Cáceres, Ciudad Real, Ciudad-Rodrigo, Córdoba, Coruña, Cuenca, Gerona, Granada, Guadalaxara, Huesca, Jaen, Lérida, Lugo, Madrid, Málaga, Mérida, Murcia, Orense, Oviedo, Palencia, Pamplona, Salamanca, Santander, Sevilla, Soria, Tarragona, Teruel, Toledo, Valencia, Valladolid, Vigo, Vitoria, Xerez y Zaragoza.

ART. II. Los limites de estas prefecturas serán conformes al plan geográfico, y explicacion que acompañan al presente decreto.

ART. III. Cada prefectura se dividirá en subprefecturas, cuyas capitales serán :

En la de Alicante.
Alicante............... S. Felipe, Denia.

En la de Astorga.
Astorga............... Leon, Benavente.

En la de Barcelona.
Barcelona............... Manresa, Solsona.

En la de Bůrgos.
Bůrgos............... Logroño, Calahorra.

En la de Cáceres.
Cáceres............... Talavera de la Reina, Plasencia.

En la de Ciudad Real.
Ciudad-Real..... Alcaraz.

División administrativa josefina.
Gazeta de Madrid, n.º 124, 4 de mayo de 1810

provincial. Este proyecto se encargó a José María de Lanz y Zaldívar, que era, por entonces, el director de la división y del Depósito Hidrográfico; fue aprobado en abril de 1810 y publicado en la *Gaceta de Madrid* el 4 de mayo de ese año. El territorio del país se dividía en 38 prefecturas y 111 subprefecturas, con el nombre de un río que pasara, más o menos, cerca de la capital; así se llamó a la prefectura Ojos del Guadiana, y su capital sería la población de Ciudad Real (Cebreiro Núñez).

Siendo un poco optimistas, pensamos que algo de sedimento progresista pudo quedar escondido en la mente de los liberales y afrancesados manchegos, para luego (o mucho después) volver a surgir en momentos de progreso y desarrollo, como el Trienio Liberal (1820-1823), el Bienio Progresista (1854-1856) con Baldomero Espartero, la Revolución septembrina (1868) y la Primera República española (1873-1874).

Las reformas administrativas se aplicaron por diferentes razones. Representaban la herencia ilustrada y liberal en la que José I quería basar su legitimidad, y en la que creían los afrancesados españoles. Promovían la eficacia y el progreso modernizador que debía cambiar la faz de la sociedad ibérica. Rompían la resistencia de los sectores del Antiguo Régimen que alentaban la resistencia, especialmente el clero regular. Y favorecían los intereses de los colaboracionistas locales con medidas como la incautación de los bienes de los patriotas expatriados y de las comunidades eclesiásticas suprimidas... (Ramisa Verdaguer)

De manera que se puede entrever que algún pensamiento e ideas de mejora y deseos de desarrollo, de reformas y crecimiento aguantaron secretamente, basándonos en hechos posteriores que se apoyaron en el conjunto doctrinal iniciado con la Constitución de Bayona, los «decretos de Chamartín» del propio Napoleón y las leyes y decretos de la efímera administración y gobierno de José I.

Los afrancesados españoles cometieron el error de creer «en que la modernización de España podía acometerse bajo la protección de un ejército de ocupación...» (Ortiz de Ortuño). Estamos de acuerdo con el profesor del Valle cuando comenta que las administraciones de la provincia y otras instituciones

... estuvieron ocupadas por afrancesados, que colaboraron no por traición sino por la defensa de un proyecto político propio, laminado entre los militares franceses y los patriotas españoles... (pero) en la práctica su principal aportación... fue la mediación entre las tropas francesas y la población evitando saqueos, represalias y dando cierto apoyo económico...

El gran problema de José Bonaparte fue ser un monarca extranjero, como ocurriría décadas más tarde con Amadeo I, que rigió los destinos de España entre enero de 1871 y febrero de 1873; el «rey elegido» que se vio obligado a abdicar y volver a su Saboya natal, en la península italiana.

Categoría y tipos de afrancesados

La terminología que se propone en diversos estudios, más parece enrevesar el tema que aclararlo, so pena que se expliquen en detalle las consideraciones de cada uno de los grupos que componían el conjunto reformador, por un lado, y el conjunto absolutista, por otro lado, que también tenían sus matices. De manera que, ajustando los colaboradores del régimen bonapartista en España de aquel tiempo, tendríamos a los josefinos como grupo que participó de manera activa y pública con el gobierno de José I «aceptando y solicitando empleos, cargos y responsabilidades...»; un segundo grupo, los juramentados, que prestó juramento voluntariamente o por la fuerza para conservar sus cargos y privilegios; los colaboracionistas pasivos, que cooperaron sin jurar ni ganar beneficios; y, por último, una masa anónima obligada a contribuir y participar por hallarse en la zona ocupada por las tropas francesas en la península.

No pensemos que las coaliciones políticas son algo de ahora. Ya en la época que estamos estudiando había una pluralidad de grupos políticos, de sensibilidades distintas, incluso diferentes dentro del mismo bloque ideológico. Podríamos decir que existía una dispersión política que, muy simplificada, reunía a los conservadores, los absolutistas, los reaccionarios, los tradicionalistas y todo lo que se situara más a la derecha. Al otro lado, se podría hablar de los liberales revolucionarios de Cádiz, que reunían a diversos grupos más reformistas, renovadores, digamos, un tanto más progresistas; y por último el grupo de los afrancesados situados entre los liberales de Cádiz y los grupos reaccionarios.

En estos grupos sociales podemos encontrarnos el «afrancesamiento cultural» que comenta Fuentes, el que describe el profesor del Valle como afrancesamiento político e ideológico, o sea, los convencidos de las reformas que necesitaba el país. Francia ofrecía estos arquetipos de sociedad avanzada, y estos afrancesados pusieron sus ojos en las conquistas de la Revolución. Se alejaban de las normas revolucionarias pero querían un gobierno enérgico y firme para llevar a cabo las reformas necesarias para el país. Iruela llama a estos grupos de afrancesados «admiradores de las ideas y los modos de más allá de los Pirineos»; un afrancesamiento ideológico de aspiración reformista prudente y tolerante, según explica del Valle,

> ... todos los puestos políticos y eclesiásticos fueron ocupados por personas de la provincia de indudable capacidad... mentalidad ilustrada... intentos conciliadores, de mediación política... una opción escogida por parte de la clase dirigente del Antiguo Régimen que, en la mayoría de los casos, ya habían ocupado cargos públicos o incluso fueron miembros de las Juntas de Defensa...

El término «afrancesado» según la literatura antigua viene del siglo anterior, el XVIII. Se acuñan una curiosa variedad de calificativos para el tipo de individuos que, cultural o socialmente, seguían las tendencias que procedían del país vecino; no solo era la palabra despectiva gabacho, más utilizada para los soldados franceses, sino los vocablos como currutaco, pirraca, madamita[4], que en aquellos primeros años del siglo XIX eran palabras de nuevo cuño. Son insultos para señalar características de sujetos e individuos de pensamiento o actuaciones diferentes, como refleja el estudio de Freixas Alás: «currutaco... para designar a los "caballeritos de tamaño de á vara y media"[5] (así denominado en el *Diario de Madrid*, 14/5/1795), cuya principal ocupación es ejercitarse en el baile... A partir de esta documentación, en que currutaco se emplea como un nombre propio, al igual que pirraca...».

Una de las primeras reacciones contra la Ilustración fue la que el profesor Fuentes llama «la reacción casticista», según el mundo tradicional español «atentaba contra las más genuinas tradiciones nacionales...». Suponía, además, un agresivo ataque de una tendencia política asida tenazmente al Antiguo Régimen, por ende, inmovilista políticamente. Era una «galofobia conservadora» que, incluso anterior a la guerra, fraccionará a los españoles en dos bloques: «afrancesados y patriotas, el casticismo y el afrancesamiento», que ya litigaban en ideas de progreso o tradicionales, competían en tendencias liberales o conservadoras y pugnaban en pensamientos aperturistas o de cerrazón.

Afrancesamientos
y el progreso roto

> El espíritu de renacimiento creado en la provincia por la Ilustración y sus reformas se fue apagando... (del Valle, *Afrancesados y masones...*)

El término «afrancesado» fue como un cajón de sastre en el que entraron todos los que no comulgaban con el tradicionalismo del Antiguo Régimen. Con este nombre el significado es «el más vago e indeterminado de todos; el más fácil por tanto, y acomodado para aplicarse indistintamente; el más útil para servir al odio... y señal en una persecución...» (Reinoso). Pero, una cosa fueron los españoles afrancesados del siglo XVIII, otra diferente los afrancesados por ser josefinos; o bien, los afrancesados por colaboracionismo; y otra distinta los afrancesados por liberales. El afrancesamiento ya estaba en el ánimo de muchos ilustrados, no lo trajeron los militares franceses que invadieron España. Pero, se truncó cualquier concepción reformista y de progreso, pues las fuerzas reaccionarias, crecidas tras la derrota de los franceses en España, y en Ciudad Real, consiguieron convencer al pueblo de que sus intenciones no eran «tonterías», sino la verdad absoluta del rey Fernando cuya voluntad era guiada y sostenida por la mano divina.

Una de las costosas labores que tuvieron los afrancesados en mente y que realizaron a través de sus propagandistas, fue la intención de captar a la opinión pública, pero no fue suficiente para difundir una buena imagen de los beneficios del gobierno de la nueva monarquía, ya que la información de la prensa solamente llegaba a la minoría instruida; además, en su contra estaban los atropellos, abusos y excesos contra el pueblo por el ejército invasor.

En una monarquía como la que pudo representar José I, los afrancesados veían la posibilidad de que sus pretendidas reformas, bajo el signo de la Ilustración, se cumplieran, y traer así al país la deseada renovación política, social y económica. Napoleón sería el símbolo de la regeneración y su hermano José, un «rey filósofo, constitucional, ilustrado y hombre de bien... capaz de conciliar orden y progreso, y de introducir una dosis razonable de libertad en un país tan castigado por la intolerancia y el fanatismo» (Fuentes), el artífice material del plan.

Pensamos que, después de la cruenta guerra, el pequeño foco de ilustrados se apagó completamente y se volvió al feudalismo.

Aquella guerra facilitó héroes del pueblo (los guerrilleros, por ejemplo) que unieron a los españoles contra el enemigo francés, en un acto de afirmación nacional. Pero aquellos que creían en los beneficios provenientes del exterior, aunque no en el método de implantarlos por la fuerza de las armas, denominados peyorativamente afrancesados, infidentes o traidores, resulta que no fueron tan traidores. El epíteto «afrancesado», surgió en 1808, según Juretschke. Artola en 1953 ya argumentó que no eran traidores, ni fieles a Francia, ni a Napoleón, ni siquiera al rey José I, sino que aspiraban a un mejor gobierno que el detentado por los borbones.

A finales del siglo XVIII y comienzos del XIX una parte de las élites intelectuales, nobleza, clero, o burguesía, tenían perceptibles ideas y doctrinas filosóficas procedentes de Europa a través de Francia. Y, en un país eminentemente rural y agrario, de sistemas de trabajo anquilosados y vetustos, con un tejido industrial primerizo y escaso, estas novedades y pensamientos, procedentes del extranjero eran rechazados en nombre de la tradición y la fe.

Fueron varios los motivos para las acusaciones de afrancesamiento. Al hablar de colaboracionistas, se han apuntado desde la falta de personalidad hasta el deseo de conseguir honores y cargos, pasando por otros personajes que se afrancesaron por no querer cambiar un modo de vivir lujoso, por recelo a que sus bienes fueran requisados; incluso había afrancesados por el miedo a los motines del pueblo.

Muchos de los progresistas –liberales y reformistas, o afrancesados- de Ciudad Real, «quizá asustados por "las tonterías del pueblo" pasaron a ser josefinos...» (Romera Valero), como sucedió de manera manifiesta con Camborda, Sarachaga y Porras.

Podríamos elaborar una pequeña lista de algunos de los afrancesados que, en Ciudad Real, participaron de este gobierno de José I, en las administraciones provinciales o locales: el prefecto de la provincia Florentino Sarachaga Izardui, los miembros del

Tribunal Criminal Antonio de Porras, Fernando Camborda (abogado y periodista) y Raimundo Quirós, que también fue miembro del Ayuntamiento de la ciudad; individuos de la élite política a los que podemos añadir intelectuales como Pedro Estala y Sebastián Almenara, e incluso algún que otro hidalgo o noble. Después, estos personajes se convertirían en «los primeros represaliados políticos manchegos, sufriendo desde depuraciones hasta el exilio. Su crimen fue el de haber creído que con José I podían culminar su proyecto modernizador...» (del Valle).

Estos fueron los verdaderos colaboracionistas en el sentido de que se unieron voluntariamente al rey José I; algunos de ellos formaron parte de su gobierno y otros simplemente colaboraron desde puestos más modestos de la administración. El día 1 de octubre de 1808, se emitió un Real Decreto para jurar fidelidad al rey José I, a la Constitución otorgada de Bayona y las leyes que de este gobierno dimanaran. «Hubo muchos juramentados y muy pocos afrancesados» (Artola).

Liberalismo versus opresión

Se podría decir que el liberalismo fue fugaz y efímero, y duró el tiempo que permanecieron las autoridades afrancesadas al frente de la ciudad. No es que Ciudad Real fuera más liberal al ser ocupada por las tropas francesas; ya existía un pequeño grupo con ese carácter ilustrado y reformador, aupado a empleos locales por el gobierno intruso trajeron un conato de régimen liberal que se esfumó tan pronto como la tropa invasora dejó la ciudad. Entre las autoridades provinciales algunos dirigentes eran forasteros, pero los cargos municipales fueron desempeñados por gente del pueblo. El liberalismo no prendió en esta ciudad, y posiblemente estimuló, sin quererlo, una reacción absolutista.

El profesor Romera nos señala sobre la gente liberal de la ciudad que la tertulia del párroco Almenara contaba con importantes figuras de la Ilustración manchega, como José Boada, oficial mayor de la Contaduría de Propios y Arbitrios de La Mancha o el mencionado intendente de la provincia, Florentino Sarachaga, entre otros, siendo muy probable la asistencia ocasional del periodista, historiador y dramaturgo Félix Mejía. «Les movía una forma especial de patriotismo que pasaba por aceptar un rey nuevo, y el apoyo de Napoleón...» (Montagut).

Serviles
y el retroceso al Antiguo Régimen

Para los serviles, según se difundía abiertamente en los papeles de la época (la prensa absolutista) estudiados por el profesor Isidro Sánchez, «Fernando VII era lo bueno, lo genuinamente español y lo sublime todo lo contrario que José I, presentado como advenedizo... Napoleón... era calificado como corço aventurero, facineroso, genio maléfico... tirano de Europa». Para estos patriotas en el ejército español se guardaban con valiente celo las «buenas virtudes castrenses y cívicas», en cambio, los soldados galos y los españoles acogidos al nuevo monarca bonapartista «eran bárbaros, codiciosos, forajidos, inhumanos, lobos, monstruos, nuevos sarracenos, hordas, escorias, segundos vándalos...».

Los calificativos utilizados por la prensa no dejan lugar a dudas de la tendencia absolutista de una gran parte del pueblo. Lo interesante del asunto es la riqueza del lenguaje utilizado para vilipendiar al enemigo, así como las palabras usadas para halagar y agasajar a los propios. En la prensa absolutista

> los llamados patriotas aparecían como buenos españoles, heroicos, honrados, insurgentes, leales, valientes y virtuosos. La retahíla contra los afrancesados era interminable: ambiciosos, apóstatas, asesinos, criminales, débiles, degenerados, indignos del nombre español, infames, ingratos, malos españoles, miserables, renegados, traidores o verdugos... (Sánchez)

El retroceso, tras el final de la guerra, se extendió por el siglo XIX español.

> La nación tomó a poco su aplomo de servidumbre y se contentó con pastar al azar repitiendo «Nos numerus sumus, et fruges consumere nati»[6]. Y el rey se puso otra vez a la cabeza de esta piara, se supone para guardarla... (Félix Mejía, con el seudónimo de Carlos Le Brun)

Ciudad Real retrocedió a la vieja economía, para que el tejido productivo, más que tradicional antiguo, no se viera alterado por los propósitos reformistas que los afrancesados intentaron en la ciudad, y así, mantener una masa barata e iletrada de trabajadores temporeros. Un palmario ejemplo fue impedir la propuesta ilustrada de crear una Sociedad Económica de Amigos del País en la ciudad, como proyectaron el arzobispo Lorenzana y su obispo auxiliar Lizana; ni tampoco la tentativa, que sobre este asunto, hiciera el corregidor Antonio de Porras años más tarde.

En otro orden de cosas, aunque referido a este sector social, no sabemos si los miles de *Te deums* y los cientos de miles de *Misereres* que se celebraron por todo el país eran para festejar la victoria sobre los invasores franceses o para dar gracias por la llegada triunfal de Fernando (Rubí i Casal).

Después de la salida de los franceses de la ciudad «nunca se podría volver a la susodicha "normalidad tradicional", ni en lo público, ni en lo cotidiano...». Se observa que en todo el periodo posterior a la ocupación hubo un proceso de involución, de rencor, y no un progreso hacia posturas conciliadoras. Aquellos que, de algún modo, fueron «colaboracionistas y afrancesados locales», hubieron de mantener ocultas por muchos años sus ideas de progreso para esta árida tierra manchega (Cayuela).

Con la política reinstaurada por Fernando VII, se perdió el hilo que llevaba a las revoluciones burguesas del siglo XIX, que adaptaron la vida a nuevas mentalidades, ya científicas e industriales, ya económicas o ya políticas.

Según abandonaban los franceses las poblaciones ocupadas, quedaban en evidencia, soportando el reproche servil los que se habían mantenido en sus pueblos sin enfrentarse o huir y habían permanecido bajo la autoridad del gobierno intruso de José I. Muy «equívoca y difícil se tornó la situación de tales afrancesados, sin amparo material y en casi todas partes víctimas de atropellos y en todas blanco de vilipendio general...» (Méndez Bejarano). Las venganzas, incluso vecinales, llegaron de la mano del rey Fernando quien, a pesar de haber jurado la Constitución de Cádiz, de un solo golpe acabó con

... todo el artificio constitucional, atestó los calabozos de liberales hasta qué no cupieron más, sentenció a la horca o al destierro..., restauró el Santo Oficio, devolvió sus bienes a los conventos, estableció premios a la vileza de los delatores y no dejó en pie ni una piedra de aquel edificio con tanta sangre, con tantas lágrimas y con tan crueles sacrificios honrada y penosamente levantado. Allá en las amarguras del destierro, en las sombras de los calabozos o a las gradas del patíbulo, comprenderían aquellos desdichados que no estaba de su parte la razón política... (Méndez Bejarano)

Tal vez no se sepan diferenciar adecuadamente las rencillas entre vecinos y los odios personales que alentaron acusaciones de traición, infundadas o no. Pero, lo cierto es que a lo largo de la historia muchas acusaciones, entre vecinos, fueron más por cuestiones personales que ideológicas. «El 'odio popular' comenzó desgraciadamente a encontrar su sitio... vecino contra vecino, hermano contra hermano, patriota contra vendido... más allá de la marcha de los ocupantes...« (Cayuela).

Los seguidores del rey felón

Al rey (Fernando VII), finalmente, la clase política liberal, terminó por aplicarle un calificativo inédito: el de «rey felón» como sinónimo de «rey traidor» por haber traicionado la Constitución en 1814 y en 1823. (Moreno Alonso, *Traidores ante el pueblo*)

Todos los vituperios, descalificaciones e insultos que podamos imaginar fueron aplicados a Fernando VII, incluso más aún que al intruso rey José I Bonaparte. El calificativo de felón es una designación erudita y culta, no popular, que utilizaron las élites liberales para referirse al rey Fernando. La definición de felonía del Diccionario de la RAE, es muy sencilla y breve: deslealtad, traición, acción fea. Pero, si consultamos los sinónimos de felón, tenemos un amplio resumen de la personalidad y lo bien aplicado que está este adjetivo calificativo a Fernando VII. Si lo entendemos derivado del francés: cruel, malvado, también verdugo; si derivado de la lengua germánica: desollar, azotar. Y, posiblemente, entre todos los sinónimos destaca, especialmente, el de *homo vilisimus.* Y si tal es la descripción del rey, lo es también la de sus seguidores.

En torno a la figura Fernando VII «se fraguó así en Almagro y en La Mancha un proceso de mentalidad colectiva» que se fundamentaba en una idea «tóxica y artificiosa» para la custodia de la tradición, protección de las costumbres, incluso la salvaguardia del territorio, y fue elogio y exaltación «de un líder coronado», pero de un liderazgo injusto, abusivo y arbitrario, que incluía «su demostrada crueldad...» (Cayuela).

Represalias, nuevas leyes ad hoc contra los afrancesados: acusaciones y defensas

Se crearon, de manera inmediata, nuevas leyes que, con carácter retroactivo, pudieran inculpar a los afrancesados. En la reflexión que hizo Reinoso para la defensa jurídica de los *infidentes* afrancesados, explicó cómo en este caso fue la propia ley la que creó el delito: «mientras que no existe la ley, no puede existir la obligación... todos son inculpables en derecho. Nadie puede cometer delito, sin quebrantar una ley: nadie puede quebrantar una ley que no se ha dictado todavía».

Durante la ocupación de Ciudad Real no había ley que pudieran quebrantar los trabajadores de la administración municipal. Por tanto, si no existía ninguna norma que regulara la colaboración con los invasores, no habiendo leyes antiguas, ni desobedeciendo órdenes de la Junta Suprema y la Regencia, que no llegaban,

> ... no pudieron los habitantes dominados cometer delito por el hecho de servir los oficios públicos... El primer decreto contra los empleados se comunicó... para su circulación en 12 de agosto de 812, y no se publicó en gaceta hasta 27 del mismo. Aunque la expedición y promulgación de los decretos en Cádiz pudiese establecer ley en los pueblos ocupados, este, de que hablamos, no existió ni se promulgó hasta la retirada de los ejércitos franceses... (Reinoso)

Las primeras regulaciones que penalizaban el colaboracionismo llegaron a Ciudad Real cuando los franceses ya habían marchado pues, durante el tiempo de la ocupación, la Regencia, que representó a la monarquía borbónica, no pudo atender a los pueblos y en el caso de esta ciudad, y muchas en el resto del país, al marchar las autoridades en 1808, desatendieron las necesidades de la población y la dejaron en manos del enemigo. Al no haber ley ni autoridad, ¿contra qué ha pecado el pueblo oprimido por la fuerza de las armas, que carece de fuerza para resistir? Ninguna.

Conquistada la población y sometida a la fuerza la pregunta de Reinoso era: «¿merecen en justicia la calificación de criminales?...».

Es este mismo autor el que recoge una sentencia de la Junta Suprema Central que reprochaba a las autoridades de la ciudad de Madrid haber capitulado ante las fuerzas ocupantes, lanzando un lema muy alejado de la realidad de los pueblos, como el caso del Ciudad Real ocupado: «vivir libre o morir...», con la amenaza de que quien reconociera a José I como rey y «reciba la ley del tirano, ya no es Español, es enemigo».

Una terrible sentencia. Este dictamen fue tomado desde lejos de la ocupación, no desde el interior de las poblaciones invadidas. Los miembros de la Junta Suprema exhortaban, con esta máxima, a los pueblos conquistados en todo el reino hispano. Pero los miembros de la Junta estaban bien alejados del peligro. Además, como se ha visto, muchos habían abandonado sus puestos y sus lugares de residencia refugiándose en zonas alejadas de la dominación, mejor abastecidas y más tranquilas.

Contra los afrancesados de Ciudad Real

En nuestra tierra eran conocidos relevantes liberales y afrancesados, que fueron acusados por los absolutistas de traidores. En los argumentos que se esgrimían se precisaban y detallaban con minuciosidad cuestiones históricas que justificasen las actuaciones de estos *traidores*; Reinoso exhibió con admirable pluma y pericia pruebas, testimonios y razones filosóficas, políticas, éticas, sociales, incluso religiosas, que tratasen de acreditar la buena fe con la que colaboraban; alegando buenas intenciones de asegurar la paz entre los invasores y los ocupados. Pues, se preguntaba en la defensa de los acusados «... ¿qué magistrado, qué comunidad hubo, que no se viesen obligados a dar esas testificaciones de fidelidad y de sus deseos por el sometimiento general?...».

El año 1815 se inició la incoación de un auto de la Inquisición contra francmasones que se reunían con frecuencia en Almagro. Entre los encausados Pedro Estala, «presbítero ex regular, redactor de la gaceta del gobierno intruso, natural de Daimiel». En esas reuniones consta que participaban el intendente Florentino Sarachaga, el contador del maestrazgo de Calatrava, Bartolomé Arenas, el clérigo regular Pedro Álvarez de Sotomayor y el oidor del tribunal criminal Antonio de Porras, entre otros. El propio Sarachaga sería posteriormente (1819) enjuiciado por el mismo motivo: pertenecer a la logia masónica de Almagro, en un proceso inquisitorial, estudiado por Blázquez Miguel, en la sección décima del Tribunal del Santo Oficio de Murcia.

Defensa de una causa perdida de antemano

Ya Reinoso, con buen criterio y la finalidad de exonerar de culpa o, al menos, para atenuar la gravedad de los delitos de infidencia y traición, exhibió leyes antiguas para juzgar estos desmanes y traiciones de los que eran acusados los liberales, con importantes argumentos, pero con poco recorrido jurídico. Aun así, fueron juzgados de traición. En su reflexión, Reinoso, apeló a que no hay actualización normativa desde leyes tan antiguas como *Las Siete Partidas*, de Alfonso X, motivo por el cual dichos delitos carecían de soporte jurídico.

Otro de los argumentos en que se apoyaban los acusados de infidencia para su defensa fue que «su error no fue traicionar a su país, al que intentaron servir lo mejor posible bajo la nueva dinastía, sino abrazar una causa finalmente derrotada en el campo de batalla. No hubo traición, sino un error de cálculo...» (Fuentes).

La ambivalencia de la Iglesia:
fidelidad y poder repartidos

¡Vaya papelón el de la Iglesia española! Los clérigos se situaban en posiciones tan opuestas como irreconciliables (al menos para la causa de los serviles era incompatible). Los curas estuvieron presentes y activos desde la guerrilla más recalcitrante hasta la Ilustración más progresista. También una parte de la Iglesia que fue colaboracionista luego retornó al absolutismo. En esta diversidad nos encontramos desde el guerrillero servil y obstinado cura Merino a consejeros de José I en la Secretaría de Despacho de Negocios Eclesiásticos, creada por Real Decreto en diciembre de 1809. El clero español dividido entre la fidelidad a dios y a los ciudadanos y el Antiguo Régimen con las tradicionales usanzas.

En el personal eclesiástico, al finalizar la contienda, hubo casos de cambio de la fidelidad de un rey a otro. Algunos representantes de la Iglesia abjuraron de sus principios iniciales. Así, señala el profesor Isidro Sánchez que en el ámbito absolutista encontramos en Ciudad Real la mudanza del padre Agustín de Castro, que «inició un cambio de postura de constitucionalista a absolutista... su chaqueteo, su conducta cambiante, su actitud 'cambia colores", como se decía en la época».

Los curas afrancesados

Hubo un sector del clero con pensamiento ilustrado y reformista, conformado más por individuos del «orden canonical», que se adhirió a la nueva política del gobierno de José I, y que, obviamente, colaboraron, por ejemplo en la nueva división eclesiástica del territorio conforme a la división administrativa del gobierno josefino. En cambio, una destacada parte del clero regular, los frailes, eran partidarios del Antiguo Régimen, contrarios al progreso y las reformas (Espadas Burgos).

En la fragmentación de la Iglesia hispana los clérigos reformistas, liberales, o afrancesados, como el párroco Sebastián Almenara, el presbítero, Diego Duro o el canónigo magistral de Toledo, Cándido Mendívil, entre otros muchos, buscaban el beneficio y bienestar del pueblo.

Vencieran unos u otros, no dejarán de oficiarse misas ni acciones de gracia, tanto los josefinos en Madrid como los constitucionalistas en Cádiz, «y los bolsillos de los obispos se llenarán...», y tal vez no se diferenciaran en nada las misas de unos y de los otros.

Uno de los ejemplos de archidiócesis afrancesadas lo tenemos muy cerca, la de Toledo que, como dice Moliner, fue un «bastión del afrancesamiento eclesiástico». Estando Ciudad Real en la circunscripción de esta archidiócesis es lógico pensar que Almenara recibiera la orden de atender la petición de los franceses. Pero, el padre Almenara fue desacreditado e infamado por sus colegas absolutistas hasta conseguir desterrarlo de Ciudad Real. Almenara fue de los pocos que quedaron en la ciudad durante los primeros tiempos de la ocupación francesa junto a sus feligreses. El hecho de que fuera bien considerado por los mandos invasores desató las envidias que lo llevaron al ostracismo y el destierro al pueblo de Agudo (Ciudad Real), donde murió en octubre de 1811. Recordemos, además, que el estamento eclesiástico en el territorio de dominio del Estado josefino dependía del Ministerio de Asuntos eclesiásticos o de Culto, previsto en mayo de 1808, cuando se redactó la Constitución de Bayona.

Retorno al potro de la Inquisición
y la libertad de prensa otra vez amarrada

> la tolerancia de los liberales con sus oponentes desde 1808 hasta 1814 se trocó después en persecución, cárcel, falta de libertad y muerte... (Sánchez Sánchez, I. *La guerra de los papeles...*)

Entre las primeras medidas que se tomaron por el gobierno borbónico, tras el golpe de Estado del rey Fernando, hallamos la restitución de los temibles tribunales de la Inquisición que, asumiendo su papel, juzgarían a los desleales al régimen absolutista. Otra de las tristes cuestiones restauradas fue «la prohibición de periódicos y la vuelta al asfixiante control editorial», pues era una falacia cuando, en 1814, se consintió la continuación de la libertad de prensa, ya que fue la «mentirosa expresión de apoyo a la libertad de pensamiento». Se prohibió la difusión de anuncios y cartelería, imprimir diarios y escritos sin haber pasado la preceptiva censura, o «sin presentarlos antes a la persona a cuyo cargo esté el gobierno político dará o negará el permiso para la impresión y publicación» (Sánchez Sánchez).

> La guerra de los papeles terminaba con el triunfo total de los absolutistas y el pueblo cantando: Murieron los liberales, / murió

la Constitución / porque viva el rey Fernando / con la patria y religión. (Sánchez Sánchez)

Las «tonterías del pueblo» y las 2 Españas

Nunca hubo dos Españas, eso es una estupidez de la derecha
(Ángel Viñas)

Aunque haya que considerar y reflexionar sobre esta aseveración del historiador Ángel Viñas, las ya de por sí enconadas posturas de grupos defensores del reino de España, desde ideologías opuestas, consiguieron mantener, o mejor dicho crear, un tópico ¿muy real?: «las 2 Españas», sobre todo a partir de la expresión «las tonterías del pueblo». Esta idea ya utilizada por el comediógrafo griego de la antigüedad, Aristófanes, según escribió G. W. F. Hegel en su *Estética*; aunque fue más conocida gracias al pensador francés del siglo XVIII, Voltaire, cuando escribió «que hay que respetar las tonterías del pueblo, cuando no se tiene suficiente fuerza para suprimirlas...».

En el caso de nuestra ciudad se dio, también, la paradójica tontería que comentó Rodríguez Solís en su obra de finales del siglo XIX, que

> ... el pueblo se había declarado realista, por efecto de su ignorancia, blanda cera que el clero y la nobleza habían modelado a su capricho... no vaciló en gritar –¡por increíble que parezca!– ¡Viva la Inquisición! ¡Quiero cadenas! ¡Viva el rey absoluto! ¡Tengo a mucha honra ser un gran servil!...

Un enunciado que ha sido utilizado en este conflicto para justificar el acercamiento a los franceses; a modo de ejemplo, se ha dicho que el periodista ciudadrealeño, y miembro del llamado tribunal criminal, Fernando Camborda, se pasó al bando bonapartista porque «había sufrido similares "tonterías del pueblo"...» (Romera). Del que fuera corregidor de la ciudad, Antonio de Porras, comentó el vicepresidente de la Junta Superior de La Mancha, Ortega y Canedo, que pese a ser «... un hombre de bien y honrado español; las tonterías del pueblo le comprometieron a hacerse de los franceses...» (del Valle). Estas expresiones en boca de algunos absolutista intentaban justificar, tal vez, que eran buenas personas, pero estaban equivocados de bando.

Pensamos que también se puede utilizar esta aseveración, «las tonterías del pueblo», en sentido contrario y aplicarla, después de la guerra, al grupo de los que se adhirieron a la causa absolutista, pues son múltiples las *tonterías* que cometió el grupo de seguidores del monarca, por ejemplo, cuando el pueblo se vendió al rey felón, cuando delataba a sus vecinos, cuando el miedo le hacía abandonar el ideal de sacudirse el yugo de la opresión, etcétera.

Fueron unos años en los que la traición se le aplicaba no solamente a los que huían al cobijo del ejército francés, sino que el calificativo de traidor se halló en todos los lugares.

> ... la delación de traidores se convirtió en una fuente de legitimación de la revolución y en un factor, temible, de consenso. En unos momentos en que, con la desaparición del Estado y el vacío de poder que surgió tras la invasión, pareció que había surgido una sociedad sin clases. Es decir, sin estamentos ni privilegios, en la que todas las categorías sociales quedaran subsumidas en el pueblo... (Moreno Alonso)

Ante el temor de la delación, el criterio del pueblo fue decisivo para diferenciar buenos y malos, o sea, para distinguir a los honrados patriotas de los viles traidores. Con esta clara separación se desató el antojo justiciero para atrapar traidores y defender la religión, la patria, la independencia y al amado rey.

«El que los demagogos llaman pueblo y los prudentes vulgo o plebe, siempre es guiado por un instinto de destrucción que le conduce directamente a su ruina, si los que le rigen no tiran con fuerza del freno» (Fuentes). Y, ¿qué hicieron los dirigentes absolutistas con el pueblo? Precisamente, guiar el instinto del pueblo hacia atrás.

En ese volverse hacia dentro del pueblo, hacia lo tradicional, hacia lo de antes, muy hábilmente manipulado, puede haber una clara conexión entre «las tonterías del pueblo» y la idea de que

Duelo a garrotazos (vista parcial), pinturas negras de la Quinta del sordo, Francisco de Goya

existió una obstinada tibetización (hermetización, cierre a lo exterior) de la meseta sur.

La monarquía polisinodal de Consejos
versus la monarquía parlamentaria o las 2 Españas

Patriotas contra traidores, serviles contra liberales, monárquicos rancios contra monárquicos modernos, tradicionalistas contra reformadores, cualquiera de estas dicotomías puede ser válida, pues todas son ciertas.

Vencer en la guerra que, en principio, debería haber animado a todos los españoles, supuso el hostigamiento de los que, de alguna forma, colaboraron con el régimen bonapartista, con una purga decretada desde el nuevo gobierno de Fernando VII. «Lo que no podían imaginar los liberales manchegos es que pocos meses después ellos también iban a ser perseguidos políticamente...» (del Valle).

Espadas Burgos, sobre la carta que Wellington envió a las autoridades de Ciudad Real en 1812, comienza hablando sobre el tópico de las 2 Españas. Y, aunque se pregunta si aún pervive este manido cliché, dando por hecho que sí ha existido, también expone la idea de que, en ocasiones, el estereotipo ha articulado y otras veces desarticulado la vida española, aseverando «que siempre se las puede ver como algo positivo en cuanto han ejercido un vaivén de balanza y un dinamismo fecundo en los momentos críticos de nuestra historia».

A nuestro modo de ver, el tópico de las 2 Españas, a menudo se ha usado, y todavía se utiliza, como pretexto para no llegar a ningún acuerdo e intentar imponer un criterio particular y privativo más que acordar una pauta o norma general. Porque, además, aquí cabe otro tópico muy principal y muy unido al anterior, la consigna de: «o conmigo o contra mí».

Se aprecia muy claramente un antagonismo ideológico-social del país en aquel tiempo, con multitud de matices y singularidades diversas, que fueron configurando, dentro de un mismo bloque de pensamiento, distintos y variados grupos socio-políticos, que no partidos.

El vacío de poder que se produjo con la escapada de los borbones a Bayona para visitar a Napoleón, unido a los levantamientos populares contra l'armée d'Espagne, en ruta hacia Portugal, fue creando una «España de la resistencia y variados grupos patrióticos que hacen frente a los franceses... y comienzan un proceso complejo de relaciones sociales y políticas...» (Iglesias).

Esa diversidad de grupos ideológicos y sociales, que fueron reunidos en las Cortes constituyentes de Cádiz, consiguieron rematar la Constitución de 1812, la primera gran constitución liberal en España, que fue modelo seguido por el liberalismo en Europa. Un difícil proceso que aglutinó desde jovellanistas a liberales doceañistas, pasando por absolutistas que, a más largo plazo, «pusieron los cimientos de la gran revolución política y social que suponía dejar atrás el Antiguo Régimen y sustituir la sociedad estamental por una sociedad de clases...» (Iglesias).

Para que nos demos cuenta de lo antiguo que es el concepto de las 2 Españas quisiéramos recordar unos versos de García Lorca de su *Romancero gitano*: «... aquí pasó lo de siempre / han muerto cuatro romanos / y cinco cartagineses...», una expresión que es, precisamente, lo que estamos comentando, unos cuantos íberos apoyaban a los romanos y otros íberos iban con los cartagineses. Más claro nos puede dejar esta idea el profesor Ruiz Domènec, para quien la Guerra de la Independencia fue la que forjó la idea de las 2 Españas, cuando, al hablar de las guerras púnicas en Hispania escribió:

> ... los pueblos de la península se enfrentaron entonces en lo que podría considerarse la primera guerra civil «española». En efecto, allí comenzó todo y desde ese momento, a lo largo de los siglos, ha sido así con independencia de la época histórica en que se desarrolle... los iberos encontraron el mismo destino que con el paso de los siglos encontraran los españoles, morir y matar, sin saber los motivos...

El tópico de las 2 Españas y que, cada poco, vuelve a resurgir. Los españoles, enfrascados en manifestar unos contra otros sus diferentes posturas, dejaron pasar tontamente el siglo XIX y

> ... nunca hubo tiempo para diseñar el futuro... Hubo dos realidades... que no siempre concordaron sino más bien todo lo contrario... No pasaba lustro sin guerras, sin cambios de régimen, sin exilios interiores o exteriores de los disidentes, sin pronunciamientos militares, sin utopías salvadoras. Vivir el presente de una forma agónica, por decirlo con Unamuno, de entender el ser español, más interesado por la invención del pasado que el pasado mismo... (Ruiz Domènec)

Posiblemente habría que dar la razón al profesor del Valle cuando escribe que «por desgracia la Guerra de la Independencia inaugura un ciclo infernal de la violencia en la España contemporánea...», una idea que ha dado pie, a lo largo de los siglos XIX y XX, a una polarización de las posturas ideológicas, salvando, si acaso, el periodo de la transición a la democracia, después de la muerte del dictador en noviembre de 1975.

El expolio del final de todos los contendientes

Tal vez más que hablar de lo que los galos se llevaron, que ya nos lo señala Galdós, entre otros, en su episodio titulado *El equipaje*

Así sucedió. Francisco de Goya,
Los desastres de la guerra n.° 47, 1812-1815

del rey José, deberíamos hablar de lo que nos dejaron con su retirada: devastación y expolio del pueblo

> ... si tres ejércitos sobre el terreno (inglés, francés y español), más
> las guerrillas, no fueran suficientes para completar el cuadro de
> devastación de los territorios y ciudades españolas, durante los
> casi seis años largos de guerra, el final de la misma estuvo, como
> bien es sabido, marcado por la destrucción del patrimonio espa-
> ñol... expolio de riquezas artísticas... puede leerse en el episodio
> de Galdós..., esa vivísima descripción de los carruajes abandona-
> dos por el rey intruso después de la derrota de Vitoria en 1813
> y captar el ambiente de saqueo incontrolado desde el rey y los
> mariscales hasta el último soldado francés...; los ingleses tampoco
> fueron ajenos al expolio... (Iglesias)

NOTAS Capítulo 7

1 Francisco Espoz y Mina quería mantener la guerrilla como una acción de control e intentar mantener los principios de la Constitución de Cádiz pero, tras estos hechos, hubo de exiliarse a Francia, donde murió en 1836.

2 Juan Díaz Porlier, tras el fracaso de su pronunciamiento, a favor de la Constitución de 1812, en contra del cariz político de las acciones de Fernando VII y su gobierno, fue preso y ejecutado en la horca.

3 Luis Lacy Gautier, fue fusilado en julio de 1817; Francisco Milans del Bosch Arquer consiguió escapar, no pudo regresar a España hasta la desaparición de Fernando VII, en 1833.

4 Currutaco: que es muy pequeño; muy afectado en el uso de las modas. Dicc. RAE; Pirraca: denominación para designar al personaje muy aficionado al baile; Madamita: es un galicismo, un vocablo coloquial de la época dieciochesca, actualmente en desuso, se decía despectivamente a hombres con ademanes o comportamientos femeninos.

5 Vara y media: término utilizado de forma despectiva para indicar que carece de importancia.

6 Traducción: Somos números y nacidos para ser agotados en las cosechas; gastados hasta el final de su vida en los cultivos.

Der provinz La Mancha westlicher theil.
Theodoro López, Viena, 1797. CECLM

EPÍLOGO
Un legado entre el retroceso al Antiguo Régimen y la esperanza en las revoluciones del siglo XIX

El «ciclo infernal que se inaugura tras la guerra» (del Valle) continuó con un escandaloso silencio. Tal vez en aquellos tiempos el silencio de los vecinos de Ciudad Real fuera lo mejor para los acusados y perseguidos. Pero, debemos hacernos algunas preguntas, o muchas: ¿quedó algo que se pudiera aprovechar en los años posteriores a la ocupación o fue mejor callar?, ¿qué rincón oscuro del alma de los habitantes de la ciudad resucitó después de la salida de los galos?

Hemos visto la imposibilidad del asedio a la Casa de la Caridad por las partidas guerrilleras de Jiménez, de Chaleco..., estudiado la narración completa de Gómez sobre lo acontecido en esos años... no obstante, el vacío de testimonios posteriores a 1812, ¿ocultó algo?, ¿que algunos vecinos se vieron obligados a colaborar con el invasor y otros lo hicieron de buen grado?

Hay que evaluar que la ciudad también colaboró con el ejército servil, además, tras la salida de los franceses de la ciudad y de La Mancha ¿aplicaron los vecinos la máxima que justificaba el concepto «tonterías del pueblo», cuando todos se adhirieron a Fernando VII?... parece que sí.

Ni los patriotas fueron tan héroes, ni los afrancesados fueron unos villanos tan malos que vendieron el pueblo al intruso. Lo cierto es que la guerra sacó del alma de los ciudadrealeños lo mejor y lo peor. Siempre hay matices que cambian el relato de los hechos. Y esos matices, asociados y vinculados adecuadamente en la investigación a acciones, a personajes y a vicisitudes, nos aproximan a la verdad de lo ocurrido. Y decimos, nos acercan; nos hacen entender un poco la verdad, para que así el interesado observe y visualice unos hechos que ayudarían a comprender, en parte, su presente. Todavía faltan investigaciones e interpretaciones de los acontecimientos de este pasado y, sobre todo, de los silencios.

Esta Guerra de España necesita de una doble lectura y su contraste, tanto desde una posición conservadora (que destaca los valores de la tradición frente a los invasores) como desde una expectativa progresista (que tienden a ver una victoria de la libertad en la pugna contra los opresores). Porque, queramos o no, hay cierta facilidad con la que las ideologías interpretan un único suceso, aunque manifestamos desde el comienzo que nuestra intención ha sido crear una visión lo más completa posible de la realidad de aquellos sucesos, con los escritos y memorias de los protagonistas y los estudios posteriores. Nos advierten los estudiosos que, dentro de un abanico de posibilidades interpretativas de la historia, existe el peligro de la instrumentalización ideológica de las gestas de la Guerra de la Independencia.

Hemos hecho un discurso de la historia local con pinceladas de la historia general de aquellos acontecimientos. A esta idea nos han llevado dos razones: en primer lugar, partiendo del análisis de las acciones históricas locales hemos intentado llegar a la historia general, a través de la historia nacional. En segundo lugar, los acontecimientos aquí ocurridos y el relato de los protagonistas, pueden incumbir a los ciudadrealeños, pero también a interesados de otros países –Francia, Polonia– o simplemente a los estudiosos para profundizar en las acciones de los ejércitos de Napoleón en Europa. «Si quieres ser universal, habla de tu aldea», escribió León Tolstoi, aunque otros atribuyen este pensamiento a Antón Chejov. Pensamos que este propósito puede afirmar el plan de «partiendo de lo pequeño hacer cosas grandes».

Hemos pretendido mostrar lo que sucedió en Ciudad Real durante la ocupación francesa, analizando las evidencias, las claves, los datos que nos ofrecen los documentos y la vida que nos enseñan los protagonistas de la historia en sus memorias. Un acercamiento respetuoso a la explicación de matices y pequeñas certezas que, posiblemente, cambiarían nuestra percepción de la realidad y la verdad de aquellos tiempos. Una disposición crítica y un gesto conveniente hacia los testimonios que nos revelan la veracidad del pasado, evitando caer en el patrioterismo trasnochado y el chovinismo rancio. Obviamente, hemos acudido a otras fuentes y estudios que han enriquecido nuestra exposición.

Sobre aquellos críticos momentos nos hemos planteado algunas preguntas como, por ejemplo, ¿por qué muchos ciudadanos fueron partidarios de Fernando VII, siendo este rey, ya desde chico, una persona necia y zafia, y muchos calificativos más con los que se ha caracterizado a este monarca?, ¿acaso el pueblo seguía tontamente el refrán popular más vale lo malo conocido que lo bueno por conocer?, ¿el pueblo no veía (o más bien no se le supieron explicar bien) los posibles beneficios de las reformas que pregonaron muy «débilmente» los reformistas españoles?, ¿quizá el pueblo, hábilmente engañado y manipulado, prefería la sumisión, el sometimiento y la humillación al desarrollo y al progreso?...

Estas preguntas, y otras más que se pudieran hacer, tienen una respuesta afirmativa. Lo que sucedió en aquel tiempo, tras la ocupación de Ciudad Real por las tropas francesas, fue que, tristemente, el pueblo que casi siempre tiene razón, en este caso, pudo haberse equivocado.

En el año de la salida de los franceses de Ciudad Real, 1812, se inició la implosión del poderío napoleónico. La mecha fue prendida en Moscú, que fue la tierra quemada para Napoleón. Efectivamente los rusos quemaron sus propias cosechas, quebraron sus bienes y riquezas para no dejar nada a las tropas de la Grande Armée. Pero, además, ocurrió que, desde Moscú hasta Cádiz comenzamos a desprendernos del dominio imperial francés, pues había Estados vasallos, como España y la larga franja oriental de Italia y Nápoles, y había territorios incorporados directamente al imperio, como la parte occidental de Italia, el Gran Ducado de Varsovia y el territorio del Benelux (Bélgica, Holanda y Luxemburgo). Pero, fue llegar a Moscú, notar el frío recibimiento (y nunca mejor dicho) y todos los territorios europeos se fueron rebelando. El ejército francés, desde todos los puntos de Europa, dio comienzo al repliegue, helado, cabizbajo y abatido hacia París, a su tierra. Luego vendría la derrota en Waterloo.

Con todo, de alguna forma habían dejado un pequeño poso de reformismo, de ideas de progreso, de cambio en las mentalidades que, a lo largo del siglo XIX, fue cuajando en diversas revoluciones en suelo europeo, hijas o nietas de la Revolución francesa: las revoluciones de 1820 de Nápoles, Piamonte, Portugal; la revolución griega en 1821; la revolución decembrista en Rusia, de 1825; la de 1830 en París; las revoluciones de 1848; incluso podríamos apuntar que ese poso de la Revolución francesa llegó hasta la septembrina en España, en 1868; y así, sucesivamente...

Cubierta del libro de Rodríguez Solís *Los guerrilleros*, 1808

FUENTES

F1

FUENTES PRIMARIAS Y ARCHIVOS: LAS MEMORIAS Y LOS DOCUMENTOS PARA EL ESTUDIO DE LA OCUPACIÓN

En alguna ocasión, no muy lejana, un amigo nos dijo que hay trabajos más fáciles de leer que otros, y es cierto. Cuando lees un estudio de historia, aunque sea con una precisa metodología y estructura académica, es entendible. Puede que sea un tanto farragoso, pero entendible es. Otra cosa, la buena historia, la que está bien escrita, es un relato sorprendente, con el positivo agravante de que enseña a los lectores a lograr un conocimiento crítico y a procurarse un criterio ecuánime, justo y verídico de lo que sucedió en el pasado, comprender el tiempo presente e, incluso, ser cauteloso en el futuro, o tal vez, estar alerta acerca del tiempo por venir.

Podríamos haber estructurado este ensayo en base a los estudios de eminentes historiadores y cronistas de la ciudad: Espadas Burgos, Ramírez de Arellano, Ballester Fernández, García-Noblejas, Hervás y Buendía y otros historiadores locales, pero hemos preferido seguir la cronología de los hechos, propuesta por los testimonios directos de aquel tiempo: los documentos que muestran la cotidianeidad de la vida de los habitantes de la ciudad y de las tropas ocupantes, las revelaciones de los protagonistas: Joaquín Gómez, Don Kajetan, Julián Alonso, Józef Rudnicki, memorias de soldados franceses, ingleses y polacos, y los mismos documentos que construyen la historia de aquellos días y que se hayan custodiados en el Archivo Histórico Municipal de la ciudad.

Ciertamente, hay estudios e investigaciones interesantes sobre el tema propuesto, y se han tenido en consideración, pero, la aportación que queremos hacer en este trabajo vendrá principalmente de las fuentes primarias, pues nos ofrecen numerosos detalles y datos de aquella lejana realidad que vivieron los vecinos de nuestra ciudad.

A los testimonios, como fuentes primarias de esta historia, les concedemos veracidad y fidelidad, aunque no dando por zanjada la buena voluntad y buena fe de los autores, sino sometiendo los textos a un conveniente examen, para apreciar su ajuste a la verdad de lo que narran y cuentan. Porque, queramos o no, cada uno cuenta la historia según su criterio, acorde a su opinión, conforme a su visión personal, su sesgo.

No debemos obviar la forma de escribir de otros historiadores, cuando apelan a distintas maneras de obtener información sobre los hechos del pasado, como las leyendas, que en la sustancia de su relato, en su sabiduría llevan un interesante germen de la realidad, adornada tal vez, pero que hablan de la mentalidad del pueblo. Precisamente algunos detalles de esta investigación han sido obtenidos de libros con referencias a la patrona de la ciudad, la Virgen del Prado, o también nos aparecerán los agradecimientos a la divinidad en los *Te deums* que con regularidad se celebraban a lo largo de la geografía peninsular.

Pero, no caigamos en la ingenuidad de creer a pie juntillas todo lo que dicen las leyendas, los oráculos o estos libros, sometamos estos escritos también a la crítica que corresponda, pues a propósito de creerse lo que no es, pueden malinterpretarse los hechos si se mezclan, sin investigación, leyenda e historia.

De algunos hechos tenemos poca información y detalles. Pero, con algunas referencias podremos hacer plausibles algunos acontecimientos ocurridos y, empleando también el sentido común, consigamos un acercamiento a la realidad; no la verdad absoluta, pero sí una verdad próxima a lo que sucedió.

La información ofrecida por varios testigos permite apreciar la estampa global que nos aportan otras fuentes y documentos. Un testigo ofrece una visión, pero varios testigos, desde diversos ángulos, pueden dar un panorama más completo de cualquier hecho o acontecimiento.

En este estudio hemos encontrado algunos ejemplos de las memorias y recuerdos de soldados y oficiales franceses. También de otras nacionalidades que sirvieron en el ejército imperial: polacos y alemanes, entre otros. Pienso que muchas de esas memorias y recuerdos eran, también, una demanda intelectual de la lucha contra el olvido de lo vivido en otras tierras, evocar el contraste de otras costumbres, de otra cotidianeidad, de otras vidas. Son la demostración de una inquietud mental por dar a conocer a sus allegados y vecinos lo conocido y visto en el viaje a otros lugares.

Memorias. La historia de las cosas pequeñas

Las memorias enriquecen y completan las descripciones de las crónicas oficiales. Vienen a ser un complemento muy valioso, tal vez más atractivo y meritorio, sin restar importancia, que los informes de los generales y cronistas oficiales de la guerra, que ofrecen información pormenorizada (probablemente sesgada) de las batallas, pero dicen muy poco de cómo eran y lo que sentían los que lucharon en esta contienda.

Cada escritor relata sus recuerdos, habla de su tiempo, escribe sobre la vida de su entorno y da a conocer las dramáticas situaciones que se vivieron entre 1809 y 1812 en Ciudad Real y sus tierras adyacentes.

Algunas de las memorias, tanto españolas como francesas, han sido estudiadas de manera crítica, haciendo un análisis de los contenidos, lenguaje, expresiones y, sobre todo, las tendencias del memorialista. Pues, con relativa frecuencia se dan datos contradictorios en un afán por magnificar por un lado el heroísmo, y por otro, detraer el éxito del enemigo. Las palabras de los protagonistas nos ayudan a construir la historia desde abajo, partiendo de la historia local, particular, para llegar a la historia general, un contrapunto a la historia triunfalista. Intentamos hacer una historia social más cercana a esa realidad que reivindicamos.

Testigos de lo ocurrido

Rescatamos libros del olvido. Libros escritos por los protagonistas de los hechos, o manuscritos o publicados.

Queremos destacar que los testigos escribían para sus hijos, y sus conciudadanos. Así lo hacieron los manchegos Joaquín Gómez, y Julián Alonso (el guerrillero, antepasado del cronista de Ciudad Real), y los polacos, Don Kajetan y Jozef Rudnicki.

Memorias.
Las fuentes españolas: Joaquín Gómez y Julián Alonso

•Joaquín Gómez, *Historia de la ciudad de Ciudad Real. Estracto histórico de España y lista de sus Reyes, casamientos y muertos*, un breve compendio de historia de España y un manual de la historia de la localidad.

Gómez nació en la calle Cohombro, o Combro –combro antiguamente significaba perdón o remisión de pena, según la edición publicada en 1815, del Fuero Juzgo–, que hoy lleva el nombre de Corazón de María. Fue llamado por el nuevo gobierno josefino y «rehusó hasta que logra evadirse por la puerta de Calatrava, en un carro de panaderos de Carrión...» (Golderos). Ciertamente, Gómez, fue evasivo con el gobierno intruso, pero durante algún tiempo colaboró con las autoridades del Ayuntamiento, o Junta Local. La prueba está en los numerosos documentos que, durante los primeros meses de la ocupación francesa de Ciudad Real, firmó como secretario.

Dejó patente su intención de plasmar por escrito «cosas que presenciaron los vivientes de otros tiempos», entre ellas, sus vivencias del periodo de la batalla de Ciudad Real y la posterior captura y ocupación francesa de la ciudad.

> Es muy propio de mi objeto referir hechos acaecidos en Ciudad Real para que no los ignoren los jóvenes actuales habitantes, que no los presenciaron y que formen alguna idea de cosas ciertamente notables, que no suelen acontecer... Son tantos los acontecimientos de aquellos días, que merecen una historia separada, y yo me limito a indicaciones en extracto... Por desgracia, repetiré siempre, fui testigo de las ocurrencias referidas que con el mayor riesgo me atrevía a escribir apenas sucedían, y así estoy convencido de que ninguno puede circunstanciarlas como van escritas; y en mi concepto he debido aprovechar esta oportunidad para que

consten unos acaecimientos peculiares exclusivamente a la historia de Ciudad Real... (Joaquín Gómez)

•Julián Alonso . Conocemos la historia que relató a partir de la edición que, de sus memorias, publicó el profesor Espadas Burgos en 2008: *Un veterano de la Guerra de la Independencia. Memorias de Julián Alonso.* Una obra necesaria cuya introducción y comentarios nos sitúan en aquel agitado y duro tiempo de la guerra sufrida por los españoles en el cambio de un ciclo importante de la historia de España y el inicio de la contemporaneidad en nuestro país.

> Esta es mi historia, la dedico a mis hijos, particularmente a mi hijo Julián, siendo mi voluntad que al mes de mi fallecimiento mande sacar copias exactas de esta memoria, bien escritas, de letra española, formando libros del tamaño del presente...

Este guerrillero escribió en sus memorias una de las características de la lucha que, por sorpresa, actuaba contra los invasores de la península, «nuestra mayor ventaja era saber perfectamente el terreno, y las noches eran para nosotros baluarte de nuestra salvación. Cada paisano era un centinela vivo para darnos noticias, de forma que los franceses eran vigilados constantemente...».

Memorias. Las fuentes extranjeras

Hemos tratado con fuentes variadas y tal vez contrapuestas: serviles, liberales, progresistas, absolutistas, españoles, polacos, ingleses, franceses, soldados de uno u otro bando, como han sido, entre otras *Memorias de la Guerra de la Independencia. Escritas por soldados franceses* (•Rafael Farias, 1920), que no incluye ninguna memoria de soldados alemanes en el ejército francés. Las memorias alemanas tampoco se mencionan en *Guerra de la Independencia. Bailen 1808. Memorias y Diarios* (•Jesús de Haro Malpesa, 1999). Es sorprendente el gran número de memorias escritas por soldados suizos.

Una variedad de grupos sociales de diversas actividades acompañaba a las tropas en sus desplazamientos. Tras la batalla los soldados regresaban cansados, pero felices, a, su hogar.

Los ejércitos iban cargados con la *cannabae legionis*, compuesta por una masa variopinta de gente a la zaga de los soldados en las que se incluían las *cantiniére*. Eran consideradas no-combatientes, aunque a menudo llevaban armas y las utilizaban si era necesario. A finales del siglo XVIII, cada vez más frecuentemente, adoptaban algún elemento del vestuario militar de la unidad a la que seguían como la casaca o el gorro cuartelero –el *bonnet de police*– , y en Francia a principios del XIX con el imperio también solían llevar una casaca corta cerrada con trenzados de estilo húsar que era la moda del momento en toda Europa. La mayoría marchaban a pie.

Durante la invasión de la península ibérica el ejército francés trajo también en sus filas a intelectuales, científicos y escritores a los que fascinaron «más las costumbres, la historia, la literatura y la forma de vida de los manchegos que las propias acciones mili-

Uniforme de cantinera del Regimiento de Jaén. Museo de la batalla de Bailén, Bailén

tares...» (Villar Garrido y Villar Garrido). Parte de los documentos que basan este ensayo proceden, precisamente, de esa retaguardia que acompañaba a los ejércitos.

Memorias de los soldados polacos de l'armée d'Espagne

• Don Kajetán (Kajetán Wojciechowski)
Lancero de la legión del Vístula lleva por título *Pamiętniki moje w Hiszpanii* (*Mis memorias de España*, 1845); fue reeditada por el Ministerio de Defensa de España en 2009.

Kajetán Wojciechowski (1786-1848) nació en una familia pudiente de hacendados rurales. Tras la guerra, no continuó la carrera militar y se dedicó a sus tierras. Sus memorias revelan que era un sujeto honesto con los compañeros de armas, cumplidor con los deberes militares, aunque «también un hombre algo imprudente...».

Aunque Napoleón tenía bajo su protección las tierras de Polonia, las legiones del Vístula eran unas tropas mercenarias que luchaban pagados por el emperador. Estos soldados de caballería se manejaban con lanzas y sables según la antigua tradición del imperio tártaro. La manera de guerrear de los lanceros y los infantes polacos causaba espanto y admiración en las tropas imperiales. Además, eran ejemplo de virtudes caballerescas, de actitudes patrióticas y representativas de su ideario y creencias.

> ... También estuvieron presentes polacos del regimiento de lanceros del Vístula, conocidos más tarde, para lo bueno y para lo malo, como los infiernos picadores. (Jan Kieniewicz, Introducción a las memorias de Don Kajetán)

Los escritores polacos querían que sus logros militares se tuvieran en cuenta, sobre todo, para «corregir las tergiversaciones» de la historiografía escrita por los franceses. Aunque también se refleja en los documentos que esta era «... un pequeño elemento de la maquinaria de guerra que debe hacer realidad el proyecto político del emperador de los franceses...».

Las memorias de Kajetán, escritas de forma espontánea, son muy perspicaces en los detalles, aunque no del todo imparciales pues «... España decidió la ruina de la concepción napoleónica de Europa, a la cual Polonia había ligado sus esperanzas...».

• Jozef Rudnicki

Sus diarios están contenidos en el *Vilnius Collective Journal for 1862* (*Piśm Zbiorowy Wileński na rok*, 1862), pp. 39-66. Rudnicki escribió sus memorias en 1842, pero no fueron publicadas hasta 1862.

El comandante polaco Rudnicki mandaba una compañía de *voltigeurs* (saltadores, hostigadores; eran la vanguardia de la infantería ligera del ejército francés, fueron creados en 1804 y recibieron el apodo de «jardineros» -*voltigeurs*-), del 4.º regimiento de infantería de la legión del Vístula.

Pensamos que la inactividad bélica movió a este autor, y a la mayoría, a la observación y la posterior descripción de los parajes de La Mancha: ambiente, costumbres, labores y forma de vida de las tierras manchegas «... los pueblos en La Mancha suelen ser grandes, con casas construidas en piedra (no habla de las viviendas edificadas en adobe y tierra)... no hay montañas sino hermosas llanuras, y las edificaciones en el campo, o próximas al mismo, sirven para «proteger la plantación...». Le asombró cómo se obtenía agua del subsuelo mediante las norias de sangre (accionadas por animales de tiro o carga).

A Rudnicki le resulta singular la disposición de los olivos «en cada surco se plantan olivos cada 40 escalones , y con su sombra protegen el grano...»; la manera de trillar el grano en la era, con un bloque de madera con pedernales afilados; y la trashumancia de los rebaños de merinas. Del vino comenta: «En la Mancha el vino tinto es una plétora (gran abundancia), el más fuerte es el del pueblo de Waldepenias (sic)...».

• Jozef Kozlowski

Otro soldado polaco, capitán, al servicio de Napoleón. Su obra lleva el título *Un oficial polaco en la Guerra Peninsular: las memorias del capitán Jozef Kozlowski, del 9.º regimiento de infantería del gran ducado de Varsovia* (*A Polish Officer in the Peninsular War: the Memoirs of Captain Józef Kozłowski, 9th Infantry Regiment of the Grand Duchy of Warsaw*, 1887).

RAFAEL FARIAS

MEMORIAS DE LA GUERRA DE LA INDEPENDENCIA

ESCRITAS POR SOLDADOS FRANCESES

**LAS MEMORIAS - LA INVASIÓN
EL EJÉRCITO IMPERIAL
LA NACIÓN EN GUERRA**

EDITORIAL HISPANO-AFRICANA
MADRID, 1919

Relatando con detalle los avatares, sucesos, ataques y otras acciones bélicas de los diversos regimientos polacos que prestaron servicio a Napoleón durante la invasión del sur de la península, no solamente en la provincia de La Mancha, sino también en Murcia, Jaen, Málaga y Granada.

Reseña las bajas ocurridas en las acciones bélicas, bajas de oficiales. También ofrece alguna información curiosa de los contraataques y acciones que sufrieron sus tropas por parte de los enemigos, españoles, ingleses o portugueses.

Memorias de la guerra. Franceses

• Rafael Farias recopiló numerosos escritos bajo el título de *Memorias de la Guerra de la Independencia escrita por los soldados franceses* (1919).

Para la confección de esta obra, el autor utilizó como fuentes cuarenta y siete memorias, documentos y conjuntos de cartas que los franceses escribieron acerca de esta contienda. Entre ellos destacamos algunos que hemos considerado más relevantes para este estudio, como las *Memorias de la Duquesa de Abrantes*, que fue publicada en versión española por F. Bellido; la del general Louis Floramond Fantín, *Journal du General Fantín des Odoards, Etapes d'un officier de la Grande Armée (1800-1830)*, 1895; o las publicadas por Claire Thiebault, *Memoires du General Barón de Thiebault, 1890*

Los escritos de los soldados fraceses evitan los episodios más tristes, recalcando, una y otra vez, los éxitos, en una narración satisfactoria.

No obstante lo dicho, hay referencias, en algunas de ellas, a una actitud negativa por parte de los militares franceses, con alusiones a la falta de disciplina, a la perversión de ánimo de los soldados por la falta de mantenimiento, de uniformes, de las soldadas, de material. Son los propios escritores franceses de estas memorias los que escriben sobre las atrocidades y desmanes que ejercieron en su deambular por la península unas tropas faltas de disciplina.

• Memorias y correspondencia de Du Casse

El barón Du Casse, además de soldado e historiador, fue el primero en editar la correspondencia de Napoleón y, en el caso que nos ocupa, la del rey José I con el emperador: *Mémoires et correspondance politique et militaire du roi Jospeh.*

En 1849 fue comisionado y nombrado por el príncipe ayudante de campo de Jerónimo Bonaparte (asistente personal del hermano pequeño de Napoleón, que reinó en Westfalia entre 1807 y 1813), y fue designado para escribir la historia del personal militar del reino de Westfalia.

Memorias y manipulación en el imperio

El profesor de la Universidad de la Sorbona, •Jean René Aymes, escribió un concienzudo análisis sobre las falsas noticias

Así nos veían los galos durante la guerra de España; un grupo de toreros a caballo (picadores) atacándoles con picas, lanzas y espadas, mientras ellos se defienden con armas de fuego (del libro de Beauchamp)

en Francia, emitidas por los gobernantes imperiales, mintiendo descaradamente sobre el transcurso de la guerra. A partir de material informativo de carácter privado: cartas requisadas a los presos españoles que fueron deportados a Francia o relatos de los soldados (franceses) a su regreso de España, se creaban noticias manipuladas astutamente (hoy diríamos *fake news*) antes de que fueran difundidas.

Aymes comenta su investigación de fuentes de primera mano, que constituyen las memorias de los grandes personajes (José I, Murat, Suchet, etc.) y que son importantes documentos para la historia. Nosotros nos guiamos por las memorias de los de abajo, de los del pueblo, los otros protagonistas de los hechos, de la historia de las pequeñas cosas.

Memorias de la guerra. Ingleses

• Andrew Leith Hay, siendo militar de la Gran Bretaña, participó como combatiente y espía en esta contienda. En sus memorias, *Crónica de la Guerra Peninsular* (*Narrative of The Peninsular War*, 1831), publicadas en Edimburgo, además de una rica información para conocer profundamente el conflicto, se recogen interesantes observaciones geográficas, costumbristas y culturales, así como el estudio de los servicios secretos que se practicaron durante la contienda en las tierras de Ciudad Real.

Entre otros, destacamos el análisis de •Friedrich-Stegman a partir de escritos de varios soldados alemanes, especialmente el que hace referencia al testimonio de un soldado que estuvo preso en la isla de Cabrera, conocida como la tumba al aire libre.

A los soldados germanos, en la Guerra de la Independencia, se les llamaba popularmente suizos pues, con frecuencia, eran equiparados a sus jefes y oficiales, que sí eran de esa nacionalidad.

En general las memorias, mayormente escritas por oficiales, hablaban con cierta tristeza del comportamiento de los franceses y los enojaba, de manera especial, los saqueos y el exceso de violencia que usaban contra la población autóctona.

También hemos trabajado con el libro de •Friedrich-Stegman, la memoria del joven soldado alemán Johan Mámpel, *El joven cazador* (infantería ligera) *al servicio de Francia e Inglaterra durante la guerra hispano-portuguesa, 1806-1816* (*Der Junge Feldjäger in französischen und englischen Diensten während des Spanisch=Portugiesischen Kriegs von 1806-1816,* 1826). En la memoria reprocha la actitud altanera de los franceses, critica los saqueos y el pillaje, señala con pesadumbre los estragos y destrucción de bienes y enseres durante la retirada de las tropas; el repliegue del ejército francés «se pareció más a una banda de bandidos que a tropas disciplinadas: las ciudades... fueron quemadas... se mataron los animales, daba igual si eran necesarios o no para nuestra alimentación. En resumen, se devastó y asoló todo...».

F2

FUENTES SECUNDARIAS
Y ESTUDIOS DEL CONFLICTO

Libros impresos en el siglo XIX

A lo largo de los siglos XIX y XX, se escribieron numerosos estudios el asunto que tratamos. En este apartado trazaremos una breve semblanza de los publicados durante el siglo XIX. También señalamos, a nivel informativo, una breve selección de publicaciones extranjeras del periodo, sin pretender ser una relación exhaustiva, sino indicando la extensa variedad de estudios realizados sobre un tema tan decisivo en la historia de Europa.

•*Estado militar de España. Año 1808.* Una especie de inventario y estado de la cuestión al comienzo de la guerra. Esta guía, a lo largo de sus páginas, relaciona y detalla los nombres de todos los responsables militares de los diversos y variados territorios de la monarquía española en los dos continentes, Europa y América.

En lo que se refiere a la provincia de La Mancha informa de Juan Modenes como intendente de Ciudad Real; habla sobre la creación de los regimientos militares provinciales, de manera que el llamado Regimiento de Ciudad Real estaba mandado por el coronel Ángel Jiménez Pedrero y, de segundo, el sargento mayor, teniente coronel de infantería Miguel de Gerona. En otros apartados se notifica sobre el Estado Mayor por municipios (plazas) de Castilla-La Nueva; destacamos, por ejemplo, en este estudio al gobernador de la orden de Calatrava, el coronel Carlos D'Angeville, al frente de

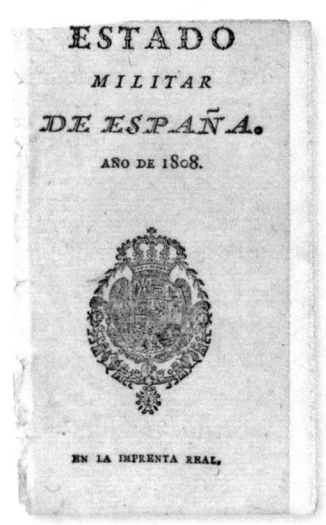

Biblioteca Nacional de España

la plaza de Almagro; y en Villanueva de los Infantes, el coronel Juan Álvarez Lorenzana, gobernador de la Orden de Santiago. Y siguiendo un patrón geográfico, especifica y señala la estructura jerárquica de los mandos militares de todo el reino.

• *Compendio de historia de Ciudad Real,* de Sebastián de Almenara y Pablo. Si bien no profundiza en el conflicto, sí recoge algún episodio que es tratado en este trabajo. Además, hay que indicar que el autor participó directamente de los hechos acaecidos durante la ocupación francesa de la ciudad, siendo requerido por los invasores como mediador de los que tuvieron la serenidad para no huir ante la eminente llegada de los invasores. Fue acusado de traidor y afrancesado por su arbitraje, concordia y mediación, cuando lo que intentaba era proteger al pueblo. Murió en octubre de 1811, quedando inconclusa su obra, que fue completada por Joaquín de la Jara, desde la página 145, en que termina la escritura de Almenara.

• *Guerra de la Independencia. Narración histórica de los acontecimientos de aquella época, precedida del relato crítico de los sucesos de más bulto ocurridos durante el reinado de Carlos IV, seguida de la época de 1814 a 1820, de las constitucional de 1820 a 1823, y de la continuación del reinado de Fernando VII hasta la muerte de este monarca, y terminada con un cuadro o examen comparativo de los reinados de Carlos IV y Fernando VII,* de Miguel Agustín Príncipe, 1847.

Los tres volúmenes que componen este discurso no solo recogen la narración histórica de la guerra sino, también, «de los sucesos de más bulto...», no únicamente de este conflicto. Analiza, expone y ofrece hechos anteriores que, de alguna forma, incidieron en origen del enfrentamiento.

Guerra de Usurpación

• *Memoria acerca del modo de escribir la historia militar de la última guerra entre España y Francia,* Francisco Xavier Cabanes, 1816.

Aunque nos manifestamos en desacuerdo con el autor, cuando expresa que únicamente los militares están capacitados para

GUERRA DE LA INDEPENDENCIA.

Narracion histórica

DE

los acontecimientos de aquella época,

PRECEDIDA

del relato crítico de los sucesos de mas bulto ocurridos durante el reinado de Carlos IV, seguida del de la época de 1814 á 1820, de la constitucional de 1820 á 1823, y de la continuacion del reinado de Fernando VII hasta la muerte de este monarca, y terminada con un cuadro ó exámen comparativo de los reinados de Carlos IV y Fernando VII.

por D. Miguel Agustin Príncipe,

Licenciado en Derecho Civil ; Abogado de los tribunales del Reino ; ex-moderante de la Cátedra de Historia y Literatura de la Universidad de Zaragoza; Bibliotecario cesante de la Nacional de esta Córte; Sócio fundador del Instituto Español, y del estinguido Museo Lírico, Literario y Artístico de Madrid ; Presidente de sus secciones de Literatura , y ex-Catedrático de esta facultad en el mencionado Museo ; Individuo de la Sociedad Económica de Amigos del País de esta Córte ; Sócio de número de la sociedad Arqueológica Matritense y Central de España y sus colonias, etc., etc.

OBRA PINTORESCA,

adornada con mas de mil grabados en madera y láminas litografiadas ó grabadas.

TOMO SE

MADE
IMPRENTA DEL SIGLO
1846

Pérez litg.°

Litg.ª de Aznar.

Portada de *Guerra de la Independencia* (del tomo 2). A la derecha, retrato del autor en un grabado que abre la primera parte de la edición. BNE

321

escribir una historia militar «de utilidad y beneficio», algunos de sus planteamientos tienen un curioso atractivo para profundizar en la comprensión de la historia de la Guerra de la Independencia.

Uno de los primeros temas que sugiere es el nombre mismo de esta guerra en España. Para los franceses fue la *Guerre d'Espagne*, para los británicos *The Peninsular War*, para los españoles Guerra de la Independencia.

> ... la usurpación intentada por Bonaparte es el origen de la guerra de la península y, por consiguiente, la de toda Europa, que se acaba de terminar tan felizmente. Luego la guerra de la península puede llamarse con oportunidad «Guerra de Usurpación»... en efecto, esta denominación sencilla y oportuna distinguirá esta guerra de todas las demás ocurridas con Francia...

De otras opiniones sobre la historia militar

• *Guerra de la Independencia. Historia militar de España de 1808 a 1814*, de José Gómez de Arteche y Moro de Elexabeitia. General e historiador, Gómez de Arteche tiene un numeroso e interesante repertorio de libros de historia sobre la época aquí referida. Apuntamos ahora solo dos, el segundo es una conferencia publicada en 1903 bajo el título de *La mujer en la Guerra de la Independencia*.

• *Historia política y militar de la Guerra de la Independencia contra Napoleón Bonaparte: desde 1808 a 1814, escrita sobre los documentos auténticos del gobierno*, de José Muñoz Maldonado, conde de Fabraquer, 1833. Jurista, político y entusiasta de la cultura popular, publicó numerosos estudios (más de doscientos, indican las fuentes) sobre costumbres, arte, obras de historia, sobre derecho, incluso la traducción de obras literarias, como *Los Miserables*, de Víctor Hugo.

Los guerrilleros

• *Los guerrilleros de 1808. Historia popular de la Guerra de la Independencia*, de Rodríguez Solís. El autor ofrece una completa visión de los asuntos de la guerra relacionados con la guerrilla y los guerrilleros en toda la península e introduce, de forma muy

GUERRA
DE LA INDEPENDENCIA.

HISTORIA MILITAR DE ESPAÑA
DE 1808 Á 1814,

POR EL GENERAL

D. JOSÉ GOMEZ DE ARTECHE Y MORO,

Ayudante de Campo de S. M. el Rey ó Individuo de número
de la Real Academia de la Historia.

CON UN PRÓLOGO

ESCRITO POR EL EXCELENTÍSIMO SEÑOR TENIENTE GENERAL

D. EDUARDO FERNANDEZ SAN ROMAN.

TOMO III.

MADRID.
IMPRENTA Y LITOGRAFÍA DEL DEPÓSITO DE LA GUERRA.
1876.

CONFERENCIAS
1902-1903

La Mujer

EN LA

guerra de la Independencia

POR EL GENERAL

D. JOSÉ GÓMEZ DE ARTECHE

MADRID.—1903.
Establecimiento tipográfico Hijos de J. A. García.
CAMPOMANES, 6.— TELÉFONO 44.

HISTORIA

POLÍTICA Y MILITAR

DE LA GUERRA DE LA INDEPENDENCIA

DE ESPAÑA

CONTRA

NAPOLEON BONAPARTE

DESDE 1808 Á 1814,

ESCRITA SOBRE LOS DOCUMENTOS AUTÉNTICOS DEL GOBIERNO

POR

EL Dr. D. JOSÉ MUÑOZ MALDONADO,

DEL CONSEJO DE S. M. ; MINISTRO HONORARIO DEL REAL Y SUPREMO
DE CASTILLA ; SECRETARIO DEL REY N. S. CON EJERCICIO DE DE-
CRETOS ; CABALLERO PENSIONADO DE LA REAL Y DISTINGUIDA ORDEN
ESPAÑOLA DE CARLOS III ; EX-CATEDRÁTICO DE JURISPRUDENCIA
CIVIL DE LA REAL UNIVERSIDAD DE ALCALÁ DE HENARES ; ABO-
GADO DE LOS REALES CONSEJOS ; INDIVIDUO DE VARIOS ESTABLE-
CIMIENTOS LITERARIOS ; SECRETARIO DEL CONSEJO REAL Y SUPRE-
MO DE LAS ÓRDENES MILITARES , Y DE LAS JUNTAS DE CABALLE-
RIA DE ELLAS , Y APOSTÓLICA &c.

PUBLICADA DE ORDEN DEL REY N. S.

TOMO III.

MADRID: Octubre de 1833.
Imprenta de D. José Palacios, calle del Factor.

LOS

GUERRILLEROS DE 1808

Historia popular de la Guerra de la Independencia

POR

E. RODRÍGUEZ-SOLÍS

SEGUNDA EDICIÓN NOTABLEMENTE CORREGIDA Y AUMENTADA

TOMO PRIMERO

BARCELONA
LA ENCICLOPEDIA DEMOCRÁTICA
66 - Calle de Balmes - 66
1895

Cubiertas de algunas de las
ediciones que nos han servido de
fuente. BNE

323

documentada, comentarios y notas sobre las batallas y otros hechos bélicos y políticos del periodo. Una gran obra de más de 1.700 páginas (2 vols.).

Abunda el autor en la dificultad que suponían las guerrillas para controlar el centro de la península, concretamente la extensa área entre los ríos Tajo y Guadiana,

> ... el mariscal Víctor acantonó su ejército entre el Guadiana y el Tajo, no atreviéndose a avanzar a Portugal, a pesar de las órdenes de Napoleón, hasta conocer la situación de las tropas francesas en este país, temeroso del ejército anglo-portugués, y más temeroso aún de las guerrillas que le acosaban por todas partes.

Obras extranjeras sobre la conflagración

El catálogo de autores que han escrito, estudiado o investigado sobre la campaña francesa en la península ibérica es amplio, además de los ya señalados anteriormente. En este caso hemos recogido la siguiente nómina de libros del artículo «El legado español: retrato de un rey a través de los ojos de un soldado» (*The Spanish Legacy: Portrait of a King-through the Eyes of a Soldier*), en la página web The Napoleon Series. La relación que se ofrece, sin pretender ser exhaustiva, es de obras inglesas y francesas de los siglos XIX y XX.

- De Rocca, M. (1815), *Memoirs of the war of the French in Spain. An officer of hussars, and knight of the order of the legion of honour.* Londres.
- Pradt, D. (1816), *Memorias históricas sobre la Revolución de España* (traducida). Bayona.
- Beauchamp, A. (1819), *Histoire de la guerre d' Espagne et de Portugal, pendant les années 1807 à 1813. Plus la campagne de 1814 dans le midi de la France, par le colonel sir John Jones, avec des notes et des commentaires.* París.
- Lapene, E. (1823), *Campagnes de 1813 et de 1814 sur l'Ebre, les Pyrénées et la Garonne.* París.
- Gallois, L. (1828), *Histoire de Joachim Murat. Schubart et Heideloff.* París.

-Napier, W.F. (1828), *History of War in the Peninsula and in the South of France from the Year 1807 to the Year 1814*. Londres.

-Belmontet, L. (1832), *Biographie de Joseph-Napoléon Bonaparte. Lettre politique à la chambre des deputés de 1830*. París.

-Queipo de Llano, J.M. (1836), *Histoire du soulèvement, de la guerre et de la Révolution d' Espagne*. París.

-Southey, R. (1837), History of the Peninsular War. Londres.

-Debidour, A. (1880), *Le Général Bigarré Aide de Camp de Joseph Bonaparte d' après ses Mémoires inédits*. París.

-Abbott, J.(1901), *Joseph Bonaparte*. Londres.

-Oman, ChW. (1902), *A History of the Peninsular War*. Oxford.

-Guillon, E. (1902), *Les guerres d' Espagne sous Napoléon*. París.

-Balagny, P. (1902-1907), *Campagne de l' Empereur Napoléon en Espagne (1808-1809)*. París. Nancy.

-Clerc, JCh. (1903), *La Capitulation de Baylen. Causes et consequences*. París.

-Chavanon, J. (1905), *Saint-Yves, G. Joachim Murat (1767-1815)*. París.

-Conard, P. (1910), *La constitution de Bayonne, 1808, essai d' édition critique*. Cornély.

-Grasset, A. (1914), *La guerre d' Espagne*. París.

-Lanzac de Laborie, L. (1925), *Joseph Bonaparte à Madrid (1809-1811)*. Le Correspondent. París.

-Nabonne, B. (1949), Joseph Bonaparte, le Roi Philosophe. París.

-Glover, M. (1971), *Legacy of Glory: the Bonaparte kingdom of Spain*. Nueva York.

-Thiry, J. (1966), La Guerre d' Espagne. París.

-Sarramon, J. (1986), *La bataille de Vitoria: La fin de l'aventure napoléonienne en Espagne*. París.

Estudios históricos y crónicas del siglo XX

De los varios cronistas de la ciudad que en el siglo XX ha tenido la ciudad y se han ocupado del conflicto, destacamos a aquellos que de sus artículos hemos tomado ideas y detalles para construir este ensayo: Antón de Villareal y Antonio Ballester.

• Francisco Pérez Fernández, *Antón de Villareal.*
Sus artículos sobre el tema están cercanos al patrioterismo, tal

vez debido a la época en que le tocó vivir y escribir en Ciudad Real, en los años cincuenta, sesenta y principios de los setenta del siglo pasado; el Franquismo debía glosar «la gran gesta de los españoles contra los invasores galos».

... en los seis años de la guerra de la independencia, las victorias y derrotas se repartieron casi igual entre franceses y españoles... Circula desde tiempos una cierta corriente de simpatía y justificación hacia la postura de los afrancesados, que nosotros, con modesto y particular criterio juzgamos absurda y desmedida...

• Antonio Ballester
Escribió varios artículos interesantes dedicados a la «primera sangre» vertida en la ciudad al comienzo de la guerra y las ocupaciones de los franceses, publicados en el *Boletín de información municipal* durante la década de los sesenta del pasado siglo. Según Antón de Villareal, Ballester fue el descubridor de los manuscritos de Joaquín Gómez.

Los historiadores

El empleo del lenguaje como canal para relatar la historia puede tener diversas y, tal vez, divergentes cualidades. La narración de un mismo hecho puede mostrar un carácter objetivo, un sesgo ideológico determinado, consciente o inconsciente, o un aspecto manipulable de manera tendenciosa en el hecho relatado.

El ejemplo que exponemos a continuación puede ser característico de lo que decimos: las muertes de Diego Duro y de Estefan Mosti en Ciudad Real tratadas desde tres fuentes distintas.

A) El canónigo Duro, traidor y afrancesado, y el soldado extranjero Mosti, el primero en su intento de huir de la justicia, y el segundo como mensajero de los pérfidos invasores, han sido ajusticiados y ejecutados a manos del pueblo defensor de sus tradiciones.

B) En su exacerbada inconsciencia, el pueblo, ciego de odio hacia cualquier cambio y reforma de progreso, desarrollo y avance, tomando la justicia por su mano asesinó impunemente al piadoso eclesiástico, amigo del Príncipe de la Paz, Diego Duro. Así mismo, en una acción llena de venganza y despreciando la dignidad humana de cualquier prisionero el pueblo apaleó, linchó, desmembró y arrastro por el empedrado de las calles de la ciudad al soldado francés Estefan Mosti, mensajero que fue apresado en las inmediaciones de Manzanares y trasladado bajo custodia a Ciudad Real para ser juzgado. Por cierto, sus divididos restos fueron enterrados extramuros en la ermita de san Lázaro, cercana a la Cruz de los casados, pues su cadáver no podía ser enterrado dentro de los límites de la ciudad, por ser extranjero y no católico (aunque esto último no está confirmado).

C) Sin una clara autoridad municipal, pues muchos cargos habían huido ante la inminente llegada de las tropas invasoras, el pueblo dio muerte, en una desafortunada reacción contra los defensores del reformismo josefino, al eclesiástico Duro y Solano, que fue muerto, al ser reconocido en Ciudad Real, tras su huida de Madrid. A su vez, capturado el soldado de guardias walonas, Estefan Mosti, llevando información entre los generales Murat y Vedel, fue hecho preso; en el traslado a Ciudad Real para su enjuiciamiento fue identificado por un grupo de voluntarios armados y se le dio muerte en una reacción contra el ejército usurpador. No pararon ahí las vejaciones, pues la víctima, obstaculizada en sus últimos respiros su confesión, fue desmembrada por los exaltados combatientes.

Huelgan más comentarios que el simple hecho de constatar, con un par de desgraciados sucesos reales, como al calor de la contienda, de la ideología, de la religión... puede tergiversarse la realidad sucedida y por tanto, lo importante que resulta en análisis crítico de las fuentes.

Una singular visión francesa de esta guerra: los bulos

Uno de los estudios recientes sobre la Guerra de España es del profesor •Jean-René Aymes que escribe sin tapujos acerca de «la versión oficial y las versiones privadas del conflicto durante el primer imperio»; sobre el «férreo control» para dar a conocer la versión «buena», dada la derrota en la península del ejército imperial a manos de un pueblo, para ellos, bárbaro y sumido en la anarquía.

La prensa imperial manipuló a la opinión pública de forma constante, sometiendo a vigilancia las voces críticas, destacando hechos inexactos, máximas falsas y censurando descaradamente la libertad de prensa conseguida gracias a la Revolución. Difundió bulos, citando incluso fuentes extranjeras (británicas y españolas), alterando hábilmente los hechos o directamente inventándoselos, manteniendo al pueblo francés y a los territorios europeos de influencia napoleónica en la ignorancia, cuando no en la mentira de la guerra.

• *Defensa de lo propio, rebelión rural y mentalidad manchega*, y otros conceptos para la guerra, del profesor Cayuela.

Subrayamos un buen número de las ideas que aporta el profesor en diversos estudios y que constituyen, en nuestro trabajo, si no una teoría de la ocupación, sí una invitación a proponer relevantes planteamientos sobre la veracidad de los asuntos reflejados. Manifiesta Cayuela conceptos sugestivos como la defensa de lo propio, la rebelión rural, la donación popular –sinónimo de abastecimiento obligado a las tropas ocupantes–, la mentalidad manchega, la guerra vital frente al concepto de guerra política, la recuperación silenciosa del poder local, etcétera.

Con algunas de las ideas que expone nos surgen algunas preguntas, por ejemplo, acerca de esa conexión entre La Mancha y Rusia, la Grande Armée, aquí y allí: ¿hay, tal vez, una íntima conexión Ciudad Real (La Mancha) y Moscú (Rusia) en la caída del imperio napoleónico?, ¿acaso una comunicación y un vínculo, posiblemente necesarios, entre la historia local y la historia general?, ¿fue la tierra manchega uno de los detonantes de una implosión del imperio de Napoleón?

> ... El hielo de Borodinó (15° bajo cero) en 1812. El calor de la Mancha (entre 30° y 45° sobre cero), también en 1812. En los páramos de ambas (geografías)... Napoleón perdió su imperio... (Cayuela)

Madrid para nuestro relato

• Bahamonde Magro, escribió «El primer relato del 2 de mayo de 1808», escrito que conocemos referido a los orígenes de la Guerra de la Independencia: la sublevación popular del 2 de mayo. Podría ser extrapolable a este estudio sobre la ocupación francesa de Ciudad Real pues estudia con detalle alguno de los sucesos del levantamiento popular en Madrid que, pocos días después, dieron pie a la sublevación en Ciudad Real contra las autoridades locales (en la creencia de que el corregidor era afrancesado).

El texto analizado por Bahamonder es un documento privado, una carta que «permite una exacta aproximación a la psicología y a los avatares personales de los soldados... así como la percepción que se desprendía de sus acciones militares y sus relaciones con la población civil...». El autor «hace referencia... a las múltiples disputas entre militares franceses y la población madrileña en las semanas anteriores al dos de mayo...».

La narración de Du Bouray tiene mucha información del levantamiento popular y su represión: «se persiguió a los sediciosos en las calles a cañonazos y a golpes de fusil... murieron entre 400 y 500. Detuvimos a 100, armados con piedras y cuchillos, entre los cuales había algunos curas. Los fusilamos entre ayer y hoy». Se trata de una fiel imagen de la historia que conocemos: la carga de los mamelucos, los fusilamientos de la montaña de Príncipe Pío o de la Moncloa (3 de mayo). Digamos que estas frases del francés bien podrían ser el pie de foto de los cuadros de Francisco de Goya.

Habla el autor de medidas muy severas, sin detallar, pero con una expresión soberbia: «espero que la lección que acabamos de dar al populacho nos procurará mayor tranquilidad... se ha ordenado el desarme de la ciudad». La arrogancia se manifiesta con esa creencia de venir como salvadores de la sociedad hispana.

Reflejo en Ciudad Real de lo ocurrido en Madrid

Después de los primeros movimientos de reacción en Madrid, en nuestra ciudad se consiguió lo que se pretendía, que era cambiar al corregidor Melendo por sus ideas afrancesadas y sustituirlo por Diego Muñoz. Podríamos decir que la furia de la masa se apaciguó un poco.

En Ciudad Real se dio esa ambivalencia de acatar la autoridad, aunque estuviera en contra de la ocupación y la lucha contra el invasor. Vemos pues, como también señala Bahamonde, que fue una «explosión popular con un fuerte contenido social, en la que no participaron las clases acomodadas, ni las clases dirigentes del Antiguo Régimen, ni la mayor parte del ejército español».

Sobre las varias historias de esta guerra,
reflexiones y comentarios de Ortiz de Ortuño

El profesor Ortiz de Ortuño en un artículo publicado en la revista *Historia contemporánea*: «A propósito de la ocupación napoleónica: guerra, historia y memoria», un ensayo bibliográfico acerca del tema que estudiamos.

A lo largo de su escrito desglosa las interesantes aportaciones de diversos expertos en la materia, mediante los estudios realizados en torno al 2.º centenario de esta guerra, publicados entre los años 2000 y 2008, con comentarios apreciables y provechosos sobre dichas obras, que profundizan y van aclarando los hechos y sucesos alrededor de esta contienda desde los asuntos sencillos de la vida cotidiana a los estudios sobre aspectos militares, pasando por los análisis de altos valores que se esgrimen como justificación de algunas actuaciones patrióticas.

Expone, también, los estudios que llevaron a pasar de una historia de los hechos (factual) a la historia cultural, con análisis sobre los procesos de nacionalismo mediante la difusión de un conjunto de discursos, mitos y ritos orientados a expandir la moderna idea de nación... (que durante aquel siglo propiciaron escritores y políticos entendiendo la Guerra de la Independencia «como epopeya patriótica contra la dominación extranjera»).

Comentando el trabajo de Emilio de Diego, *España, el infierno de Napoleón. 1808-1814: una historia de la Guerra de la Independencia*, Ortiz de Ortuño expone que los motivo por los que los franceses fueron derrotados fueron los «cuatro errores de Napoleón...»: 1.- el intento de destronar a la casa de Braganza de Lisboa y a la casa de los Borbones de Madrid; 2.- el doble combate, por una parte la Grande Armée en Europa y l'armée d'Espagne en la península ibérica; 3.- valorar en demasía el poder económico de España para mantener a las tropas ocupantes; y 4.- infravalorar el papel del clero y la religión como elementos aglutinadores. Como podemos apreciar, se trata de una visión totalmente diferente de aquella guerra, en este caso basada no en ensalzar las acciones hispanas, sino en resaltar los errores de los invasores.

En el trabajo de Ortiz de Ortuño encontramos las ideas de Charles Esdaile, quien propone «potenciar la historia local... a ras de tierra... y rehabilitar la hasta ahora tan denostada historia militar...».

De modo que Esdaile, según señala Ortiz de Ortuño, conecta con la propuesta que se sigue en este ensayo, y que también sugiere Cayuela, dando la significación e importancia que tienen las acciones del pueblo anónimo, así en lo político como, incluso, en lo militar; evitando, obviamente, «los prejuicios ideológicos porque impiden interpretar correctamente fenómenos tan complejos» como los que se desarrollaron en este conflicto.

A lo largo de nuestro ensayo, sin visiones triunfalistas, vamos descubriendo juntos periodos de hambre y malas cosechas, o su destrucción por los ejércitos; la enfermedad y las heridas; las incautaciones y las exigencias; el acoso y la hostilidad o la violencia contra gentes indefensas; el acoso de los impuestos y empréstitos; cómo los acomodados y algunas autoridades esquivaron el esfuerzo que se les requirió huyendo a sitios más tranquilos.... En definitiva, la catástrofe y la calamidad, y los «desastres de la guerra».

«La fractura entre leales y traidores se perpetuó después con la división entre absolutistas y liberales»... estas páginas nos llevan por ese triste, pero esforzado y trascendente pasado.

En la historia de España, algunos autores simplifican la importancia de la ocupación de Ciudad Real por las tropas de la l'armée. Tal vez lleven razón en la escasa relación entre los hechos acaecidos en esta ciudad y la Guerra Península pero, lo que hemos apreciado en esta investigación es que, tanto la batalla de Ciudad Real como la ocupación fueron muy valoradas por las fuentes extranjeras. Para los manchegos, estos episodios ocurridos en nuestra tierra, entre 1809 y 1812, deben ser explicados con detenimiento, ecuanimidad y franqueza a la luz de los documentos y los estudios realizados con rigor.

Estado de España en 1810, y en parte de 1811.
El emperador enemigo, «calmado» con toda Europa, dirige todas sus
gigantescas fuerzas contra España; y solo los españoles, con la ayuda
de los ingleses, luchan como un león contra él, sin temer la muerte. F.
Pomares (lo ideó) / B. Pinelli del (lo grabó). Vista parcial de la estampa.
Biblioteca Nacional de España

ANEXOS
Y DOCUMENTOS

A1
CRONOLOGÍA DE LA GUERRA DE LA INDEPENDENCIA
Y LA OCUPACIÓN DE CIUDAD REAL (selección)

1807

27.10	Tratado de Fontainebleau entre Francia y España: ocupación y reparto de Portugal.
29.10	La conjura de El Escorial. Arresto y proceso del príncipe de Asturias y sus consejeros.
01.11	Un ejército francés al mando de Junot entró en España hacia Portugal.
30.11	Junot asaltó Lisboa.

1808

09.02	Parte de la Grande Armée irrumpió en España.
18.03	Motín de Aranjuez. Suspensión y degradación de Godoy.
19.03	Carlos IV abdicó en Fernando VII.
23.03	Murat entró Madrid con l'armée d'Espagne.
10.04	Fernando VII salió hacia Bayona a reunirse con Napoleón.
18.04	Disturbios en Toledo y Burgos contra el ejército francés.
02.05	Levantamiento de Madrid.
05.05	Fernando VII renunció a la corona a favor de su padre y Carlos la entregó a Napoleón.
22.05	Levantamiento en Oviedo.
23.05	Revueltas en Cartagena, Murcia y Valencia.
24.05	Insurrección en Zaragoza
25.05	Asturias declaró la guerra a Francia.
26.05	Sublevación en Andalucía.

28.05	Insurrección en La Mancha.
06.06	Batalla del Bruch, triunfo español.
07.06	Batalla del puente de Alcolea (Córdoba), éxito francés.
08.06	Ocupación y saqueo de Córdoba por el mariscal Dupont.
08.06	Batalla de Tudela (Navarra), victoria francesa.
10.06	Acción sobre el Llobregat (Catalunya), victoria francesa.
12.06	Combate del puente Cabezón (Valladolid). Lasalle venció al general Cuesta, éxito francés.
13.06	Enfrentamiento en Mallén (Aragón), triunfo francés.
14.06	Combate de Alagón. Lefebvre derrotó a Palafox, triunfo francés.
15.06	Inicio del primer sitio a Zaragoza.
16.06	Revuelta popular en Ciudad Real.
18.06	Los franceses emprenden el ataque a Gerona, victoria española.
21.06	Acción en el puente del Pajazo sobre el río Cabriel (Valencia), triunfo francés.
23.06	El general Pierre Merle conquistó Santander.
24.06	Acción del desfiladero de Las Cabrillas (Valencia), triunfo francés.
28.06	El mariscal Bon-Andrien Moncey atacó Valencia, resistencia y triunfo español.
14.07	Batalla en Medina de Rioseco (Valladolid), triunfo francés.
14.07	Castaños inició la ofensiva con el ejército de Andalucía.
19.07	Batalla de Bailén (Jaén), victoria española.
24.07	Segundo intento francés de invadir Gerona.
01.08	Desembarco británico en Portugal.
13.08	Se levantó el primer sitio en Zaragoza, éxito español.
16.08	Los franceses abandonan el segundo sitio de Gerona, éxito español.
20.08	El general Philibert-Guillaume Duhesme bloqueado en Barcelona.
25.10	Combates en Logroño y Lodosa (Navarra), victorias francesas
30.10	El ejército francés salió de Portugal.
31.10	Combate en Zornoza (Euskadi), triunfo francés.
07.11	Laurent G. Saint-Cyr puso sitio a Rosas (Gerona).
10.11	Batalla de Gamonal (Burgos), victoria francesa.

11.11	Batalla de Espinosa de los Monteros (Santander), victoria francesa.
23.11	Batalla de Tudela (Navarra), victoria francesa.
28.11	Derrota de Rosas (Gerona), victoria francesa.
30.11	Combate de Somosierra (Madrid), victoria francesa.
04.12	Napoleón llegó a Madrid.
16.12	Batalla de Cardadeu (Catalunya), victoria francesa.
17.12	Final del bloqueo español a Barcelona, victoria francesa.
20.12	Inicio del segundo asedio a Zaragoza.
21.12	Batalla de Molins de Rey (Catalunya), victoria francesa.
21.12	Combate en Sahagún (León), triunfo británico.
26.12	Batalla de Benavente (León), victoria británica.
30.12	Enfrentamiento en Mansilla (León), triunfo francés.

1809

03.01	Batalla del desfiladero de Cacabelos (León), triunfo británico.
13.01	Batalla de Uclés (Cuenca), victoria francesa.
16.01	Batalla de Elviña (A Coruña), victoria británica.
21.01	El mariscal Soult tomó Ferrol (A Coruña), victoria francesa.
20.02	Final del segundo sitio de Zaragoza, triunfo francés.
25.02	Batalla de Valls (Catalunya), éxito francés.
05.03	Batalla del valle de Monterrei (Ourense), victoria francesa.
26.03	Batalla de Ciudad Real, victoria francesa.
27.03	1.er Momento de la ocupación de Ciudad Real. D'Alkemade comandante de la plaza.
28.03	Segunda parte de la batalla de Ciudad Real.
28.03	Batalla de Medellín (Badajoz). El general Cuesta fue derrotado, triunfo francés.
14.05	Batalla de Alcántara (Cáceres), triunfo francés.
19.05	Oviedo conquistado por los franceses, triunfo francés.
23.05	Batalla de Alcañiz (Teruel), victoria francesa.
24.05	Tercer sitio de Gerona.
15.06	Batalla de María (Zaragoza), victoria francesa.
18.06	Combate de Belchite (Zaragoza), victoria francesa.
29.06	2.º Momento de la ocupación de Ciudad Real.
28.07	Batalla de Talavera de la Reina (Toledo), éxito de

	los aliados (Wellington).
08.08	Batalla del puente del Arzobispo (Toledo), victoria francesa.
11.08	Batalla de Almonacid (Toledo), victoria francesa.
12.08	Batalla de Baños Montemayor (Cáceres), triunfo francés.
18.08	3.er Momento de la ocupación de Ciudad Real. Batalla de Tamames (Salamanca), triunfo español.
19.10	4.º Momento de la ocupación de Ciudad Real.
19.10	Batalla de Ocaña (Toledo), triunfo francés.
28.10	Batalla de Alba de Tormes (León), victoria francesa.
11.12	Acabó el tercer sitio de Gerona, victoria francesa.
12.12	5.º Momento de la ocupación de Ciudad Real.

1810

12.01	Victor invadió Almadén (Ciudad Real), victoria francesa.
17.01	6.º Momento de la ocupación de Ciudad Real.
19.01	Acción en La Carolina (Jaén), victoria francesa.
23.01	Batalla de Jaén, victoria francesa.
24.01	El mariscal Pierre Françoise Augereau conquistó Barcelona, victoria francesa.
31.01	El general Bonnet tomó Oviedo, victoria francesa.
01.02	Las tropas del rey José I tomarón Sevilla, victoria francesa.
05.02	El general Victor sitió Cádiz.
20.02	Batalla de Vic (Barcelona), victoria francesa.
23.02	La partida de Ventura Jiménez entra en Ciudad Real.
24.02	7.º Momento de la ocupación de Ciudad Real.
10.03	El mariscal Louise Gabriel Suchet obligado a abandonar el sitio de Valencia, éxito español.
08.04	Llegó a Ciudad Real la partida del Capuchino.
10.04	8.º Momento de la ocupación de Ciudad Real.
15.04	Suchet asedia Ilerda.
21.04	Jean Andoche Junot tomó Astorga (León), victoria francesa.
21.04	Entró en Ciudad Real Juan Pastrana, Chambergo.
12.05	Los franceses conquistas Ilerda, triunfo francés
13.05	Ventura Jiménez y su partida en Ciudad Real.
25.05	9.º Momento de ocupación de Ciudad Real.
30.05	El mariscal Michael Ney, el pelirrojo, sitió Ciudad Rodrigo (Salamanca).

	10.º Momento de ocupación de Ciudad Real.
09.07	Ciudad-Rodrigo (Salamanca) en poder francés, victoria francesa.
−.08	11.º Momento de ocupación de Ciudad Real.
25.09	La partida de León Llacer, Leones manchegos, y la partida Dragones manchegos de la Romana, de Francisco Laso, atacaron a los franceses del hospicio de Ciudad Real.
04.11	Édouard Jean Baptiste Milhaud derrotó a Blake en Baza (Granada), éxito francés.

1811

10.03	Soult tomó Badajoz, vitoria francesa.
03.05	Batalla de Fuentes de Oñoro (Salamanca) frontera con Portugal, victoria francesa.
06.05	El mariscal inglés William Carr Beresford sitió Badajoz.
16.05	Batalla de Albuera (Badajoz), victoria del ejército aliado.
23.09	Suchet sitia Sagunto (Valencia).
25.10	Batalla de Sagunto (Valencia), victoria francesa.
28.10	Batalla de la sorpresa de Arroyomolinos (Cáceres), victoria aliada.
31.12	Acoso de Francisco Abad, Chaleco, a Ciudad Real.

1812

8-19.01	El duque de Wellington asedió y conquistó Ciudad-Rodrigo (Salamanca), éxito aliado.
15.01	El general Pablo Morillo en Ciudad Real.
07.04	Wellington conquistó Badajoz, victoria aliada.
09.04	Espoz y Mina atrapó un importante convoy en Arlabán (Navarra), triunfo español.
19.05	Combate de Almaraz (Cáceres), victoria aliada.
22.06	El almirante inglés Home R. Popham y el Pastor, tomaron Lekeitio (Euzkadi), éxito aliado.
22.07	Batalla de los Arapiles (Salamanca). Wellington derrotó a Marmont, victoria aliada.
−.07	Los franceses abandonan la provincia de La Mancha.
03.08	Popham conquistó Santander, victoria aliada.
11.08	Batalla de Majadahonda (Madrid), victoria francesa.
12.08	Los aliados se apoderaron de Madrid, éxito aliado.

19.09	El duque de Wellington asedió Burgos.
21.10	Se levantó el sitio de Burgos, triunfo francés.
02.11	L'armée d'Espagne recuperó Madrid.
–.12	Incursiones del mariscal Soult en La Mancha.

1813

13.04	Batalla de Castalla (Valencia), victoria aliada.
3-12.06	Sir John Murray asedió Tarragona, victoria francesa.
21.06	Batalla de Vitoria. El duque de Wellington derrotó al mariscal Jean B. Jourdan, triunfo aliado.
25.06	Bloqueo de Pamplona.
27.06	Batalla de Tolosa (Guipúzcoa), victoria aliada.
28.06	Los aliados sitiaron San Sebastián.
25.06	Batalla de Roncesvalles (frontera con Francia), victoria francesa.
27-28.07	Batalla de Sorauren (Navarra), victoria aliada.
31.08	El ejército aliado incendió San Sebastián.
31.08	Combate de San Marcial (San Sebastián), victoria española.
08.09	Rendición de la ciudadela de San Sebastián, victoria aliada.
13.09	Batalla de Ordal (Barcelona), triunfo francés.
07.10	El ejército aliado atravesó el río Bidasoa hacia Francia.
31.10	Rendición de Pamplona, victoria aliada.
10.11	Batalla del río Nivelle (frontera con Francia), victoria aliada.
9-13.12	Batallas (1.ª y 2.ª) del río Nive (Francia), victoria aliada.
13.12	Batalla de Saint Pierre d'Irube (Bayona, Francia), victoria aliada.

1814

27.02	Inicio del sitio de Bayona.
27.02	Batalla de Orthez (departamento de los Pirineos Atlánticos, Francia), victoria aliada.
20.03	Batalla de Tarbes (departamento de los Altos Pirineos, Francia), victoria aliada.
06.04	Abdicación de Napoleón, restauración en Francia del rey Luis XVIII.
10.04	Batalla de Toulouse, victoria aliada.
27.04	Capitulación de Bayona, triunfo aliado.

A2

LA GUERRA DE LA INDEPENDENCIA, OTRA IDEA SOBRE SU DENOMINACIÓN

No pretendemos cambiar el nombre de esta contienda. Pero, ya en los años posteriores a la misma se propuso, desde algún sector del ámbito militar, que esta lucha pasara denominarse «Guerra de la Usurpación».

«Denominación que debe darse a la última guerra, y sus motivos. Una usurpación tan inaudita como increíble, fue la que exaltó los ánimos de todos sus fíeles vasallos, y la que les decidió maravillosa y generalmente, a rechazar la fuerza con la fuerza, y a vengar las injurias hechas a nuestros príncipes en Bayona. Este levantamiento general nos proporcionó la alianza de la Inglaterra, y la libertad y cooperación de Portugal y de Sicilia; y nuestra maravillosa constancia es indudablemente la que ha ocasionado la formidable coalición, que ha hecho baxar a Napoleón del trono que ocupaba.

Luego la usurpación intentada por Bonaparte, es el verdadero origen de la guerra de la península, y por consiguiente, la de toda la Europa, que se acaba de terminar tan felizmente. Luego la guerra de la península, puede llamarse con oportunidad, Guerra de la Usurpación del modo que se llamó guerra de succesión, la que ocurrió en la misma península en el siglo pasado. En efecto, esta denominación sencilla, y oportuna, distinguirá esta guerra de todas las demás ocurridas con la Francia, y recordará por sí sola, la idea, no solo de la lucha terrible de la península, si también de la de toda la Europa, en 1813, y 1814, la qual no ha sido más que una conseqüencia de la primera».

Fuente: Francisco Xavier de Cabanes. *Memoria acerca del modo de escribir la historia militar de la última guerra entre España y Francia.* Imprenta de Brusi: Barcelona; 1816; pp. 13-15.

A3

PROCLAMA DE LA MANCHA (transcripción)

«Manchegos: el mundo está admirado de vuestras hazañas y valor: vuestro nuevo modo de hacer la guerra a los bandidos, que han desolado vuestras casas, ha burlado esa táctica tan decantada con que dicen haber vencido al universo todo: la vuestra, aprendida solo en la escuela del patriotismo más acendrado, ha hecho temblar a los ejércitos del caudillo más facineroso que famas alimentó la tierra, y cuyo nombre es el oprobio de la especie humana y el borrón de la nación francesa: Manchegos, haber borlado y mirado con el mayor desprecio esas águilas tan cacareras y esos trenes y aparatos con que pensaban sorprehenderos (sorprenderos), no ha sido para vosotros más que una cosa miserable y la señal más cierta de su cobardía.

Manchegos, los campos de Montiel, las riberas de Guadiana, y el puerto Lápiche (Puerto Lápice), testigos en otro tiempo de las proezas del ingenioso Caballero de la fábula del inmortal Cervantes, han admirado ahora el valor de los descendientes de aquel héroe y el talento de que tan oportunamente supo colocar en dicho suelo la cuna al desfacedor de los tuertos.

Manchegos, nueve batallas habéis dado: otras tantas victorias habéis conseguido: dos generales y siete coroneles muertos, otros tantos capitanes o comandantes de batallón: tres generales presos, cuatro edecanes, tres heridos, 5 mil soldados muertos, entre la infantería y caballería, 1.500 prisioneros y gran número de heridos que llevaban a Madrid, cuarenta carros de provisiones, cinco cañones de artillería, diez carros de pólvora y balas, tres de dinero, y ninguna bandera porque no la tenían: ved aquí el fruto de vuestros esfuerzos y de vuestro patriótico valor.

Manchegos, habéis inmortalizado vuestro nombre, que será venerado de la posteridad cuino el de los héroes que han libertado la patria de los monstruos que la infestaban, y no dudéis ocupará en la historia un lugar superior aun de los vencedores Lefebre, Dupont y Moncey.

Manchegos, vuestra nueva táctica, y vuestro nuevo modo de pelear y vencer hará época en los fastos de las historias inventoras y más civilizadas: habéis desterrado en un momento la preocupación de muchos siglos en que se os había tenido por hombres poco industriosos, nada activos e incapaces de inventar; pero además de que ya habéis dado pruebas de lo contrario en el 19 de marzo, el más feliz y memorable de nuestra época; porque derribasteis el monstruo más horroroso que pudo conocer el hombre, y porque disteis principio a la gloriosa revolución que fijó para muchos siglos la libertad y la indepencia (independencia) de nuestra patria ¿por qué no reflexiona el mundo que es imposible podáis progresar y desplegar vuestro talento, mientras no os quiten esos gabarros (carga, obligación) que se oponen a vuestro desarrollo?

Vosotros tenéis en vuestro suelo las encomiendas de las cuatro ordenes militares, y mantenéis una porción de hombres acaudalados, pero de que poco han servido en esta ocasión para proteger vuestra causa, para aliviar vuestras fatigas, para haberse puesto al lado vuestro y levantar un ejército de vuestros valerosos hermanos, que por vuestro entusiasmo patriótico, por su nuevo modo de pelear hubiera bastado para confundir esas tropas de malhechores, antes de pasar las riberas del Tajo. Mas no se os dé nada por esto, que esos mismos que antes se han mostrado perezosos, excítalos por su mismo honor y amor a la patria, contribuirán con sus bienes a protegeros y a que concluyáis la gran obra que habéis comenzado: el mundo todo sabe, que solo 1.500 hombres de la inconquistable Mancha sin jefes militares, y sin esos trenes y aparatos de aceros con que pasaban asustándonos esa cuadrilla de hombres altaneros, los habéis confundido, abatido y vencido.

Manchegos, no penséis que aún no haya más gloria preparada para vosotros: la sangre de los valerosos patricios de Madrid derramada por esos monstruos de la humanidad concluido víctimas inocentes del castigo más horroroso, preparado solo para los traidores de la patria, os llama a mayores empresas; ya veo palpitar vuestros, corazones y clamar a la venganza: no me olvido de que soy vuestro jefe, elegido por vosotros mismos, a pesar de que no soy hombre de letras ni tampoco de armas tomar. Yo os conduciría a la victoria que os tiene preparada el amor a la patria, yo os conduciría hacia las áridas arenas de Manzanares: mi vida, que en tanto la miraré dichosa, en cuanto sea capaz de contribuir a inmortalizar vuestros hechos, será el más pequeño sacrificio que os podré ofrecer en prueba de mi amor y fidelidad patriótica, pero no hagáis que lo que hasta aquí ha sido valor degenere en temeridad, y marchitemos nuestros laureles por un golpe quizá anticipado e importuno: lo que importa es que elijamos un jefe que nos dirija y sepa llevar adelante nuestras victorias, que enteramente le prestemos una sumisión y obediencia inalterable, que juremos por última vez derramar nuestra sangre en defensa de nuestra patria, de Fernando VII, de nuestra religión, y estando de este modo unidos a todos los demás Reinos de España seremos invencibles.

Dado en nuestro cuartel general ambulante de las riberas de Guadiana a 27 de junio de 1808 = Por mandado del Sr. Diego López Membrilla[1], que no sabe escribir, A. D. H.».

Fuente: Begins... *Proclama de la mancha. Manchegos: el mundo está admirado de vuestras hazañas y valor.* Escuela de Estudios avanzados. Universidad de Londres.
En: https://sas-space.sas.ac.uk/7840/16/A00272.txt

---

1 Diego López de la Membrilla, jefe de La Mancha, que lo llama Pérez Galdós, en el episodio Napoleón en Chamartín.

A4

LOS DIARIOS DE JÓZEF RUDNICKI (selección)

La «pequeña fuerza que aportaban los regimientos de la legión del Vístula, unidos al IV Cuerpo de ejército, al mando del general Sebastiani partieron contra el enemigo en la misma ruta de Consieger (Consuegra) hasta la ciudad de Ciudat Real...», custodiada por el cuerpo españoles situados «en buenas posiciones» para la batalla. La habilidad de las órdenes «por un buen decreto del general Sebastiani, después de una batalla de cuatro horas el 27 de marzo de 1809, los españoles fueron vencidos y dispersados», apresamos a un número considerable y les quitamos «mucha munición y equipaje. Habiéndolos conducido hasta las montañas de Sierra Morena (Sierramore ńskie), asegurándose que el enemigo no comenzara a actuar agresivamente tan pronto, desde el pueblo de Elvizi (Viso del Marqués) se nos ordenó adentrarnos en la provincia de Mancha. Nuestra división estaba en el pueblo de Manzenares, junto al arroyo de ese nombre.

Por lo general, en España, los pueblos son grandes, con casas de piedra construidas sobre pisos, deben ser espaciosos, cuando toda nuestra división estaba reunida en una, y cada oficial tenía un apartamento decente. Nos quedamos aquí en silencio durante tres meses (estuvieron sin actividad bélica). No hay montañas en esta provincia; los pueblos y aldeas se levantan en hermosas llanuras, en los campos para salvar el grano (proteger la plantación y hacer crecer la cosecha) del sol, que aquí se asa sin piedad, pozos se abren cada mil pasos (quiere decir norias), por ellos grandes círculos y vasijas de barro atadas a ellos. En este pozo (noria de sangre) hay una barra de tiro a la que está enganchado el burro, y el burro, caminando todo el tiempo, saca el agua con estos cántaros y la vierte en los lechos (albercas). En segundo lugar, en cada surco se plantan olivos cada 40 escalones[2], y con su sombra protegen el grano del sol, traen un doble beneficio a las vacas.

En toda España no se siembra otro cultivo que cebada y trigo; los caballos y las mulas pacen cebada, y hacen pan de trigo. La trilla del grano se realiza de la siguiente manera. En un piso grande y de techo abierto, colocan el grano en un círculo, encima de este grano hacen rodar un bloque de madera con pedernales afilados impresos al lado (bien sujetos al otro lado); está tan dispuesto como una máquina para nivelar la plaza; 4 mulas o caballos están enganchados a este tronco, y lo giran mientras caminan uno al lado del otro, y trilla el grano con su peso, pedernales y cascos de caballos; es cierto que nunca saldrá paja recta de tal trilla; desmenuzada. Les sirve de paja, que venden por sus irregularidades en las redes (mercados como sistema de distribución). Los merinos (ovejas de esta raza) son enviados a sus dueños a las montañas Somosierskie (Somosierra) y Sierramoreńskie (Sierra Morena), donde pastan el romero del campo. Ocurrió más de una vez que el ejército se apoderó de manadas enteras de tales animales (rebaños) y regaló arte (compró) por valor de 20 y 30 ducados a los soldados para comida. En Mancha el vino tinto es una plétora (abundancia) de tintos, el más fuerte es el del pueblo de Waldepenias, por lo que es fundamental que al echarlo al fuego arda como aguardiente... que cuando lo echas al fuego, arde como espíritu...».

Fuente: Józef Rudnicki. Vilnius Collective Journal,1862; pp. 65-66.
En: https://napoleon.org.pl/index.php/guerra-de-la-independencia-espanola/zrodla-do-wojny-w-hiszpanii/540-pamietniki-jozefa-rudnickiego.
Publicado en Fuentes para la guerra en España. (El autor terminó de escribir esta memoria en Varsovia el 15 de mayo de 1842, aunque sería publicada 20 años después).

---

2 El vocablo «escalón», viene a ser una expresión militar que aquí, posiblemente, quiere referir que están colocados, los olivos a intervalos y distancias regulares.

A5a

A Monsieur Don José García
Abogado, calle de Toledo
Ciudad Real

El coronel del 3.er Regimiento de Húsares Holandeses, comandante de ciudad de Ciudad Real.
Al Señor Don Josef García, abogado de esta Ciudad
Señor
En atención a que los individuos de este ayuntamiento se han ausentado, y como la subsistencia de las tropas exigen que una persona distinguida de esta ciudad se encargue de proporcionar todo lo necesario a dicha tropa (tachado) para evitar los desórdenes que pudieran ocurrir si las tropas se encontraran sin víveres por lo mismo no puedo menos para hacer bien que de encargar a usted señor y de ordenarle de hacer las veces de 1.er individuo de ayuntamiento (o municipalidad) de esta ciudad. Usted cumplirá (tachado) hará las [co]sas de tal y hará que se le respete a usted como a tal individuo, no quisiera que v. se excusara, y continuará hasta nueva orden, suplicándole (tachado) combidándole a que tenga la bondad de presentarse inmediatamente en mi alojamiento para recibir mis órdenes ulteriores[3].
El Coronel Roest D'Alkemade, cavallero de la orden real de Holanda.

Por la orden.
Jean Van D'Oorn
(...)   Teniente
Ciudad Real 30 marzo 1809.

(Archivo histórico Municipal de Ciudad Real Ms. 417-004)

---

3 Impone la orden de representar al pueblo, aunque luego lo suaviza un poco, pero, seguidamente, vuelve a mostrar su poder sobre la población de la ciudad y sobre el personaje al que demanda la representación.

A5b

LA OCUPACIÓN, PRIMEROS ESCRITOS, NOMBRAMIENTOS (30.03.1809)

Consiguiente a lo que se ordena en la anterior quedan elegidos...

En clase de personas de providad que actualmente residen en esta población, el dicho D. José García, presidente y regente de la Real Jurisdicción, y vocales de la Junta Municipal D. Ramón Muñiz, D. Nicolás Villavaso, D. José Antonio Aguilera, D. Antonio Toral, D. Manuel García Rouna. El licenciado Antonio Porras y el licenciado D. Joaquín Gómez, vocal, secretario, a quienes convocados, comparecieron, y enterados dijeron estar prontos a auxiliar las operaciones, como terminantes a la quietud y bienestar de la ciudad, de cuyo ayuntamiento son miembros tres de los nombrados. Entendiéndose [que] es una elección interina y asta (sic) que regresen los demás miembros del Ilustre Ayuntamiento, sobre lo que acordará lo que estime oportuno el Exmo. Sr. Gral. en Xefe, o sus comisionados y lo firmaron en Ciudad Real a 30 de marzo de 1809.

Licenciado García (rúbrica); Muñiz (rúbrica); Aguilera (rúbrica); García y Rouna (rúbrica); Villavaso (rúbrica); Toral (rúbrica)

Gómez (rúbrica) Vocal-secretario

Ciudad Real 30 de marzo de 1809.

...

ACUERDO

Inmediatamente acordó la Junta se publicase un Bando del tenor siguiente:

La Junta Municipal de Govierno de esta ciudad creada interinamente por el sr. Roest d'Alkemade, cavallero de la orden real de Holanda, coronel en xefe del 2.º regimiento de Húsares holandeses, y comandante de esta plaza, y toda su jurisdicción &ª (etcétera).

(Archivo Histórico Municipal de Ciudad Real Ms. 417-005)

A5c

LA OCUPACIÓN, PRIMEROS ESCRITOS, BANDO DE LA JUNTA MUNICIPAL (30.03.1809)

Hace saber y manda publicar a todos los vecinos habitantes y moradores que se hallan con las instrucciones y órdenes oportunas para manifestar a todos la seguridad en sus personas y haciendas, y que no se defraudará de modo alguno el respeto y veneración a la religión católica, conservando la integridad y pureza de costumbres, y ofreciendo a nombre del govierno que en manera alguna serán perjudicados, con tal de que observen buena paz y armonía; y por lo tanto se convoca y llama a todos a que buelban a sus casas y domicilios, libres de todo insulto, pues al efecto tiene dadas las órdenes competentes; y de este modo podrán cuidar de sus hogares, y haciendas y acudir a sus labores y trabajos, que es el único objeto a que aspira Su Señoría dicho Sr. Comandante. Entendiéndose que esta [orden] es en el entretanto que se restituyen los vocales del ayuntamiento de esta ciudad, o asta (sic) que por el Exmo. Sr. General en Xefe otra cosa disponga. Dado en Ciudad Real a 30 de marzo de 1809.

Josef García y Pavón (rúbrica);
Nicolás Josef de Villavosa (rúbrica)

Joaquín Gómez (rúbrica) Vocal secretario
Ciudad Real 30 de marzo de 1809.

Enseguida dio la junta las órdenes más oportunas que estén surtidos los puestos públicos, y el vecindar[io no] carezca de pan, carne, &ª. (etc.)

Gómez (rúbrica) Vocal secretario
Ciudad Real 30 de marzo de 1809

(Archivo Histórico Municipal de Ciudad Real Ms. 417-006)

A6
RESTITUCIÓN DE LAS AUTORIDADES
(REGRESO DE LOS HUIDOS) (03.04.1809)

En virtud del oficio que ha dirigido el Sr. Coronel del Regimiento 16 de Dragones para que se restituyan a sus antiguos empleos los Yndibiduos del Ayuntamiento pues la Junta solo fue creada interinamente y asta ser regresados los empleados legítimos de república (cosa pública, interés público); acordó pasar un oficio convocatorio a todos los señores, los quales reunidos en casa de D. Nicolás Villabaso y a presencia del Sr. Comandante de la Plaza, se trató escrupulosamente de cumplimentar la orden del Sr. General en Xefe, y resultó que siguiendo el orden establecido y guardando la antigüedad de los Señores Regidores, quedó en la jurisdicción de esta ciudad el Sr. D. Josef de Arenas, y los indibiduos de la Junta interina de Gobierno cesaron en sus facultades por haber pasado al consistorio; ofreciéndose a auxiliar las operaciones del Gobierno, asistiendo a las horas que se juzguen ser precisas, y que (...) a contribuir al beneficio público: advirtiéndose que la regiduría de la jurisdicción estará en el Caballero D. Josef de Torres sin perjuicio del regidor, o regidores más antiguos, quando regresen a sus domicilios: Y para que este expediente quede instruido en la forma y las circunstancias permitan, todos firmaron en

Ciudad Real a 3 de abril de 1809.

Joséf García (rúbrica); José de Torres (rúbrica); Porras (rúbrica); Toral (rúbrica); Ydalgo (rúbrica); Manuel García y Rouna (rúbrica); Muñiz (rúbrica); Aguilera (rúbrica); Gerónimo de Alcázar (rúbrica); García (rúbrica); Gómez (rúbrica)

Entregue al sr. regente las diligencias acordadas en el mismo día (rúbrica)

(Archivo Histórico Municipal de Ciudad Real Ms. 417-016 y 417-017)

A7
NOMBRAMIENTO COMO CORREGIDOR
A ANTONIO DE PORRAS (03.04.1809)

Mediante a que se necesita con precisión de un assesor en ciencia e instrucción en los muchos negocios que ocurren con motibo del acantonamiento de las tropas francesas, representantes al Exmo. Señor General en Gefe, al sr. Comandante de esta Plaza, oficios a las Justicias de los pueblos de la provincia tanto por lo respectibo a los ramos de la Real Hacienda por residir en Su Señoría las funciones de la Intendencia quanto por los muchos negocios pertenecientes) al corregimiento, y otros que puedan ocurrir, no versados; deseando Su Señoría cumplir exactamente con los deberes de su encargo, y adornando a el Licenciado Don Antonio de Porras Abogado de los Reales Consejos quantas circunstancias de patriotismo, instrucción, suficiencia, celo, amor a la Patria, y despejo[4] para el pronto despacho de todos los negocios, lo nombra Su Señoría por su Asesor general: Lo que se le hará entender para que se sirva ocupar dicho nombramiento y que diariamente asista a este Ayuntamiento para con su acuerdo desempeñar los referidos negocios.

José de Torres (rúbrica)
Presente fui, Juan Lorenzo Arenas (rúbrica)

(Archivo Histórico Municipal de Ciudad Real Ms.417-017)

---

4 Despejo: claro entendimiento, talento. Dicc. RAE.

A8

LA CONVIVENCIA ENTRE OCUPANTES Y OCUPADOS, LAS NORMAS Y EL BUEN ORDEN (03.04.1809)

El sr. coronel comandante de las tropas francesas en esta ciudad en oficio de este día, se ha servido prevenir para sí, y a nombre del Exmo. sr. general en xefe, entre otras cosas, que será muy de su agrado, y conveniente al buen gobierno y pública tranquilidad de esta ciudad el que inmediatamente sean restituidos todos los indibiduos del ayuntamiento de esta ciudad y de su Juzgado al uso, y exercicio de sus respectibos oficios, y empleos, para que de este modo pueda hacerse el servicio de las tropas, y además que ocurra sin retraso; y de acuerdo con el Sr. xefe militar nombrado, se haga observar el mejor orden, y la recíproca unión entre las tropas francesas , y habitantes de esta ciudad en cuyo beneficio se interesa muy particularmente su señoría y dicho sr. General en Xefe.

En esta orden y haviendo zesado (sic) las funciones de esta Junta interina

(Archivo Histórico Municipal de Ciudad Real Ms.417-018)

A9

EDICTO MUNICIPAL PARA EL REGRESO DE LOS HUIDOS.
COMUNICACIÓN A LOS PUEBLOS PARA APOYAR
A LOS OCUPANTES EN SUS NECESIDADES
«CONMINÁNDOLES CON SEVERAS PENAS» (05.04.1809)

El Ayuntamiento de esta Ciudad, que de orden del Sr. Comandante de la plaza exerce toda su jurisdicción y facultades, tiene mandado en público edicto que todos los habitantes se restituyan a sus domicilios inmediatamente, asegurándoles que están dadas las órdenes competentes para que se respeten las personas, haciendas, y propiedades, se exerza libremente el culto dibino, y cada vecino se destine a sus respectibos oficios; pues no regresando a sus hogares sufrirán los perjuicios que son consiguientes de estar las casas yermas, y no poder subministrarse lo necesario a las tropas, ni los indispensables alojamientos. Habiéndose experimentado el poco efecto que ha surtido dicho Vando, y que los vecinos y moradores permanecen ausentes contra lo que se prometía el ayuntamiento manda el sr. comandante de la plaza en oficio de hoy, que se repita nuebo Bando en esta ciudad conminando con severas penas y los daños que son consiguientes a las propiedades y haciendas, a todos aquellos que continúen inobedientes a la presente orden, encargando se aviente[5] por vereda a los pueblos comarcanos para que llegue a noticia de los vecinos y moradores de esta jurisdicción, y que cada uno se apresure a bolber a sus hogares advirtiéndoles pueden restituirse libremente sin temor de ser insultados, ni ofendidos en sus personas y haciendas, pues al efecto tiene ordenadas el Sr. Comandante. las instrucciones oportunas, y prometido que avisándole de qualquier desorden escarmentará a los que perturben el buen orden. El ayuntamiento pues en vista de el enunciado oficio, y lo prevenido por el Sr. General en Xefe manda a todo los vecinos y moradores de esta ciudad que al instante regresen a sus domicilios sin escusa ni pretexto, sufriendo de lo contrario los daños y perjuicios que dejan bien inferirse no mediando causa legítima. Publicando esta circular en los pueblos comarcanos, y mandando estrechamente que en igual forma se restituyan todos los vecinos a sus pueblos, vecindades, y aldeas, para que mutuamente se presten los auxilios necesarios, y poder con más facilidad acudir a las urgencias actuales, y subministros necesarios a la tropa.

Dado en Ciudad Real a 5 de abril de 1809.
Es copia de su original
Torres (rúbrica)

(Archivo Histórico Municipal de Ciudad Real Ms.417-031 y 417-032)

---

5 De aventar. Dicho del viento: impeler algo. Dicc. RAE. En el sentido de hacer público algún asunto.

A10
ORDEN PÚBLICO Y ENTREGA DE LAS ARMAS (05.04.1809)

El Ayuntamiento de esta ciudad que de orden del Sr. Comandante de la plaza exerce todas las facultades propias de la real jurisdicción, está encargado de pervenir a los pueblos dominados por el govierno francés, que en prueba de la buena armonía que el paisanage debe guardar con las tropas, se presenten todos los vecinos de las poblaciones donde esta circular llegue a sus respectibas casas consistoriales entregando en ellas las armas que tubieren de qualquier clase que sean, y llebando una lista circunstanciada del número, clase de ellas y dueños a quienes corresponda; formando un depósito para dar una razón puntual, quando se pudiere por la autoridad competente. Asegurando de orden del Sr. Comandante de la plaza que las tropas francesas observarán la más exacta disciplina, respetando las personas, haciendas, y propiedades de los vecinos, y exerciendo públicamente las funciones de la religión católica; dando aviso de qualquier desorden que se advierta, pues el Sr. Comandante promete dar las más activas providencias para conservar la pública tranquilidad.

Dado en Ciudad Real a 5 de abril de 1809.

Torres (rúbrica)

(Archivo Histórico Municipal de Ciudad Real Ms. 417-035 y 417-036)

A11

PROTOCOLO DEL JURAMENTO DE FIDELIDAD Y OBEDIENCIA AL REY JOSÉ I (05.04.1809)

Exército de España[6] Almagro 5 abril 1809
4º cuerpo
Cavallería   Orden del día.

Executando las órdenes de S. M. el Emperador y Rey [de] todas las ciudades, villas y lugares ocupados por las tropas francesas. Los partidos y demás que estén bajo la protección de los pueblos ocupados por dichas tropas, deben prestar juramento de obediencia y de fidelidad a su soberano el rey Josef Napoleón y enviarle a Madrid una diputación compuesta de tres miembros tomados del clero, nobleza y estado llano y que sean de los más notables de las tres clases.

En consequencia señorías, los Generales Gefes de los campos y comandantes de los acantonamientos prescrivirán a los alcaldes o individuos de las Justicias tanto en los sitios que ocupan como en los lugares de su partido, de reunir el domingo próximo 9 de abril en la Iglesia principal del lugar, todos los habitantes para prestar sobre el altar y en presencia del Santísimo Sacramento el juramento de fidelidad, sumisión y a obediencia a S. M. Católica el Rey Josef Napoleón y designar los diputados que irán a llevar al rey los homenages del pueblo. Se formará un proceso verbal de esta ceremonia y el juramento será firmado de todos los habitantes que sepan escrivir. Los religiosos de las diferentes órdenes asistirán a la ceremonia, firmarán el juramento y el superior de cada convento irá a Madrid con la diputación para asegurar al Rey del voto de sumisión de la comunidad.

En las ciudades, villas y lugares en donde huviese tropas de cavallería acantonadas, tomarán las tropas las armas y asistirán a pie, a la ceremonia de la prestación de Juramento, después de la que se cantará un *Te Deum*. Un destacamento de 50 hombres a caballo durante la ceremonia delante de la puerta que (tachado) mira a la dirección del enemigo. Los otros caballos estarán ensillados.

Se darán escoltas a las diputaciones de las ciudades, villas y lugares que vayan a Madrid hasta los pueblos más próximos.

Los señores Generales de Brigada, Gefes de los campos, y comandantes de los acantonamientos darán las órdenes necesarias para que esta ceremonia se haga con la mayor solemnidad. Me remitirán el lunes 10 a más tardar el nombre de los diputados de cada ciudad, villa o lugar de su partido con el proceso verbal de la prestación del juramento.

El General (signo = etcétera).

(Archivo Histórico Municipal de Ciudad Real Ms.417-038)

---

6 Se refiere al ejército del rey José I.

A12

DIPUTADOS ELEGIDOS PARA PRESTAR JURAMENTO
AL REY EN MADRID EN NOMBRE DE LOS HABITANTES
DE LA CIUDAD, Y JURAMENTO EN LA IGLESIA
DE STA. M.ª DEL PRADO EN CIUDAD (07.04.1809)

En cumplimiento puntual a la real orden que por conducto del
Exmo. Sr. General en Xefe del 4.º Cuerpo de Exército Don Horacio
Sebastiani, fecha en Daymiel a quatro del corriente, se ha comunicado a este ayuntamiento, convocar a los Sres. curas párrocos,
prelados de los conventos y diputados de gremios; y a presencia de todo el congreso, el Ayuntamiento a quien privatibamente
compete nombrar la legación que ha de pasar a la villa y corte de
Madrid para cumplimentar y prestar juramento de fidelidad a Su
Majestad Católica el Señor Don Josef Napoleón I. Procedió a votar
públicamente, y por pluralidad resultó.

Indibiduos del Ayuntamiento

	Para diputado del estado eclesiástico	
Sres. Toral...	El Sr. Cura de San Pedro,	
	el Doctor Don Bartolomé del Moral	
Sr. Aguilera...	Idem.	Electo
Sr. Hidalgo...	Id.	
Sr. Alcázar...	Id.	
Sr. Muñiz Presidente	Id.	
	Del estado de hijosdalgo	
Sres. Toral...	A D. Diego Muñoz	
Aguilera...	D. Juan Regis Hidalgo	Electo
Hidalgo...	D. Álvaro Maldonado.	
Alcázar...	D. Juan Regis Hidalgo	
uñiz, Preste.	D. Manuel Mena.	
	De los indibiduos del Ayuntamiento.	
Sres. Toral...	A D. Pedro Martínez de Horras	
Aguilera...	Idem.	
Hidalgo...	Id.	Electo

Alcázar...   Id.
Muñiz presidente   Id.

Y de consiguiente quedaron nombrados para la diputación que a nombre de esta ciudad ha de rendir el dicho homenaje a Su Majestad Católica. Del estado eclesiástico el sr. cura de San Pedro Don Bartolomé del Moral. Del estado de Hijosdalgo Don Juan Regis Hidalgo. Y de los Indibiduos del Ayuntamiento el Señor Don Pedro Martínez. Los quales quedaron elegidos por pluralidad de votos, y el primero presente aceptó el encargo; mandándose que sin pérdida de momento se llamen a los ausentes Don Juan Regis Hidalgo y Don Pedro Martínez. Encargándose estrechamente a los religiosos que asistieron de los conventos de esta ciudad, que inmediatamente avisen a sus respectibos Prelados para su presentación luego, luego. Determinándose al mismo tiempo que la prestación del juramento de fidelidad en esta ciudad se hará en la iglesia de Santa María del Prado el domingo próximo nueve estando Su Magestad patente (seguro), y conociendo y firmando quantos sepan escribir. Para lo que se darán las disposiciones oportunas de acuerdo con el Sr. Comandante.

Ciudad Real y abril 7 de 1809.
Torres (rúbrica)

(Archivo Histórico Municipal de Ciudad Real Ms. 417-043 y 417-044)

A13

El Exmo. Señor General en Jefe del quarto cuerpo de Ejército francés en España.

A los Señores Corregidores, Alcaldes Mayores, Regidores, y Justicia de los Pueblos. Sabed

Que mi intención es proteger a los habitantes de La Mancha, i mis más sinceros deseos ber renacer el orden en esta probincia. En consequencia mando buelban a sus hogares todas las personas, que por temor u otra causa las haian abandonado, restituianse los habitantes a sus pueblos, y cuenten con mi hamparo. Si le reusasen, quedándose haun esperados en diferentes puntos confiscaré los bienes de los propietarios ausentes, arrestaré a toda persona que sin un pasaporte se halle en el campo, y castigaré de muerte a el hombre armado.

Quartel General de Daymiel 15 de Abril de 1809. El general comandante en gefe del 4º Cuerpo, Horacio Sebastiani.

Concuerda con su original.
El Comisario ordenador del Exército de Su Majestad Católica Cipriano M. de Echevarría (rúbrica)

Señores Justicia de Ciudad Real

(Archivo Histórico Municipal de Ciudad Real Ms. 417-127)

A14

ORDEN A LOS JUSTICIAS DE LA CIUDAD:
INFORMAR A "MAIOR DILIGENCIA" DEL ARRESTO Y MEDIDAS
EN CASO DE ARRESTO POR ASESINATO (16.04.1809)

Siempre que se comentan asesinatos, se harreste a alguna persona u ocurriese qualquier suceso que pueda comprometer la seguridad pública de la probincia o del exército me dará Vuestra Señoría parte inmediatamente de lo ocurrido, y también al Yntendente de la provincia por medio de propios encargados por Vuestra Señoría de hacer la maior diligencia, y al propio tiempo informará de las medidas, que haya tomado en el particular.

Dios guarde a vuestra señoría muchos años. Quartel General de Daymiel 16 de Abril 1809

Por el General Comandante en Xefe del 4.º Cuerpo de Exército
El General Xefe del Estado mayor general de dicho 4º Cuerpo
(rúbrica)

Por copia conforme. El Comisario ordenador del Exército, oficial de la secretaría de Hazienda, comisionado por Su Majestad Católica.

Cipriano M. de Echevarría (rúbrica)

Señores Justicia de la ciudad de Ciudad Real

(Archivo Histórico Municipal de Ciudad Real Ms. 417-125)

A15
GOBIERNO MUNICIPAL JOSEFINO.
NOMBRAMIENTO DE ANTONIO DE PORRAS
COMO CORREGIDOR (20.04.1809)

Ciudad Real 20 de abril de 1809.
Sres.
    Don Josef de Torres. Regidor Regente
    Don Ramón Muñiz. Regidor
    Don Antonio Toral. Diputado
    Don Josef Aguilera. Diputado
    Don Josef Hidalgo. Diputado
    Don Julián García. Jurado

Estando en las Casas Consistoriales y sala capitular los señores Don Josef de Torres, Regidor perpetuo y Regente de la Real Jurisdición, Don Ramón Muñiz, Regidor perpetuo, Don Antonio Toral, Don Josef Antonio Aguilera y Don Josef Hidalgo, Diputados del Común, y Don Julián García, Jurado perpetuo, en presencia de Don Antonio de Porras, Abogado de los Reales Consejos, Don Nicolás de Villavaso, y Don Joaquín Gómez Merino, por el Señor Regente se mandó leer las órdenes del señor Don Cipriano M. de Echebarría, Comisario ordenador del Exército en diez y nueve del corriente por las que nombra por corregidor interino al citado Don Antonio de Porras, por administrador e interventor interino de la Estafeta de Correos en esta ciudad a Don Nicolás Villavaso, y a Don Joaquín Gómez, y en su orden, no obstante aquel mismo Porras expuso la imposibilidad que le asistía el impedimento legal para poder desempeñar el empleo de correxidor, tanto por los muchos achaques avituales que tiene como por ser natural y vecino de esta ciudad con otros particulares que manifestó, pero no habiendo sido admitida la escusa, sin embargo de la notoriedad de las causas en que se fundaba, le mandó llevar a efecto dicho nombramiento de correxidor y más particularmente por ser la única persona apta para ello, y de la confianza del Ayuntamiento y del vecindario. Según que así ya se havía verificado en las últimas ocasiones en que al tiempo de la entrada y permanencia de las tropas españolas en esta ciudad y con motibo de haverse ausentado el Regente de la Real Jurisdición, y otros indibiduos del Ayuntamiento, se le havía encargado aquella, y desempeñándolo a satisfacción del público, según se verificó al tiempo de la ocupación de esta ciudad por el Exército francés que la estaba regentando por delegación del Regidor Decano Don Vicente Curruchaga a su retirada en esta ciudad a dos días antes de la entrada de dicho Exército, en cuia orden se le dio la posición de tal corregidor interino, y [se dio] la orden de mandato del señor Don Josef de Torres puse en sus manos el bastón insinia (insignia) de la Real Jurisdición que recibió el señor Porras con reserba de representación. Enseguida se dio la posición de administrador de Correos, e Interbentor a Don Nicolás de Villavaso y Don Joaquín Gómez Merino. Sin embargo de las exposiciones que hicieron; y en su consecuencia acordó este ilustre cuerpo se hiciese saber a los indibiduos de este juzgado y demás personas a quienes corresponda para que tengan y respeten al señor Porras por Correxidor interino de esta ciudad, a Villavaso y Gómez por administrador, e interventor de Correos. Y pasar oficio al señor Intendente interino en esta ciudad y provincia de estar cumplidas las órdenes de dicho señor comisario, como así se lo previno Su Señoría al señor Regente Torres al tiempo de entregarle las citadas reales órdenes.

José de Torres (rúbrica); Antonio de Porras (rúbrica); José Ydalgo (rúbrica); Nicolas de Villavosa (rúbrica); José Aguilera (rúbrica); Gerónimo de Alcázar (rúbrica); Antonio Toral (rúbrica); Joaquín Gómez (rúbrica); Antonio Pedro Sánchez de Moya (rúbrica)

Nota.- Se pasó oficio al señor Intendente interino.

(Archivo Histórico Municipal de Ciudad Real Ms. 417-142)

A16a

EL EMPRÉSTITO DE GUERRA.
DECRETO REAL DEL EMPRÉSTITO FORZOSO (23.04.1809)

Ciudad Real

(Sello real de papel timbrado oficial) Quarenta maravedís
SELLO QUARTO, QUARENTA MARAVEDIS,
AÑO DE MIL OCHOCIENTOS DIEZ Y SIES (sic)

El Señor Don Cipriano María Echevarría comisario ordenador de Su Majestad Católica y al lado del Exmo. Señor General Don Horacio Sevastiani, comandante en Gefe del Quarto Cuerpo del Exército francés me ha pasado con fecha 16 del corriente el Real Decreto que a la letra dice así: Don Josef Napoleón por la Gracia de dios y por la Constitución del Estado Rey de las Españas y de las Indias. Havemos decretado y decretamos lo siguiente:

Artículo 1.º La Provincia de la Mancha pagará un empréstito extraordinario hasta en cantidad de seis millones de reales que se satisfarán después con vienes (sic) nacionales.

Artículo 2.º Este empréstito se covraría a cargo de nuestro comisario general cerca del Quarto Cuerpo del Exército y para ello le dará su ayuda y favor el General en Gefe de él.

Artículo 3.º Nuestro Ministro de Hacienda queda encargado en la ejecución del presente decreto y nuestro Ministro Secretario de Estado imviará (enviará) la expedición de él a nuestro Mayor General.

Dado en nuestro palacio de Madrid a 7 de abril de 1809.
Firmado, Yo el Rey, por Su Majestad su ministro secretario de Estado. Mariano Luis de Urquijo.
Por copia confirmado, Cipriano María Echevarría.

(Archivo Histórico Municipal de Ciudad Real Ms. 417-313)

A16b

EL EMPRÉSTITO DE GUERRA,
CANTIDAD A REPARTIR EN EL EMPRÉSTITO (23.04.1809)

En su consequencia haviendo procedido al reparto entre todos los puevlos de esta provincia de los referidos seis millones de reales, corresponde a esta ciudad la cantidad de doscientos y catorce mil ochozientos ochenta y quatro reales de vellón[7], que deverían repartirse entre los vezinos teniendo en consideración a los más pudientes en la inteligencia de que en el término de ocho días contados desde el recivo de esta orden devería usted entregar los citados doscientos catorce mil ochozientos ochenta y quatro reales de vellón al Thesorero de esta provincia en el Quartel general del Quarto Cuerpo de Exército a las órdenes del Exmo. Señor general. Sevastiani. Se confirma a los contrivuyentes la seguridad de que los recivos de estas quotas serán admitidos en pago de las fincas que enajenase el Estado y de los dichos y contrivuciones reales.

Dios guarde a usted muchos años. Daimiel y abril 23 de 1809.

(Archivo Histórico Municipal de Ciudad Real Ms. 417-313)

---

7 Vellón: del francés billón=lingote.

A16c
EL EMPRÉSTITO DE GUERRA,
ORDEN DEL INTENDENTE FLORENTINO SARACHAGA
PARA EL ABONO DEL EMPRÉSTITO
Y AMENAZA EN NOMBRE DE SEBASTIANI (04.1809)

Adicción}

El intendente de Ciudad Real: Florentino de Sarachaga secretario y justicia de la ciudad de Ciudad Real.

El empréstito forzado y pedido a la ciudad de Ciudad Real será entregado en el término de ocho días lo más tarde en la caja de Su Majestad Católica del Intendente de La Mancha estavlecido en el Quartel General de Daimiel. Si dicha ciudad hace prontamente la entrega de lo que le corresponde será tratada con la mayor protección y consideración, pero si al contrario (que no lo creo) manifestase lentitud y mala voluntad y no hiciese la entrega en el término prescripto los quatro próximos días de retraso se aumentará el empréstito en una quarta parte más, y a los otros quatro en la mitad de aumento. A los quince días se inviará (enviará) un vatallón para que viva a discreción y hará sufrir a este pueblo en una ejecución militar.

Señor General Comandante actual en Gefe del 4 Cuerpo:
Horacio Sevastiani.

(Archivo Histórico Municipal de Ciudad Real Ms. 417-314)

A17

ORDEN DE SEBASTIANI DE ARRESTO
A LOS CONTRABANDISTAS (GUERRILLEROS, BRIGANTES)
Y SANCIONES (25.04.1809)

El Ayuntamiento y Junta auxiliar y de Gobierno de esta Ciudad de Ciudad Real. (signo = etcétera).

A las Juntas de los pueblos del margen hacemos saber cómo con fecha veinte y uno y veinte y dos del corriente se nos han comunicado las Reales órdenes que a la letra dicen así...

Real Orden. El Exmo. Señor Don Oracio Sebastiani General comandante en Gefe del 4.º Cuerpo del Exército a las Justicias de los pueblos: Sabed: se prohive a todos distritos de La Mancha reciban a los contrabandistas, y estén obligados a hacerlos arrestar inmediatamente.

1.º Los pueblos en que se presentaren y sean recibidos los contrabandistas sin ser arrestados, o que les imbíen (envíen) víberes a las chozas que ocupan pagarán a las veinte y quatro horas cinquenta mil reales de multa; si el distrito tiene más de dos mil almas, y aquel que no las hubiere pagará veinte y cinco mil. So pena de egecuzión militar. Se recompensará con la mitad de esta contribución a aquel que denuncie la llegada y la recepzión de los contrabandistas en los distritos. Todo abitante que dé asilo, y aloge en su casa a qualquier contrabandista será mirado como cómplice de [¿asesinato?], y castigado de muerte[8].

3.º Todo indibiduo que hubiese encontrado en el camino real, u otra parte cerca de los pueblos partidas de contrabandistas está obligado a declararlo al instante a los comandantes de las plazas, y a los alcaldes. Aquel que no hiciere esta declarazión será considerado como factor (persona que hace algo) de estos facinerosos arrestado y entregado a los comandantes franceses, quienes sin demora alguna darán parte al general en gefe, y tomarán sus órdenes en el particular.

4.º Ponemos bajo la salbaguardia, y responsabilidad de los distritos de la Mancha a todo militar francés que viage solo e aisladamente. Si este llegare a un districto en donde no hubiere ni comandante de la plaza, ni guarnición están obligados los alcaldes a darle una escolta que le conduzca con toda seguridad hasta el parage en donde encuentre un comandante francés. Los pueblos que se reusaren a escoltar a los militares aislados serán mirados como enemigos del Exército y tratados con rigor en proporción a las circunstancias que hayan estado negatibas.

Después de haber pasado el Exército, los habitantes de Fuente el Fresno, han asesinado un soldado francés, les encargué que se condugeran mejor, han persistido en el crimen, asesinando nuevamente. Este pueblo ha tenido el castigo que merecía, ha sido bien dolorosa a mi corazón la necesidad de imponer un castigo que merecía. Ha sido bien dolorosa a mí corazón la necesidad de imponer un castigo tan terrible, mas era menester un grande exemplo. Lo he dado. Quiero que el soldado francés ande por todas partes con seguridad, como quiero también que los habitantes de Mancha sean respetados. La nación francesa, y la nación española deben mutuamente profesarse sentimientos de fraternidad como los soldados soberanos que las gobiernan. Esta orden se comunicará al Exército. Se publicará en todos los districtos. Se fixará en los parages acostumbrados, y será leída en el púlpito.

Quartel General de Daimiel veinte y cinco de Abril de mil ochozientos nuebe. El General Comandante en Gefe del 4.º Cuerpo de Exército. Signé (firmado) Orace Sebatiani.

(Archivo Histórico Municipal de Ciudad Real Ms. 417-175)

---

8 Hay continuidad en el texto, falta el punto 2.º del informe, que se transformó en el 3.º.

A18
EL EMPRÉSTITO DE GUERRA,
EL PAGO DEL IMPUESTO (25.05.1809)

Yo el abajo firmado comisionado por Su Majestad Católica para percivir las cantidades provenientes del empréstito obligatorio de seis millones de reales de vellón impuesto a esta provincia de La Mancha, he recivido de los señores comisionados de Ciudad Real, y del Intendente de esta provincia reales ciento noventa y siete mil ciento y catorce y treinta y dos maravedís de vellón en dinero efectivo metálico para parte de pago del cupo de reales de vellón 214.884 que ha correspondido a la expresada Ciudad Real y para que conste lo firmo en el Quartel General de la Membrilla a 25 de mayo de 1809.

Contribuciones vellón 197.114 y 32 maravedís de vellón.

El Comisario ordenador del Exército de Su Majestad Católica, su comisionado principal en esta provincia. Cipriano María Echevarría.

Yo el avajo firmado comisionado por Su Majestad Católica para percivir las cantidades provenientes del empréstito obligatorio impuesto a esta provincia de La Mancha, he recivido del sr. intendente de esta y de los señores comisionados de Ciudad Real diez y siete mil setezientos sesenta y nueve reales y dos maravedís de vellón en plata lavrada que he tomado sin peso por no haverlo, pero que dichos señores me han asegurado componen la citada suma calculando la onza a veinte reales de vellón con ella queda completado el pago del cupo que ha tocado a Ciudad Real y que ascendió a reales 214.884 vellón.

Y para que conste lo firmo en la Membrilla a veinte y cinco de mayo del mil ochozientos nueve.

Son reales 17.769 con 2 maravedís de vellón.

El Comisario ordenador de Su Majestad Católica, su comisionado de esta provincia. Cipriano M.ª Echevarría.

(Archivo Histórico Municipal de Ciudad Real Ms. 417-314)

A19
MILICIAS Y MIGUELETES,
ACCIONES PARA LA CONTRAGUERRILLA

Estos cuerpos de la milicia, antecedente de la policía local, fueron creados por el rey José I. La milicia urbana y los migueletes, fueron cuerpos de agentes para el cuidado de la tranquilidad pública.

«... 20 de julio de 1809 se crean igualmente las Milicias urbanas en el Reyno para que cuiden de la tranquilidad pública... Estamos ante un cuerpo policial que orgánicamente depende del estado, por cuanto José I lo crea desde el propio estado y exige su creación en todos los pueblos de su reino (art. I), pero funcionalmente dependerá del ayuntamiento... En el decreto de constitución se establece que dependiendo de la población y circunstancias de cada pueblo existirá en ellos esta Milicia formada por al menos una compañía que estará mandada por un Capitán.

El que veamos en esta Milicia Urbana un antecedente de los Cuerpos de Policía Local, parte del propio adjetivo que tienen: urbana. Sin embargo, por otro lado, choca con el inconveniente de su aparente carácter militar y de que las dos primeras milicias que se crearon, por un decreto anterior, en Toledo y La Mancha tenían como objetivo para el rey el intentar que estas luchasen contra la guerrilla española que atacaba al ejército napoleónico, lo cual le daba un aspecto bélico, aunque fue un objetivo que realmente no se consiguió. Pero por el contrario apoya nuestra tesis de considerarla antecedente de la Policía Local, el hecho de que estas milicias, creadas por el presente decreto al que nos estamos refiriendo, tienen en cambio como misión "el único y especial objeto de velar por la tranquilidad interior de los... pueblos", expresado así en su artículo primero tal como textualmente lo reproducimos, lo que da muestra de una intención clara de diferenciarla del objeto de las primeras que se crearon en Toledo y La Mancha; y en el artículo XI se dice expresamente que por ningún motivo podrá emplearse fuera de sus pueblos respectivos, pero en cambio sí que permite mancomunarlas con otros pueblos (art.

V) cuando por su población no pueda constituirse en algunos de ellos la citada Milicia Urbana...».

Fuente: Prontuario de las leyes y decretos del Rey nuestro Señor Don José Napoleón I Tomo I. La Milicia Urbana de José I. *Historia de la policía local de Sevilla* (siglo XIX); pp. 47-49. En: https://1library.co/article/milicia-urbana-jos%C3%A9-historia-polic%C3%ADa-local-sevilla-siglo.q02jkmvy

A20
MILICIAS Y MIGUELETES,
ACCIONES PARA LA CONTRAGUERRILLA

En las provincias castellanas, cada una con el nombre de su provincia, se fijó la duración del servicio en 10 años. Y, aunque atendiendo a sus labores particulares, 13 días al año estaban obligados a hacer instrucción. Los uniformes se los debía proporcionar el respectivo ayuntamiento de la localidad a que correspondía la milicia. El suministro de las armas era lo más deficiente, pues eran pertrechados con el armamento sobrante, y en gran parte desechado, del ejército. La dotación de munición era lo peor, pues para la instrucción era muy escasa.

«Especial atención merecen, desde este punto de vista las Milicias urbanas de Toledo y La Mancha, compuestas de voluntarios procedentes en su gran mayoría de la clase de propietarios y negociantes cuyo afrancesamiento militante no tuvo otra razón que el de protegerse de las requisiciones, esencialmente de alimentos, que se vieron obligadas a practicar las guerrillas... Surgieron así los Migueletes de Navarra de José Napoleón (creados en diciembre de 1809) o una Compañía de Gendarmería Real a caballo, (en enero de 1811). En Cataluña, fue famosa una partida de contraguerrilleros a las órdenes de Pujol, por mal nombre Boquica... la actuación de estos cuerpos, así como la formación de otras unidades policiacas (Batallón de la Policía en Madrid, Milicias Urbanas, en las provincias de Toledo y La Mancha, Guardias cívicas en Madrid y Sevilla) revela que la actitud de los españoles en la Guerra de la Independencia no fue tan unánime...»[9].

Fuente: Dufour, G. *La guerra de la independencia...* p. 98-99

9 Para el antiguo reino de Navarra, en 19 de diciembre de 1809 por Real Decreto de igual fecha, firmado por José Bonaparte, se formó una Compañía de Migueletes, para el mantenimiento del orden público y persecución de malhechores. Se admitieron con preferencia comerciantes y propietarios, con el fin de que defendiesen sus propios bienes. La compañía se compuso de cien hombres, con un capitán, dos tenientes, dos subtenientes, cinco sargentos, ocho cabos y dos tambores.

El vestuario consistía en chaqueta y pantalón ancho, abierto abajo, de color azul turquí; la chaqueta con cuello, vueltas, cantera dragonas de color carmesí; chaleco y gorro de manga, con una leyenda que decía: «Migueletes de Navarra de José Napoleón»; medio botín de paño y capote con mangas. Estaban dotados con fusil, bayoneta, pistola de gancho y canana para 24 cartuchos.

En: https://gcivil.tripod.com/mignava.html

A21
PROCESO CONTRA CIUDADREALEÑOS
ACUSADOS DE ROBAR LEÑA PARA LAS TROPAS FRANCESAS
(diligencias)

Nos encontramos con una muestra de la forzada convivencia entre el ejército invasor y la gente de las poblaciones ocupadas.

La obligación de aprovisionar a las tropas ocupantes llevó, en este caso, a que fueran detenidos y procesados en Fernán Caballero habitantes de Ciudad Real. Tras la violencia inicial contra ellos, las autoridades josefinas de Ciudad Real mediaron para su liberación.

«Diligencia. En la ciudad de Ciudad Real a los veinte y tres días del mes de diciembre de mil ochocientos y nueve.

El señor licenciado Don Antonio de Porras, abogado de los Reales Consejos y Regente de la Real Jurisdicción ordinaria de ella dijo: Que haviéndose enterado el señor comandante de esta plaza del acontecimiento del día veinte del corriente entre los vecinos de la villa de Fernán Cavallero, y los leñadores de esta ciudad que estaban empleados en conducir leña para el consumo de las tropas francesas, se sirvió mandar se pasase orden, como se hizo, a la Junta de dicha villa, para que se presentaran en esta capital, y a disposición del mismo señor los dos alcaldes y un regidor, y en su cumplimiento lo hizo Juan Segundo Delgado uno de dichos alcaldes aci (así) que le hizo dicho señor cargo del exceso que havía cometido con los demás vecinos, haviendo dado motibo para que resultasen dos heridos de dichos leñadores, y otros crimines (crímenes) por los quales hará acrehedor a sufrir las más rigorosas penas. Pero que tratando equitativamente el acontecimiento, mandó que el nominado alcalde se pusiera en prisión por el término de ocho días».

«Que a cuenta de la misma villa fueran todos los gastos de la curación de los heridos, jornales que estos pierdan hasta que se hallen restablecidos, en la pérdida tamvién de todas las cargas en leña que retubieron el mismo día los mencionados leñadores, y en los derechos del cirujano, y que quedaban responsables a la satisfacción de los daños y perjuicios que se deduzcan por los heridos, o por qualquiera otra persona que con derecho puedan hacerlo, y que hasta que se cumpla la condena subsista preso el mencionado alcalde, y lo que se comunicó a la justicia de la misma villa por el señor don Ramón Muñoz. Regente que es también de esta Real Jurisdición para que lo tuviere entendido y dispusiere su cumplimiento en efecto haviendo conducido en los días de ayer y oy setenta cargas de leña a cuenta, se interpuso Su Señoría con el mencionado señor comandante para que lo pusiera en libertad reduciendo la prisión que sufría esta ciudad y sus arrabales, y por su influjo accedió a ello y ha salido de las Reales cárceles, pero con la circunstancia de que haga la competente obligación, con personas de abono[10] que salga al pago de todos los particulares que contiene la condena. Y enterado como tamvién don Manuel Saracho a quien presentó por su fiador se obligaron a satisfacer íntegramente todo lo mandado por dicho señor comandante y lo firmó dicho señor regente con los demás señores sus conjueces[11], el alcalde y fiador de que doy fe.

Porras (rúbrica); Muñoz (rúbrica); Curruchaga (rúbrica); Manuel Hurtado de Saracho (rúbrica); Juan Segundo Delgado (rúbrica); Antonio (rúbrica); Pedro Sánchez de Moya (rúbrica)

Ha entregado la Justicia de Fernán Caballero diez y ocho cargas de leña a cuenta de la condena.

Ciudad Real y diciembre 26 de 1809. (sic)
Antonio Muñoz (rúbrica)»

(Fuente: Archivo Histórico municipal de Ciudad Real Ms. 1315)

---

10 Entiéndase como garantía, personas que respaldan algo.

11 En derecho procesal: Abogado que, sin pertenecer a la organización judicial, se incluye periódicamente en una lista y está llamado a suplir a los miembros integrantes del Poder Judicial en casos de recusación, excusación u otros impedimentos. Dicc. panhispánico del español jurídico. En: https://dpej.rae.es/lema/conjuez

A22
RESUMEN Y CONCLUSIÓN DE LAS DILIGENCIAS
DEL ASUNTO DE LA LEÑA

«Otra diligencia

En la misma Ciudad Real a veinte y siete diciembre de mil ochocientos nueve: haviendo cumplido la Junta de la villa de Fernán Caballero con la remesa de las ciento sesenta cargas de leña en que fue condenada por el Sor. Comandante de la plaza, y haver manifestado el cirujano Don Franco. Morales en certificación que presentó en el día de ayer, que Dionisio Ramírez y Gabriel Domínguez estaban perfectamente buenos de las heridas y golpes que recivieron en el día veinte del que rige, se combocaron a este ayuntamiento a los mismos interesados, y haviendoles manifestado si tenían que pedir contra la villa de Fernán Caballero, expusieron que en satisfaciéndoles los alimentos de los días transcurridos, jornales que han perdido, y las cargas de leña del citado día veinte del corriente y pagando a los cirujanos, remitían y perdonaban a los causantes del daño que han sufrido. En esta orden se les entregó a cada uno de los dos heridos cien reales por los perjuicios que havían experimentado, y quedaron contentos, y se separaron de las acciones y derechos que tenían en el asunto, y suplicaban al señor Regente que se halló presente y de su orden se han practicado las referidas diligencias, se sirbiese tenerlo por concluido y se sirba mandar si restituía a su casa a el alcalde Juan Segundo Delgado; y haviendose echo cargo don Manuel Saracho de pagar treinta reales al cirujano Morales, y quince a el otro don Francisco Castro, y que hasta el día no se han reclamado daños algunos por otros leñadores, mando Su Señoría se suspendiese toda diligencia, y se retire a su casa el citado alcalde. Pero con la circunstancia de que si alguno otro leñador se hiciere alguna reclamación que se estimase justa, se le abonará aquella cantidad que corresponda por el fiador don Manuel Saracho[12]. Y lo firmaron dicho señor regente de que doy fee. Con los señores conjueces y intendentes. (sic)

Porras (rúbrica); Curruchaga (rúbrica);

Muñoz (rúbrica); Manuel Hurtado de Saracha (rúbrica);
Juan Segundo Delgado (rúbrica)».

(Fuente: Archivo Histórico Municipal de Ciudad Real Ms. 1315)

---

12 Manuel H. de Saracho y San Cristóbal, bautizado en Zalla el 9 de
Mayo de 1761; Francisco H. de Saracho y San Cristóbal, bautizado en
Zalla el 25 de Febrero de 1776. Estos hermanos, residentes el primero
y tercero en Fernán Caballero (Ciudad Real), y el segundo en Madrid,
obtuvieron declaración de su vizcainía, en la Real Chancillería de Valladolid, el 20 de Marzo de 1819.
En: https://www.heraldrysinstitute.com/lang/es/cognomi/Hurtado+
de+Saracho/Spain/idc/605332

A23

«Este día D. Ventura Jiménez, célebre guerrillero de La Mancha, acometió junto al puente de San Martín, de Toledo, a un cuerpo francés que custodiaba un convoy de granos y ganados. En medio del combate se le desbocó el caballo, llevándole a las filas enemigas, y aunque mató a dos de los ocho soldados que le rodearon, fue herido mortalmente de dos cuchilladas y un pistoletazo, arrojándose enseguida los franceses sobre él para rematarle; mas su segundo D. Juan Gómez, que había corrido en su auxilio al ver el peligro que le amenazaba, mató por su mano a otros tres enemigos, haciendo huir a los tres restantes, y pudo salvar a su jefe, todavía con vida, y completar la derrota de los imperiales, apoderándose del convoy. El bravo D. Ventura Jiménez fue conducido a Navalucillos, donde falleció a los pocos días, siendo enterrado en el cementerio de dicho pueblo, situado hacia la parte Sur del mismo, en las inmediaciones de una ermita dedicada a la Virgen de las Saleras. Don Juan Gómez le sucedió en el mando de la guerrilla, y no tardó en dar también su vida por la patria, víctima de su arrojo».

Fuente: *Guerra de la Independencia de España, 1808 a 1814*.
En: https://gie1808a1814.tripod.com/meses/junio.htm

A24
EL FINAL DE LA GUERRA DE LA INDEPENDENCIA

Las fuente recogen, en el conjunto de las acciones bélicas de toda la guerra en la península unos, ciento cincuenta episodios, incluyendo las batallas en Portugal del ejército luso-británico. El número de victorias de cada bando se reparte de la siguiente manera: ochenta y nueve victorias francesas, siete éxitos británicos, catorce triunfos españoles y cuarenta victorias aliadas. A continuación aportamos algunos datos de las batallas finales llevadas a cabo en suelo francés, que constituyeron el lento final de la Guerra de la Independencia de España.

El éxito aliado en la batalla de Vitoria, el 21 de junio de 1813, aunque fue visto por las fuentes británicas como el triunfo definitivo de Wellington sobre el ejército de José I, no fue la última derrota francesa en la Guerra de la Independencia. Con esta victoria sobre l'armée d'Espagne la conexión entre Bayona-Burgos y Madrid quedó rota[13]. En suelo francés se desarrollaron entre el mes de julio de 1813 y abril de 1814, once enfrentamientos. Podemos aseverar que el acoso sufrido por las tropas galas en su propio territorio fue preparando la derrota final hasta que la abdicación del emperador Napoleón, el 4 de abril, y que, poco a poco, condujo a la desmoralización absoluta y a la derrota de Bayona el 14 de abril de 1814. Mientras, Fernando VII preparaba su «golpe de Estado» para España.

De manera resumida podemos apuntar los últimos enfrentamientos con saldo favorable a las tropas aliadas que condujeron a la derrota de los franceses en esta guerra.

- –Asedio y asalto en muy reñida lucha a la ciudad de San Sebastián, entre el 11 de julio y el 9 de septiembre de 1813.
- –Batalla de los Pirineos. Varios enfrentamientos entre el 25 de julio y el 2 de agosto en los Pirineos occidentales. El ejército aliado rechazaba las incursiones del ejército del mariscal Soult.

---

13 Bahamonde y Martínez, Op. Cit., p. 39.

-Batalla de San Marcial. Se libró entre el 31 de agosto y el 1 de septiembre en la frontera francesa, las tropas españolas repelieron el ataque francés.

La conducta de los españoles mandados por el general Freire en el Monte San Marcial consiguió rechazar de forma muy meritoria a las tropas francesas dirigidas por el mariscal Reille. Con más mérito, si cabe, pues las tropas españolas estaban muriendo de hambre debido a la negligencia de su gobierno que no les proporcionaba los necesarios suministros[14].

-Combate de Ordal (Barcelona). Se produjo durante los días 12 y 13 de septiembre; fue la última victoria de las tropas galas.

-Batalla del río Bidasoa, el 7 de octubre. Algunas acciones de este combate se desarrollaron en suelo francés. Como el ataque del ejército español a la tropa francesa acantonada en el pueblo de Bariatou.

-Batalla del río Nivelle, el 10 de noviembre. El ejército de Wellington cruzó este río y avanzó hasta cerca de San Juan de Luz.

-Batallas del río Nive y St. Pierre, entre el 9 y el 13 de diciembre en las proximidades de Bayona. Ambos enfrentamientos, efectuados de manera simultánea, fueron muy encarnizados.

-Batalla de Orthez, el 2 de febrero de 1814. El ejército aliado desencadenó la retirada del ejército de los Pirineos comandado por el mariscal Soult, cruzando el río Adour.

-Batalla de Tarbes, el 20 de marzo. En ella el batallón 95.º de fusileros británicos se distinguió heroicamente.

-Batalla de Toulouse, el 10 de abril. Fue la última ofensiva del general Wellington contra el mariscal Soult.

-La salida de Bayona, 14 de abril. «terrible enfrentamiento nocturno en las afueras de Bayona... que marcó el final de la Guerra de la Independencia... se produjo tras la abdicación del emperador Napoleón el 4 de abril de 1814».

---

14 *The Battle fought on 31st August and 1st September 1813 along the French border, during the Peninsular War; with Spanish troops decisively repelling the French attack... The conduct of Freire's Spanish troops, in repelling Reille's attacks on Mount San Marcial, was particularly meri-*

A25
VENCIDO
EL INVENCIBLE

«Abatido su furor / postró la rodilla en tierra / a España e Inglaterra / el Famoso Emperador. Lo imposible hace posible la divina omnipotencia y por su alta providencia ha vencido al invencible» Napoleón abatido y rendido a los pies de los dos países aliados, Inglaterra y España, representados alegóricamente por dos figuras femeninas unidas por las manos.

Fuente: Patrimonio Cultural Europeo. Europeana. Biblioteca Digital Memoriademadrid; autores: José Maea y Mariano Brandi. 1813
En: https://www.europeana.eu/es/item/2022711/urn_repox_ist_utl_pt_MH_5795

---

torious as the Spanish troops were starving due to the neglect of their government to provide them with supplies.
En: *Battle of San Marcial.* Web: BritishBattles.com; en https://www.britishbattles.com/peninsular-war/battle-of-san-marcial/.

A26

MILITARES FRANCESES HERIDOS, MUERTOS Y PRESOS EN LAS BATALLAS DE CIUDAD REAL Y EN LA MANCHA DURANTE LA GUERRA DE LA INDEPENDENCIA

> Se calcula que en la Península había 4.000 partidas de guerrilleros, diseminados por todas las provincias... muchos de los jefes de estas partidas habían jurado dar muerte a 30 o 40 franceses al mes, que sumando el resto de partidas podía dar una cifra mensual de más de 6.000 franceses al mes. Lo cual nos daría una cifra de 80 000 franceses muertos al año. Todas estas bajas sin haber llevado a cabo una batalla a campo abierto contra los ejércitos enemigos tal y como marcarían las reglas de la guerra. Por ello, podríamos calcular que unos 500.000 franceses murieron en España. Aunque son cálculos muy exagerados, la cifra aproximada sería de 300.000...[15].

Encontramos un interesante trabajo con el asunto de los heridos, muertos, y presos durante esta guerra, pero ¡únicamente franceses! Tal vez este tipo de trabajo esté hecho para los damnificados españoles y no lo hemos localizado, o, tal vez, haya que olvidarse de los renombrados caídos y que bajar a desenterrar nombres menos famosos. Los dos estudios que vamos a relacionar a continuación han sido realizados de forma esmerada; por un lado, «la nómina de todos los mariscales, príncipes o generales... al servicio de Bonaparte...», extraídos de la *Gaceta de Madrid*, y, por otro, el realizado por investigadores españoles, Planas y Grajal, *Officiers de Napoleon tués ou blessés pendant la Guerre d'Espagne (1808-1814)*, (*Oficiales de Napoleón muertos o heridos durante la Guerra Española, 1808-1814*). De este último estudio enumeraremos una relación de los lesionados del ejército francés en tierras manchegas, en la batalla de Ciudad Real y en otras incursiones bélicas en localidades de la provincia.

---

15 Odalric de Caixal i Mata, D. Guerra de guerrillas en la Guerra de la Independencia-2. En: *Rutas con Historia. Viaja al pasado.* En: https://www.rutasconhistoria.es/subarticulos/guerra-de-independencia-dos

Partiendo del estudio de Planas y Grajal indicaremos el nombre del militar; si fuera conocido, origen, rango o categoría, unidad en la que servía, si fue muerto, herido o apresado, perjuicio u ofensa recibida, lugar y fecha del hecho.

- Allard, Jean Françoise / Saint Tropez, Francia / subteniente, tropas españolas, Guardia Real, Regimiento de Caballería Ligera / herido en batalla de Ocaña, 19/11/1809 y en Alcázar de San Juan 31.01.1813.

- Ango, Jacques Dominique / París, Francia / subteniente / Regimiento de Dragones / herido en Agudo (Ciudad Real) 23.08.1810.

- Beaufranchet de Relibert, Agustin / Evaux les bains Creuse, Francia / subteniente, 15.º Regimiento de Dragones / herido y preso Almagro(Ciudad Real) 23.09.1811.

- Bergmann, (nombre y origen desconocidos) / teniente /Tropas de la Confederación del Rhin, Regimiento de Frankfurt / herido en Almagro (Ciudad Real) 22.09.1811.

- Bosquet, Pierre Jacques / 27.9.1770, Fontenay-le-Pesnel, Francia / capitán, 43 Regimiento de Infantería de Línea / herido en Ciudad Real 15.03.1812.

- Brederode, Jacob / Holanda / teniente, 123 Regimiento de Infantería de Línea / muerto en Ciudad Real 21.04.1811.

- Brixhe, Louis / Bélgica / subteniente, 13.º Regimiento de Dragones / herido por guerrilleros en Moral Calatrava 13.11.1810.

- Damboer, Jean / Alemania / capitán, Tropas de la Confederación del Rhin, Regimiento de Frankfurt / herido por guerrilleros, presumiblemente, en Ciudad Real 12.06.1810.

- Debavre, Antoine / Bélgica / (gendarme) subteniente, 12.º Regimiento Dragones / herido en Ciudad Real 28.03.1809.

- Dressler (nombre y origen desconocidos) / teniente, Tropas de la Confederación del Rhin, Regimiento de Frankfurt / herido por guerrilleros, presumiblemente, en Ciudad Real 12.06.1810.

- Falguiere, Françoise / Montdadier, Francia / jefe de escuadrón, 5.º Regimiento cazadores a caballo / muerto en Ciudad Real 20.01.1813 ?

- Girault, Françoise / Chalons-sur-Saone, Francia / (barón de Martigni) coronel, 12.º Regimiento de Dragones / herido en Fernán Caballero (Ciudad Real) 26.03.1809, muerto 30.03.1809.

- Lebrun D'Orleans, (nombre y origen desconocido) / subteniente, ayudante Estado Mayor / muerto en Santa Cruz de Mudela (Ciudad Real) 27.03.1809.

- Leszcyznsk, (nombre desconocido) / Polonia / capitán, ayudante de campo / herido en Ciudad Real 27.03.1809.

- Liotard, Joseph Françoise / Monstiere de Clermont, Francia / capitán, 32.º Regimiento de Infantería de Línea / herido en Ciudad Real 27.03.1809.

- Marchand, Michael / Holanda / teniente, tropas holandesas 2.º Regimiento de Infantería / herido por la guerrilla en La Mancha 24.05.1810.

- Roest van D'Alkemade, Antoine / Holanda / coronel, tropas holandesas 3.er Regimiento de húsares / herido en Ciudad Real 27.03.1809.

- Sebastiani, Horace / general del 4.º Cuerpo de Ejército / herido en Ocaña (Toledo) 19.11.1809.

- Sebastiani, Jean André Tiburce / subteniente 1er. Regimiento de caballería ligera / herido en Sta. Cruz de Mudela 28.03.1809; / teniente, ayuda de campo / herido en Ontígola (Toledo) 18.11.1809.

- Spies, Jean Charles / Holanda / teniente, tropas holandesas 3.er Regimiento húsares / herido en Ciudad Real 27.03.1809.

- Trzebuchowski, Jan Wincenty / Polonia / subteniente de la Legión del Vístula, 1.er Regimiento de Lanceros / herido en Ciudad Real 28.03.1809.

- Van Wessem, Hermans Hilarius / Holanda / subteniente, tropas holandesas, 2.º Regimiento de Infantería / herido en Ciudad Real 22.05.1810.

-Vigne, Jacques Antoine / Dijon, Francia / teniente, 5.º Regimiento de cazadores a caballo / herido en Corral de Calatrava 18.01.1813 ?

-Wilhelmie, Dulon Evertus / Holanda / subteniente, 123.º Regimiento de Infantería de Línea / herido por guerrilleros (cerca de Ciudad Real) 07.04.1811.

Fuente: Planas Campos, J. y Grajal de Blas, A. (2020), *Officiers de Napoleon tués ou blessés pendant la Guerre d'Espagne (1808-1814). Tome I. Dictionnaire des officiers identifiés et non-identifiés*, 2.ª edición. Foro para el estudio de la historia militar de España. Madrid. En:https://www.academia.edu/44733586/Officiers_de_ Napoleon_tu%C3%A9s_ou_bless%C3%A9s_pendant_la_Guerre_ dEspagne_1808_1814_tome_I

A27

FERNANDO VII Y LA «CAMARILLA»

Toda esta gente a la que de buena gana llamaría chusma, fue la que restableció la Inquisición, la que devolvió España a los jesuitas, la que obtuvo del desdichado rey Carlos IV que renunciase al trono por segunda vez en favor de su hijo, la que contribuyó a la formación de la Santa Alianza, la que llevó a la consternación a todos los españoles, erigiendo por ídolos a la tiranía, a la desvergüenza, a la crueldad, a la inmoralidad y al robo... (Rodríguez-Solís, *Los guerrilleros*, II, p. 826)

La camarilla del rey Fernando

Entre los nombres más significativos se encontraban el duque de Alagón, Antonio Ugarte, Pedro Collado, el embajador ruso Tatischeff, Ramírez de Arellano, el canónigo Escoiquiz, el nuncio Gravina, Ostolaza, Grijalva y otros personajes en relaciones cordiales y privadas con el rey. Desde luego aunque entre los citados figuran algunos de condición respetable, no son ellos los más influyentes. Pues los que con mayor frecuencia aparecen acusados de formar parte de la «camarilla» son los de más baja estofa como el duque de Alagón, Antonio Ugarte, que, además, le daban a su influencia perniciosa sobre el rey un carácter más populachero y vulgar...

Los historiadores del reinado son conscientes del quebranto que la camarilla causó en el prestigio de la monarquía. Pues aquélla fue «árbitra de los destinos y de los tesoros del Estado, al que humillaba y destruía con sus amaños...» (Bayo, p. 229)

Fuente: Las «camarillas» de los reyes de España. Moreno Alonso, M. (2008). Repositorio, pp. 221-235.
En: https://minerva.usc.es/xmlui/bitstream/handle/10347/13658/pg_0221-0236_patria.pdf;jsessionid=381CDD5BE76732EF5D37971AD21FE10C?sequence=1

Murió la Verdad. Francisco de Goya,
Los desastres de la guerra n.° 79, 1810-1815

BIBLIOGRAFÍA ESENCIAL

AGUSTÍN PRÍNCIPE, M. (1847), *Guerra de la Independencia. Narración histórica.* 4 tomos. Imprenta a cargo de Ivo Biosca, Madrid.

ALMENARA PABLO, S. y DE LA JARA, J. (1870), *Compendio histórico de la historia de la Ciudad Real.* Ciudad Real.

ÁLVAREZ JUNCO, J. (1994; 12:75-99), La invención de la Guerra de la Independencia. *Studia Historica.* Historia Contemporánea.

ARTOLA, M. (2008) *Los afrancesados.* Madrid.

ASENSIO RUBIO, F. y DEL VALLE CALZADO, AR. (coords.) (2010), *Actas de las jornadas Guerra de Independencia en Valdepeñas: Valdepeñas en la España del siglo XIX.* Centro Asociado UNED-Ayuntamiento-Consejería de Cultura y Turismo, Valdepeñas.

AYMES, J. R. (2006), Las visiones francesas de la Guerra de la Independencia. *El basilisco,* 38:7-24.

BAHAMONDE MAGRO, A. (2008), El primer relato del Dos de Mayo de 1808. En: VV. AA. *Madrid 1808. Guerra y territorio. Ciudad y protagonistas.* Ayuntamiento de Madrid, Madrid.

BAHAMONDE MAGRO, A. y MARTÍNEZ, J. (2001), *Historia de España. Siglo XIX.* Cátedra, Madrid.

BAROJA, P. *Memorias de un hombre de acción: 2. El escuadrón del brigante* (novela). Freeditorial (epub) [Internet] En: https://freeditorial.com/es/books/memorias-de-un-hombre-de-accion-2-el-escuadron-del-brigante

BESCHERELLE AINÉ, L. N. (1851), *Monumenst élevés a la glorie militaire.* Chez Marescq et Compagne, Paris. [Internet] BnF (Bibliothèque Nationale de France) Gallica. En: https://gallica.bnf.fr/ark:/12148/bpt6k97693356.texteImage

BIBLIOTECA Virtual de Patrimonio Bibliográfico. Guerra de la Independencia. En:https://bvpb.mcu.es/independencia/es/consulta/registro.do?id=398600

BOLUFER PERUGA, M. (1998), *Mujeres e Ilustración: la construcción de la feminidad en la Ilustración española*, Valencia.

CABANES, F. X. (1816), *Memoria acerca del modo de escribir la historia militar de la última guerra entre España y Francia.* Imprenta de Brusi, Barcelona.

CARTOTECA histórica (1990), Índice de memorias e itinerarios descriptivos de España. Servicio geográfico del Ejercito. Sección de documentación, Madrid. En: https://bvpb.mcu.es/ca/consulta/registro.cmd?id=408112

CARRASCO ÁLVAREZ, A. (2010), La guerra irregular en España. 1808-1812. Un análisis comparativo. Las divisiones de guerrillas en Valencia. *Revista de Historia Militar*, LIV (107):73-106. [Internet]. En: https://publicaciones.defensa.gob.es/media/downloadable/files/links/R/E/REVISTAS_PDF710_1.pdf

CAYUELA FÉRNANDEZ, J. G. y GALLEGO PALOMARES, A. (2008), *La Guerra de la Independencia. Historia bélica, pueblo y nación en España (1808-1814).* Ed. Universidad de Salamanca, Salamanca.

CAYUELA FERNÁNDEZ, J. G. (coord.) (2008), *Coloquio Internacional "El pueblo en armas". Bicentenario de la Guerra de la Independencia* (DVD), UCLM, Ciudad Real.

CAYUELA FERNÁNDEZ, J. G. (2010), El proceso de nacionalización en «La Mancha de Ciudad Real» durante la Guerra de la Independencia (1808-1814). En: Esteban de Vega, M. y de la Calle Velasco, M.D. (Eds.). *Procesos de nacionalización en la España contemporánea.* Ediciones Universidad de Salamanca, Salamanca.

CEBREIRO NÚÑEZ, J. I. (2012), Los orígenes de la división provincial de España. INAP, Madrid. En: https://books.google.es/books?id=EkNYuc0bdwMC&pg=PT142&hl=es&source=gbs_toc_r&cad=3#v=onepage&q&f=false

CHAPARRO CONTRERAS, C. y SÁNCHEZ SÁNCHEZ, I. (coords.) (2021), *La provincia de La Mancha y la Constitución de 1812.* Col. Almud, 13. Centro de Estudios de Castilla La Mancha-Universidad de Castilla-La Mancha, Cuenca.

CIFUENTES PÉREZ, E. *Los comienzos del Ciudad Real contemporáneo* [Internet] Turismo y cultura en Ciudad Real. En: www.ciudad-real.es/historia/ccm/signo19-01.php

CONCOSTRINA, N. (2021), *Cualquier tiempo pasado fue anterior*. La Esfera libros S.L., Madrid.

DBpedia: https://dbpedia.org/page/Horace_Fran%C3%A7ois_Bastien_S%C3%A9bastiani_de_La_Porta

DE DIEGO GARCÍA, E. (2008), *España, el infierno de Napoleón. 1808-1814: una historia de la Guerra de la Independencia*. Madrid.

DE LABORDE, A. (1812), *Voyage pittoresque et historique de l'Espagne*. De l'imprimerie de Pierre Didot L'Ainé, Paris.

DEL VALLE CALZADO, A. R. (1990), Afrancesados y masones. El caso de La Mancha 1809-1812. En: Ferrer Benimeli, JA. (coord.) *Masonería, Revolución y Reacción*. Instituto de cultura Juan Gil-Albert-Diputación de Alicante, Alicante, pp. 57-69.

DEMANGE, Ch., HOCQUELLET, R., GÉAL, P., MICHONNEAU, S. y SALGES, M. (coords). *Sombras de Mayo: Mitos y memorias de la Guerra de la Independencia en España (1808-1908)*. Nueva edición, Madrid, Casa de Velázquez, 2007 (generado el 20 marzo 2024). [Internet] En: https://books.openedition.org/cvz/14057. DOI: https://doi.org/10.4000/books.cvz.14057

DE ROCCA, M. (Albert Jean Michael) (1817), *Mémoires sur la guerre des Français en Espagne*. Guide fils, librarie, Paris.

DU CASSE, A. (1854), *Mémoires et correspondance politique et militaire du Roi Joseph, publicadas, anotadas y puestas en orden por A. Du Casse*. Perrotin libraire-editeur, Paris, [Internet] Biblioteca Gallica BnF. (Biblioteca Nacional de Francia), en: https://gallica.bnf.fr/ark:/12148/bpt6k61492268.texteImage

DUFOUR, G. (2017), *Le roi philosophe. Actores de la Guerra de la independencia. Mélanges de la Casa de Velázquez*. Tomo 38 1. Biblioteca Virtual Miguel de Cervantes, Alicante. [Internet] En: https://www.cervantesvirtual.com/obra/le-roi-philosophe-788604/

ENGELMANN, G. et LANGLOIS, CH. (1830), *Illustrations de Voyage pittoresque et militaire en Espagne*. Paris. En: Biblioteca Gallica BnF. (Biblioteca Nacional de Francia).

ESDAILE, CHJ. (2004), *La Guerra de la Independencia. Una nueva historia*. Grupo Planeta, Barcelona.

ESDAILE, CHJ. (2006), *España contra Napoleón. Guerrilla, bandoleros y el mito del pueblo en armas*. Edhasa, Barcelona.

ESPADAS BURGOS, M. y ALÍA MIRANDA, F. (1996), Los tiempos contemporáneos, en: VV. AA. *Ciudad Real y su provincia*. Tomo II. Ed. Gever S.A., Sevilla.

ESPADAS BURGOS, M., (ed.) (2008), *Un veterano de la Guerra de la Independencia: memorias de Julián Alonso*. Universidad de Castilla-La Mancha, Ciudad Real.

ESPLICACION del cuadro histórico-cronológico de los movimientos y principales acciones de los ejércitos beligerantes en la península durante la Guerra de España contra Bonaparte. (1822), Imprenta de la viuda e hijos de Brusi, Barcelona.

FARIAS, R. (1919), *Memorias de la Guerra de la Independencia. Escritas por soldados franceses*. Ed. Hispano-africana, Madrid.

FRASER, R. (2006), *La maldita guerra de España. Historia social de la Guerra de la Independencia, 1808-1814*. Ed. Crítica, Barcelona.

GARCÍA-NIETO PARÍS, MC. (coord.) (1986), *Ordenamiento jurídico y realidad social de las mujeres. Siglos XVI-XX*. Madrid.

GARCÍA NOBLEJAS, J. A. (1982), D. Juan Bautista Erro y Azpiroz, erudito, político y presidente de la Junta de gobierno de La Mancha. *Cuadernos de Estudios manchegos*, 13:59-68.

GIL NOVALES, A. (2009), La guerrilla de los afrancesados: la primera guerra civil. *Spagna contemporánea*, 18 (36): 67-80.

GOLDEROS VICARIO, J. (2004), *La batalla de Ciudad Real*. Ayuntamiento de Ciudad Real, Ciudad Real.

GÓMEZ, J. (2010), *Historia de la ciudad de Ciudad Real y Estracto histórico de España y lista de sus Reyes, casamientos y muertes*. Edición facsímil, López Camarena, M. (ed.). Junta de Comunidades de Castilla La Mancha-Ayuntamiento de Ciudad Real, Ciudad Real.

GÓMEZ DE ARTECHE Y MORO, J. (1878), *Guerra de la Independencia. Historia militar de España de 1808 a 1814*. Imprenta y Litografía del depósito de guerra, Madrid.

GÓMEZ VOZMEDIANO, M. F. (2009), Devociones, mujeres y desórdenes urbanos en Ciudad Real (1780-1790). En: Fernández Cortizo CJ., Migués Rodríguez VM. y Presedo Garazo A. (eds.) *El mundo urbano en el siglo de la Ilustración*, vol. 1. Xunta de Galicia, Santiago de Compostela, pp. 377-390.

HARO MALPESA, J. (2000), *La Mancha 1808: diarios, memorias y cartas*. Valldum, Ciudad Real.

HERVÁS Y BUENDÍA, I. (2002), *Diccionario histórico, geográfico, biográfico y bibliográfico de la provincia de Ciudad Real* (2 tomos). Edición facsímil. Col. BAM. Diputación provincial de Ciudad Real, Ciudad Real.

HOCQUELLET, R. (2008), *Resistencia y revolución durante la Guerra de la Independencia. Del levantamiento patriótico a la soberanía nacional*. Prensas universitarias de Zaragoza, Zaragoza.

https://bvpb.mcu.es/es/consulta/resultados_ocr.do?id=300&forma=ficha&tipoResultados=BIB&posicion=5

https://www.napoleon-series.org/research/eyewitness/Kozlowski.pdf

https://www.napoleon-series.org/research/biographies/France/JosephBonaparte/c_KingJosephSpain.html

IGLESIAS CANO, C. (2008), *No siempre lo peor es cierto. Estudios sobre historia de España*. Galaxia Gutenberg-Círculo de Lectores, Barcelona.

JESÚS MORALES, E. M. (2012), La Guerra de la Independencia en Valdepeñas y su vinculación con el Campo de Montiel. *Anuario Jurídico y Económico Escurialense*, pp. 552-569.

JIMÉNEZ VILLALTA, E. (2021), Los manchegos que auparon a la "Pepa". En Chaparro Contreras, C. y Sánchez Sánchez, I. (coords.) *La provincia de La Mancha y la Constitución de 1812*. Col. Almud, 13. Universidad de Castilla-La Mancha y Centro de Estudios de Castilla-La Mancha, Cuenca, pp. 221-244.

JURETSCHKE, H. (1962), *Los afrancesados en la Guerra de la Independencia: su génesis y consecuencias históricas*. Ediciones Rialp, Madrid.

KOZLOWSKI, J. A, *Polish Officer in the Peninsular War: the Memoirs of Captain Józef Kozłowski, 9th Infantry Regiment of the Grand Duchy of Warsaw*. The Napoleon Series. [Internet] En: https://www.napoleon-series.org/research/eyewitness/Kozlowski.pdf

LAPENE, E. (1823), *Campagnes de 1813 et 1814, sur L'Ebre, Les Pyrénées et la Garonne, précédés de considérations sur la dernière, Guérre d'Espagne*. Paris-Toulouse.

LEITH HAY, A. (1834), *A Narrative of the Peninsular War*. Henry Washbourne, London.

LETTRES d'Amédée Le Noury, capitaine, puis chef d'escadrons au 16e dragons. Servicio Histórico de la Defensa del M.º del Ejército de Francia, archivo cartas de este militar. Legajo 645.

LLORENTE, J. A. (seudónimo J. Nellerto) (1816), *Memorias para la historia de la revolución española, con documentos justificativos*. Imprenta de M. Plassan, Paris.

LÓPEZ-CORDÓN, M. V. (2005), *Condición femenina y razón ilustrada: Josefa Amar y Borbón*. Zaragoza.

LÓPEZ NAVAS, S. y MONTERO DOMINGUEZ, G. (1988), *Casa de la Caridad. Cuartel de la Misericordia*. Ayuntamiento de Ciudad Real, Ciudad Real.

MANÉ, D. L'armée Espagnole en 1808. En: http://www.planete-napoleon.com/docs/MM.ESP.pdf

MARINA, J. A. y RODRÍGUEZ CASTRO, M. T. (2009), *La conspiración de las lectoras*. Círculo de Lectores, Barcelona.

MEJÍA, F. (bajo el seudónimo de Carlos Le Brun) (1826), *Retratos políticos de la revolución de España*.

MÉNDEZ BEJARANO, M. (1912), *Historia política de los afrancesados*. Librería de los sucesores de Hernando. Madrid

MERLÉ, C. Barria (Jean Leonard Barrié). H*istoire de Guerre: Guerres-Batailles-Soldats* [Internet] En: https://www.histoire-de-guerre.net/article/item/549-barrie

MODESTO LAFUENTE (1861), *Historia general de España* (parte 3.ª). Tomo XXIV. Imprenta de Mellado, Madrid.

MOLINA CARRIÓN, F. (2009), *La Guerra de la Independencia en el priorato de San Juan (1808-1814)*. Col. BAM. Diputación provincial de Ciudad Real, Ciudad Real.

MOLINER I PRADA, A. (coord.) (2007), *La Guerra de la Independencia en España (1808-1814)*. Nabla Edicions, Barcelona. [Internet] En: https://journals.openedition.org/ccec/1332?lang=en

MORENO ALONSO, M. (2018), Traidores ante el pueblo. *La Albolafia. Revista de humanidades y cultura*, 13:29-44.

MUÑOZ MALDONADO, J. (1833), *Historia política y militar de la Guerra de la Independencia de España contra Napoleón Bonaparte desde 1808-1814*. Imprenta D. J. Palacios, Madrid.

ODALRIC DE CAIXAL I MATA, D. *Historia militar de la Guerra de la Independencia 1808-1814 (De las guerras revolucionarias a la Guerra de la Independencia*. [Internet] En: https://www.aulamilitar.com/historiamilitarindependiencia1808-1814.htm

OMAN, CH. (1902), *A History of the Peninsular War*. (7 vols.) Clarendon Press, London. [Internet] En:https://www.gutenberg.org/files/53264/53264-h/53264-h.htm

ORTIZ DE ORTUÑO LEGARDA, J.M. (2010), *A propósito de la ocupación napoleónica: Guerra, Historia y Memoria*. Historia Contemporánea; 40:163-185.

PERALTA MARTÍNEZ, R. (2011), Las primeras elecciones españolas: 1810 y 1813. Un pueblo de ciudadanos. *Revista de las Cortes Generales*, 82:197-282

PÉREZ FERNÁNDEZ, F. (Antón de Villareal, seudónimo) (2013), *Efemérides manchegas (2.ª serie)*. Col. BAM. Diputación provincial de Ciudad Real, Ciudad Real.

PÉREZ GALDÓS, B. (1984), *19 de marzo-2 de mayo. Episodios nacionales*. Círculo de Lectores S.A., Barcelona.

PÉREZ GALDÓS, B. (1993), *El equipaje del rey José*. Ed. Historia 16, Caja Madrid, Editorial Hernando S.A., Madrid.

PÉREZ GARZÓN, J. S. (2008), *España 1808-1814. De súbditos a ciudadanos*. (3 vols.). Sociedad Don Quijote de Conmemoraciones Culturales de Castilla-La Mancha, Toledo y Madrid.

PEYRARD, Ch. POMPONI, F. y VOVELLE, M. (dir.) (2008), *L'Adminis-tration Napoléonienne en Europe*. Publication Universite Provence. [Internet] En: https://books.openedition.org/pup/6155?lang=es

PLANAS CAMPOS, J. y GRAJAL DE BLAS, A. (2020), *Officiers de Na-poleon tués ou blessés pendant la Guerre d'Espagne (1808-1814)*. Tome I. Dictionnaire des officiers identifiés et non-identifiés, 2ª edición. Foro para el estudio de la historia militar de España, Madrid. [Internet] En:https://www.academia.edu/44733586/Officiers_de_Napoleon_tu%C3%A9s_ou_bless%C3%A9s_pen-dant_la_Guerre_dEspagne_1808_1814_tome_I

RAMÍREZ DE ARELLANO, R. (1914), *Alrededor de la virgen del Prado. Patrona de Ciudad Real*. Imprenta provincial. Ciudad Real.

REALES órdenes de la Junta Central Suprema de gobierno del reyno; y representaciones de la de Sevilla y del general Castaños acerca de su separación del mando del exército de operaciones del centro: con las demás contestaciones que ha producido este asunto. (1809). [Internet] En: https://bvpb.mcu.es/independencia/es/consulta/registro.do?control=BVPB20080005351

REINOSO, F. J. (1818), *Examen de los delitos de infidelidad a la patria, imputados a los españoles sometidos baxo la dominación france-sa*. 2.ª ed. Juan Pinard Impresor, Burdeos. Biblioteca Virtual del Patrimonio Bibliográfico. [Internet] En: https://bvpb.mcu.es/es/consulta/registro.cmd?id=398261

RIGEL, F. X. (1819), *Der siebenjährige Kampf auf der Pyrenäischen Halbinsel von Jahre 1807 bis 1814* (La batalla de siete años en la península de los Pirineos, de 1807 a 1814). Rasttat.

RODRÍGUEZ SOLÍS, E. (1895), *Los guerrilleros de 1808: historia popular de la Guerra de la Independencia*. La enciclopedia democrática, Bar-celona. [Internet] 2007. Madrid, Ministerio de Cultura. Subdirec-ción General de Coordinación Bibliotecaria. [Internet] En: https://bvpb.mcu.es/independencia/es/consulta/registro.do?id=398635

ROMERO FERNÁNDEZ, M. (1991), *Catálogo del Archivo Histórico Mu-nicipal de Ciudad Real*. Ayuntamiento de Ciudad Real, Ciudad Real.

ROMERA VALERO, A. (2010), La trayectoria periodística de Félix Mejía durante el trienio liberal. 1.ª parte: de La Colmena y La periódico-manía a El cetro constitucional (1820-1821). *Cuadernos de Ilustración y Romanticismo*, 16:358-392

RUIDNICKI, J. (1862), *Memoires of Józef Rudnicki, (Pismo Zbiorowe Wileńskie for the year 1862)* [Internet] En: https://military-history.fandom.com/wiki/Battel_of_Ciudad_Real

RUIZ-DOMÈNEC, J. E. (2010), *Europa: las claves de su historia*. Círculo de Lectores, Barcelona.

RUIZ-DOMÈNEC, J. E. (2017), *España, una nueva historia*. RBA, Barcelona.

SALMÓN, M. (1812), *Resumen histórico de la Revolución de España. Año de 1808*. Imprenta Real, Cádiz.

SÁNCHEZ SÁNCHEZ, I. (coord.) (1999), *El Cardenal Lorenzana y la Universidad de Castilla-La Mancha*. UCLM, Ciudad Real.

SÁNCHEZ SÁNCHEZ, I. (2023), *Ciudad Real y su prensa 1811-2021*. Col. Ciudad Real Ensayo. Ed. Serendipia. Ciudad Real.

SEGURA, J.M. y LÓPEZ CAMARENA, M. (eds.) (2016), *Ciudad Real en la pluma de cinco cronistas de Ciudad Real. Emilio Bernabeu, Julián Alonso, Francisco Pérez, Antonio Ballester, Cecilio López*. Col. BAM. Diputación provincial de Ciudad Real, Ciudad Real.

SUÁREZ FERNÁNDEZ, L. (1976), La exposición en el campo de la historia. Nuevos temas y nuevas técnicas. En VV. AA. *Once ensayos sobre historia*. Fundación Juan March, Madrid, pp. 15-28

THE SOLDIERS of Hesse Nassau Chapter VII: War in Spain 1809. The Napoleon Series. [Internet] En: https://www.napoleon-series.org/military-information/organization-strategy-tactics/the-soldiers-of-hesse-nassau-chapter-vii-war-in-spain-2/

VILLAR GARRIDO, J. y VILLAR GARRIDO, A. (2008), *La Guerra de la Independencia en Castilla-La Mancha. Testigos extranjeros*. Junta de Comunidades de Castilla La Mancha, Toledo.

VIÑAS-MEY, C. (1924), Nuevos datos para la historia de los Afrancesados. In: *Bulletin Hispanique*, tome 26, n.°1, . pp. 52-67. [Internet] Doi : https://doi.org/10.3406/hispa.1924.2169. En: https://www.persee.fr/doc/hispa_0007-4640_1924_num_26_1_2169

VOLTAIRE. (1917), *Miscelánea filosófica*. Biblioteca Popular. Escuela Moderna, Barcelona y Buenos Aires.

VV. AA. (2007), *Nunca perder la lección*. Ediciones Santa María de Alarcos, Ciudad Real.

VV. AA. (2008), *El general No importa. Ensayos multidisciplinares en torno al Bicentenario de la Guerra de la Independencia*. Ediciones Sta. María de Alarcos, Ciudad Real.

VV. AA. (2008), *Madrid 1808. Guerra y territorio. Ciudad y protagonistas*, Ayuntamiento de Madrid, Madrid.

WOJCIECHOWSKI, K. (Don Kajetán) (2009), *Mis memorias de España (Pamietniki moje w Hiszpanii)*, Ministerio de Defensa, Madrid.